イタリア社会的経済の地域展開

田中夏子

日本経済評論社

序文

本書は、イタリアの非営利・協同組織（とりわけ「社会的協同組合」(Cooperativa Sociale)）について、筆者のフィールドワークに基づく実態把握と、理論的な考察の前提となる問題意識の整理を主たる課題としている。その意味で、本書は、「協同組合論」の一端に位置づくものだが、同時に、現代社会の中で「生きにくさ」(disagio)[1]に喘ぐ人々が、協同と連帯を媒介に、「豊かな生」を模索する、その現場になるべく近いところから、議論を組み立てていくことを心がけた。

対象を「社会的協同組合」という特殊な法人組織を中心とはしているものの、本書に示される事例分析や問題意識の提示は、ＮＰＯや小さな協同事業組織、また「社会的企業」等をめぐる議論はもとより、中小企業論や職人企業論、あるいは内発的発展を念頭においた地域社会論とも響き合う部分があると考えている。協同組織に関わる人々の息遣いを重視し、法人格の有無や種別にかかわらず、地域に密着しながら人間らしい暮らしと仕事を求める経済主体に着目して作業を進めてきたからである。

日本におけるイタリアの「社会的協同組合」をめぐる議論は、最近になってきわめて活発化している。筆者が初めて、イタリアの社会的協同組合に触れたのは、一九八八年、今から一六年前のことであった。イタリアにおいて、「社会的協同組合」が法制化されたのは、後述のように一九九一年なので、八〇年代後半は、「生きにくさ」を対象とした協同事業に、「社会的協同組合」の名称は未だなく、ボランティア団体やアソシエーション等の任意組織か、社会的サービスを担う「労働・生産協同組合」として活動するところがほとんどだった。

詳しくは本文に譲るが、イタリアの社会的協同組合の前身は、従来の制度的枠組みの中では耳を傾けられることのない、様々な「生きにくさ」や社会矛盾に直面する当事者たちが、自らの手でその克服を探るところから始まった。

九〇年代に入ってからは、社会的協同組合を法的に位置づける国の法律三八一号が整備され、それと前後して各州では非営利・協同陣営との協働のもと、様々な支援条例や指針を具体化してきた。また、協同組合を支える運動側も、かつては政党別に仕切られていた四つのナショナルセンターを党派を越えて横断的につなぎ、強力なネットワークをもって、国や行政に対する発言力を強めていった。着目はイタリア国内にとどまらず、例えばEUの社会政策の中では、重要な雇用創出源としての期待を集めるなど、社会的協同組合に対する評価は短期間のうちに高まっていったといえよう。現在では、社会的協同組合が蓄積してきた事業理念や運営手法、他セクターとの協働のあり方を、「社会的企業」(Social Enterprise) として普遍化するための実証的な比較調査が、EUの共同プロジェクト研究としても盛んに行われている(2)。

幾分駆け足で、十数年の経過を「序」の部分で記したのには理由がある。イタリアで社会的協同組合の発展を促した社会的背景を見ると、それはそのまま、今私たちが日本で直面していることと重なり合うからだ。国家財政の逼迫、企業中心型社会の疲弊、またそこから投げ出された個人が拠り所とできるはずの親密な空間（家族、仲間）や公共的空間（地域社会やアソシエーション）の大きな変容等は、私たちが日々議論するところとなっている。日本においても一九九八年に「特定非営利活動促進法」（いわゆるNPO法）が施行され、非営利・協同組織と自治体や企業との「パートナーシップ」のあり方が課題となったり、緊急雇用対策の受け皿としての期待が寄せられる。日本の今日の姿は、イタリアの社会的協同組合の発展経過と確かにオーバーラップする部分も多い。

しかし誤解のないようにいえば、本書はイタリアの社会的協同組合を、私たちにとって模倣すべき対象であると主張するものでは決してない。むしろそうした発想は、イタリア協同組合とそれをとりまく社会のあり様の本質を見誤らせる恐れすら持つ。それならば私たちにとって、イタリアの社会的協同組合を検討する意味は何か。

社会的協同組合は、雇用の調整弁でも、失業者対策でも、アウトソーシングの対象でも、「セイフティネット」の一端でもない。そうした機能を担う部分が全くないとはいえないものの、より本質的には、人々の内側からの叫びに支えられて形を成す「社会的発明」(3)（W・F・ホワイト）に他ならない。そして、その「社会的発明」は、すぐれて歴史的・地域的・文化的産物である。容易に他の空間、他の文脈に「移植」できるものではない。

本書では、「社会的協同組合」をまず第一にそのように捉えていきたいと考えている。その上で、イタリアの非営利・協同組織が、どういう人々の思いのもとに、どのような社会的文脈や価値意識の中で育まれ、社会の諸主体（地域社会、自治体、企業、市民活動団体、教会そして労働組合等）と、いかなる関係を築きあげてきたのか。さらに協同組合が「社会的システム」となった時、逆にどんな問題が浮上してきたのか。社会的認知が進む中、たえず自己革新を絶やさない組織的な工夫に、どのように取り組んでいるのかを見ていきたい。それらが、日本の非営利・協同がどのような道を歩み得るのかを考える際の、わずかな題材ともなれば幸いである。

また本書では、協同組合論の直接の対象とはなりにくい職人企業や中小企業、あるいはそれらを軸とする地域経済についての記述にも重点を置いた。イタリアを舞台とした、非営利・協同組織論と中小企業論の融合は、すでにボローニャをフィールドとした佐々木雅幸氏の優れた先行研究がある。そうした諸研究に学びつつ、筆者は、協同組合が、より多くの社会的諸主体との相互作用の中でどのような機能を果たしているのか、その社会環境と担い手を広い視野から捉えたかったからである。中小企業と非営利組織との親和性は、実践的には疑う余地のないものであり、イタリア協同組合運動のナショナルセンターの一つ、ＬＥＧＡでも一九八〇年代の前半から、投機を目的としない、普遍的利益を志向する社会の仕組みとして、自営業者や職人、農業者を含めた協同セクター

形成の呼びかけを行ってきている。(4)

したがって本書の前半では、協同的な事業組織と、それが依拠する社会的・文化的文脈に言及しながら、両者の結びつきが必然的であることを、あらためて確認する場とした。

本書の後半は、非営利・協同組織の担い手の一つである社会的協同組合を歩いた記録である。インタヴューの他に参与観察的な手法も用いながら、組織概要はもとより、そこに参加する人、支える人々の想いと、それが社会制度にどのように投影されていくか、内側のダイナミズムと社会への波及効果や他セクター（特に自治体）との連携に焦点を当てた。

なお、本書で用いるデータ・事例は、筆者が多くの方々の協力を得ながら、約一〇年にわたって取材や調査を重ねて収集したものである。とりわけ、社会的協同組合の源基と出会った一九八八年のサルデーニャ調査を皮切りに、北海道大学教育学部の小林甫先生を代表者とするヴィチェンツァでの中小企業や工業高校生調査（一九九三〜九四年）、明治大学の中川雄一郎先生をはじめとする、協同総合研究所（労働者協同組合全国連合会）調査団のメンバーとともに歩いたエミリア・ロマーニャの社会的協同組合調査（一九九七年）、そして筆者が二〇〇三年三月まで所属していた長野大学から与えられた在外研究中（一九九九年春〜二〇〇〇年冬）に手がけたサルデーニャ州およびトレンティーノ・アルト・アディジェ州、ブレーシャなどでのフィールドワークに、データの多くを負っている。特にイタリア調査に際しては、長年にわたってサッサリ大学文・哲学部のA・メルレル教授に指導をいただいた。さらにトレント調査では、トレント大学経済学部のC・ボルザガ教授の尽力で、筆者にとっては初めての地にもかかわらず、めぐまれた環境で調査を行うことができた。

また「調査者」という立場にもどかしさを感じ、イタリアの中小企業家が持っている「公益的発想」を肌身で学ぼうと、四年半、イタリア貿易振興会の東京事務所にてイタリアの産業機械の輸入に携わったことも、その後の調査で得たデータのリアリティを測る上で重要な経験となった。

右記の各調査については、主としてルポ、あるいは研究ノートのような形でデータの公開を心がけてきた（巻末の参考文献を参照）が、一つひとつの調査を相互に関連づける作業は不十分であった。本書では、これまでの調査を振り返りながら、それらを大幅に再構成・加筆して、イタリアの非営利・協同の「歴史的な経過」と「空間的な多様性」を描き出すことに努めた。

注

（1）本稿では、イタリアにおける非営利・協同の議論の中で頻出する"disagio"の訳語として「生きにくさ」という言葉を使用している。"agio"は「くつろぎ、ゆとり」の意であり、disagioはその反対語で通常の辞書では「居心地の悪さ、窮屈」等と訳されている。すなわち、自由を制約され、自らの居場所（社会的位置づけ）を剥奪された状態を意味すると言えよう。その含意を活かすため「生きにくさ」と訳した。後に述べるように、社会的協同組合は、知的障害、知覚障害、精神障害、身体障害等「○○障害」と名前のつくもののみならず、「社会的排除の対象となるあらゆる困難」に対応すべく活動を行っている。しかも、障害や困難の当事者を活動の軸に据えつつも、そういった人々を「生きにくさ」に直面させる社会のあり様そのものも含め、働きかけの対象としている。当事者の抱える困難（＝窮屈さ、居場所の剥奪）と、それを排除する社会の側の「不寛容」（＝ゆとりのなさ）の二つを表すキーワードとして"disagio"という言葉を捉えていくこととしたい。

（2）その集大成が、Borzaga, C. & Defourny, J. (eds.), *The Emergence of Social Enterprise*, *Routledge*, 2001（内山哲朗・石塚秀雄・柳沢敏勝訳『社会的企業《ソーシャルエンタープライズ》―雇用・福祉のＥＵサードセクター』日本経済評論社、二〇〇四年）。

（3）Whyte, W.F., "Social Inventions for Solving Human Problems: Amerian Sociologial Association, 1981/Presidential Adress", *American Sociological Review*, no. 147, 1982（今防人訳「人間の諸問題を解決するための社会的発見」『社会と社会学１　世界社会学をめざして』新評論、一九八三年、二三二～二六一頁）。アメリカの社会学者Ｗ・Ｆ・ホワイトは、モンドラゴンの協同組合システム、中米の農業開発事業の二つの事例に基づいて、人々が抱える諸問題が、技術、組織、理念のいずれの場面においても外部からの「介入」(intervention)によってではなく、内発的な「発明」(invention)によって対応され得ることに早期から着目していた。

（4）　こうした路線は、一九八一年のＬＥＧＡの全国大会にて確認されている。生活問題研究所編『イタリア協同組合レポート　暮らしを変え、地域を変えるプログラム』合同出版、一九八五年。

目次

第二章　暮らし・文化とものづくり――ヴィチェンツァの工房から……33

第十章　社会的協同組合と行政とのパートナーシップ……212

第十一章　労働市場の社会的構築――障害者就労支援を例として……230

本書で扱う協同組合等の所在

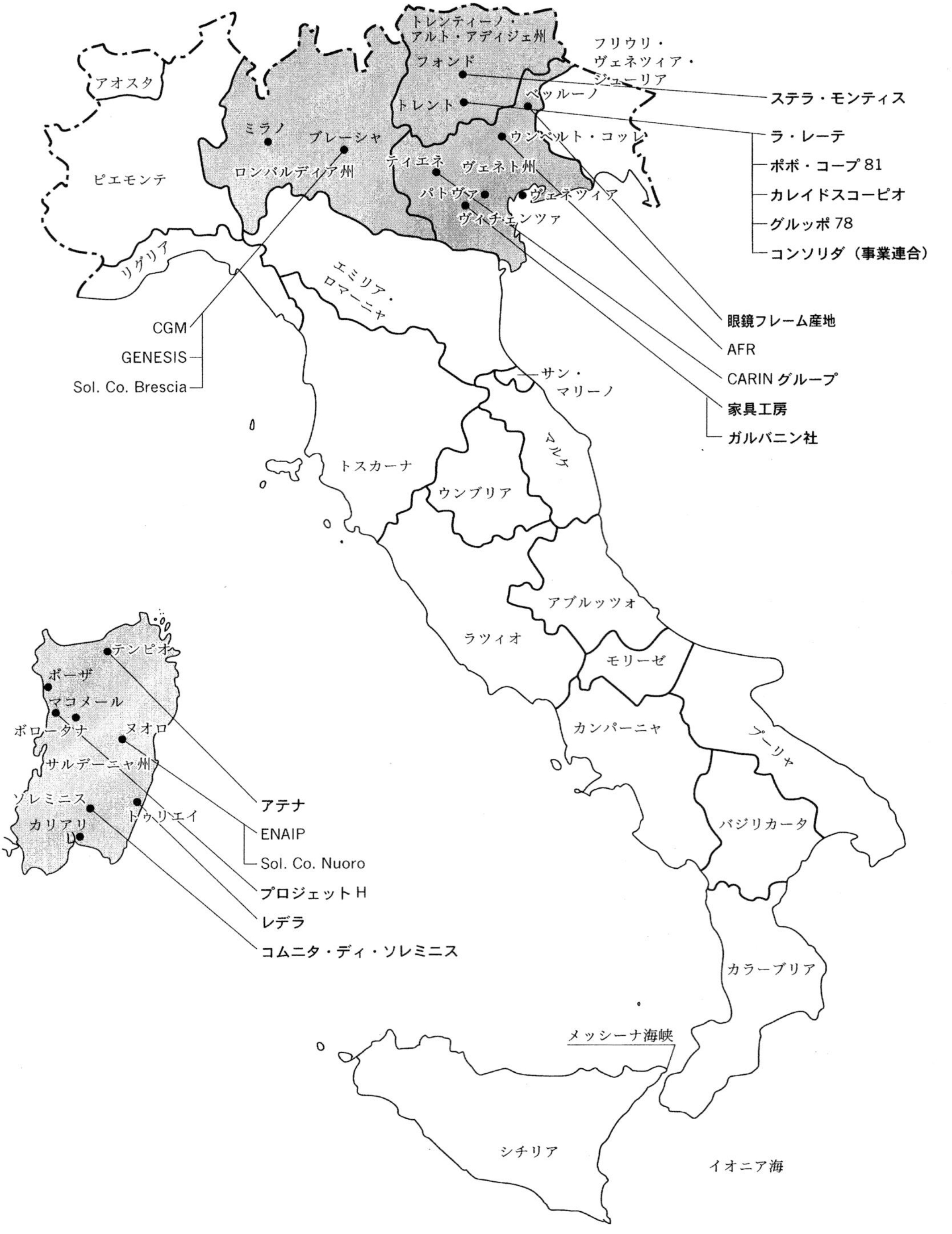

第Ⅰ部　イタリアの非営利・協同とは何か
――視点と問題提起

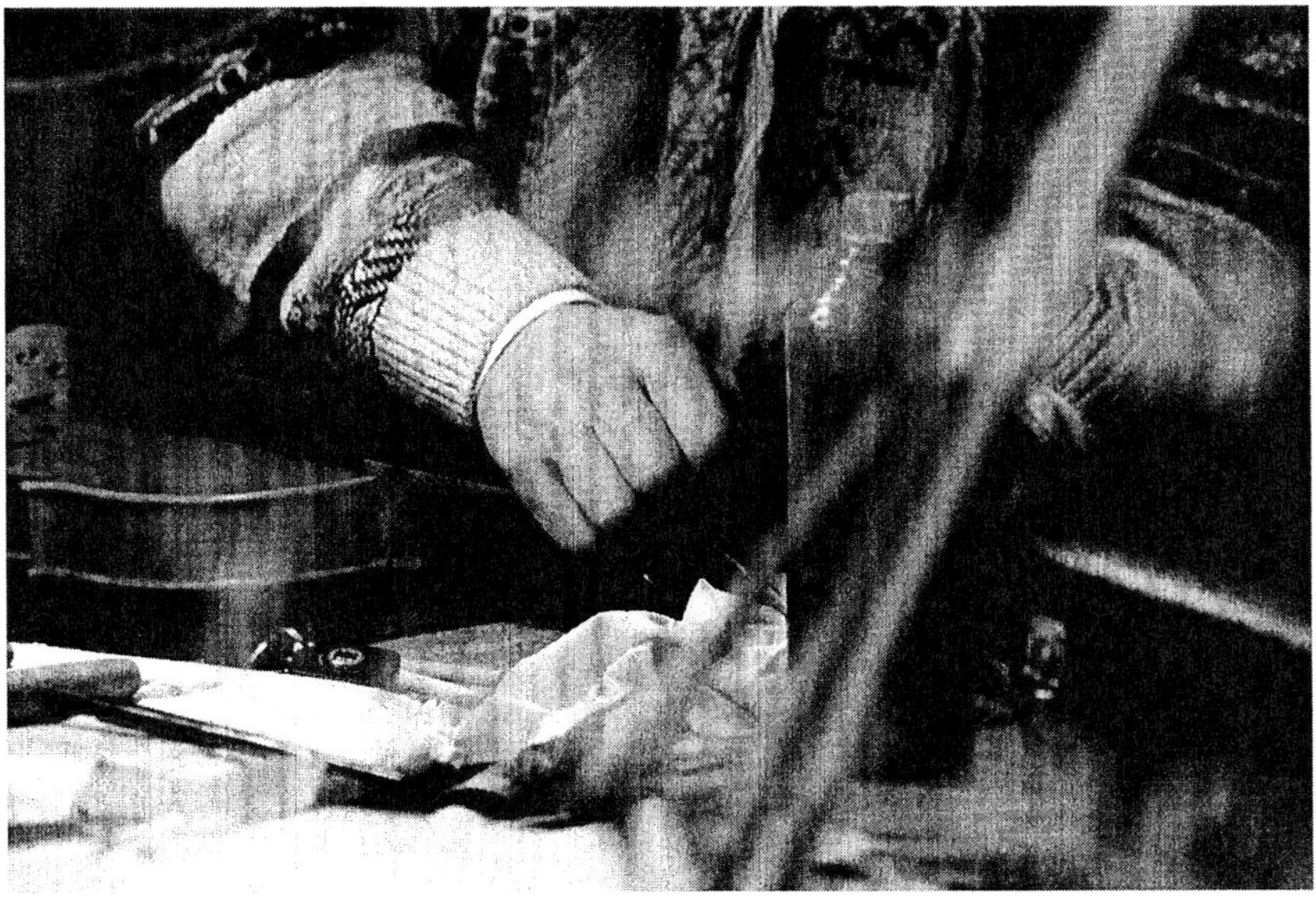

弦楽器工房でのヴァイオリン製作．

第一章では、本書の対象フィールドであるイタリア社会が、なぜ「非営利・協同」をめぐって多くの示唆を提示しうるのか、背後にある「社会的・文化的土壌」の分析を通じて考えていく。そのためやや迂回的だが、「サードイタリー論」で着目されたイタリアの、小規模事業者を主軸とする地域産業の姿に着目する。結論から言えば、イタリアでは、非営利・協同の陣営だけが非営利的な実態を生み出しているわけではない。むしろ、通常「営利企業」とされてきた中小企業や職人企業の中にも、多分に「地域的公益性」や「社会的なるもの」が内包されている。イタリア中小企業の強みについては、多数の論者が様々な要因に言及しているが、本書では小規模事業者が持つ「公益性」という「含み益」が、地域の経済活動をも支えているのではないか、と考える。

これが単なるロマン主義的な解釈とならないよう、実証的なデータを織り込みながら、イタリアの経済社会の底流にある「社会的・文化的土壌」についての議論を整理しておきたい。

続く第二章では、イタリアの北東部に位置する人口約一二万人の町、ヴィチェンツァ（Vicenza）を取り上げ、一章で述べた小規模経済主体の公益性や協同性を、中小企業や職人企業に働く人々からの聞き取り調査に沿って具体的に確認していきたい。

第三章では、第一、二章でみてきたイタリア地域経済の「公益性」と、「非営利・協同」事業を橋渡しする媒介項として、八〇年代以降、ＥＵの中で定着してきた「社会的経済」という概念に着目をし、その役割について考察を行う。その上で、本書で中心的な言及対象となる社会的協同組合の基本的な性格、発展経過を概観する。

そして第四章では、一〜三章で言及してきた問題意識を反映する調査研究（フィールドワーク）の視点と方法に触れた。総じて第I部では、第II部において具体的な事例を扱うに先立ち、その社会的背景、地域社会の構造や人々の意識、すなわち「非営利・協同を育む社会的土壌」を描いていく。

第一章 「生活の論理」と「市場の社会的構築」を支える土壌

1 北東部イタリアの社会研究に見る二つの視点

イタリアは、これまでも優れた「職人的企業」や「小規模企業」の存在、および成長力のある産業集積と関連産業の裾野の広さ、そしてネットワーク組織などを題材に、多くの研究者によって着目されてきた。イタリア国内においては、産地形成の担い手としての小規模企業をめぐる議論は豊富だが、それらを国際的な比較理論として展開したのが、ピオリ、セーブルの『第二の産業分水嶺』である。同書では、一九八〇年代、中小企業を中心に裾野の広い産業集積を伴ってめざましい発展が着目されていた北東部イタリア（後掲図1-1）について、その成功の要因を次のように述べている。

「このような技術革新への転換に決定的な影響を及ぼしたのは、四つの偶然的な事情であった。イタリアの大家族制、職人的な仕事がはっきり経済の一分野として認められていること、地域と世界市場を結びつけるような商業的伝統が存在したこと、そして地方公共団体が（しばしば労働運動と提携して）、企業に必要ではあるが自力でまかないえないような産業基盤の創出に協力する意志をもっていたこと、である。（中略）この四つの条件のおかげで、産業の分業体制の中では後退要因になりかねなかったものが、新たな方向では進歩的要因に変わってしまった」(1)。

右記からは、地域経済の特質を、それまでは経済発展にとって足枷とされてきた地域独自の社会関係や広義の文化と結びつけて理解しようとする意図がうかがえよう。筆者は、ピオリ、セーブルの見解を参考にしつつも、彼らが「家族単位の経営」「職人仕事の尊重」「地域的な慣習」「社会運動と公共政策」等を「偶然的な事情」と捉えている点については疑問がある。これらは必ずしも偶発的なものでなく、むしろ意識的にイタリア社会によって選択されてきた「価値」ではないかと考えるからである。イタリアの地域社会においては、「経済の論理」「市場の論理」のみならず「生活の論理」「地域の論理」が強く作用して経済活動が形成されてきた。むろん今日の社会経済環境にあっては、その成長も鈍化、停滞せざるを得ない(2)。だが、着目すべきは、「生活の論理」「地域の論理」と親和的な経済活動は、経済的指標の浮き沈みに容易に翻弄されない「耐久力」を有しているという点である(3)。

今日求められる方向が、「発展」ではなく「維持可能」や「定常」であることに照らしても、イタリアの、小規模企業を主体とした産業集積の議論に際しては、かつてのめざましい「成長力」よりも、「耐久力」とそれを支える経済社会の仕組み、さらにそれを生み出してきた「社会的・文化的土壌」にこそ焦点を据えるべきであるというのが、筆者の考えである。

それではその耐久力を支える「社会的・文化的土壌」とは一体何であろうか。本章では、この点を考えるにあたって、二人の論者、R・パットナムとA・バニャスコの議論を検討する。パットナムはイタリアの社会や経済に見られる地域的な偏差を「市民共同体」(civic community) のあり方の違いから読み解こうとした。パットナムは、経済的・制度的パフォーマンスの高さを支えるファクターとして、市民参画の度合いを重視し、一一世紀以降、「市民共同体」が様々な形で存在し続けた北イタリアと、「垂直的な恩顧・庇護主義」が貫徹してきた南イタリアとの比較を通じて、経済的な発展、制度的パフォーマンスの高さ、そして市民共同体的な社会のあり方の相関を実証的に示そうと試みている。

他方、バニャスコは、市場の形成が、地域社会のインフォーマルな要素によって大きく規定される点を重視し、単純に南北に二分され得ない、イタリアの多様性を読み解こうとした社会学者である。彼は、地域社会の社会的耐久力は、経済のグローバル化の諸過程によって、一方的に浸食されるばかりではなく、変形して保持されたり、選択的に再生されたりするものであるとした。いずれも質量ともに豊かな実証的研究に基づくものであり、本来ならばその実証データを提示しながら、彼らの主張をたどるべきところだが、本書では「社会的・文化的土壌」の割り出しという目的に限って、右の論者の主張の概略を示すこととしたい。

2 「互酬性」と「市民的積極参加」の有効性と課題——パットナムを通して

(1) パットナムの問題関心

本節では、「社会的・文化的土壌」を描くにあたって、まずパットナムの議論を参照していきたい。パットナムは、一九七〇年の制度改革によって地方自治の拡大を意図したイタリアについて、国内それぞれの地域(州)で、どのような制度パフォーマンス(統治システムの安定性や創造性)と「経済パフォーマンス」が達成されたのか、また一九七〇年になって州に代表される地方行政制度が同時にスタートしたにもかかわらず、地域(州)によってその運営のあり方や展開の度合いに違いが生ずるのはなぜかを、二〇年にわたる実証データの蓄積から論じる。[4] パットナムによれば、政治と経済の地域間格差を左右するもっとも大きな要因は「市民共同体」、すなわち「市民的な積極参加の規範とネットワーク」の存在であるという。このネットワークが、政治の民主化を促し、ひいては中小企業や協同組合などを担い手とする経済の活性化をもたらすのであって、その逆ではないこと、つまり民主主義と地方分権がどれだけ徹底しているかが、経済的なパフォーマンスをも支えるのだと主張する。経済のグローバル化に伴う徹底した合理化のもとでの、人々の暮らしや経済の疲弊に抗する論拠として、「市民共同体」を軸とし、実証的に地域社会再生を説く論は魅力的である。[5]

それだけにパットナムの議論は多くの論者の取り上げるところとなり、評価とともに様々な批判も寄せられた。例えばパットナムは、「市民共同体」の強弱を規定する指標として、投票行動や新聞購読率、アソシエーションの団体数等を用いているが、それによって「市民共同体」の成熟度の測定が可能なのか否か。あるいは行政上の制度パフォーマンスを表す指標の妥当性についても検討の余地があろう。さらに一一世紀から一六世紀までの自治都市国家コムーネの共和主義的な社会のあり様が、共和制解体後の北イタリアにも歴史貫通的に根付いていたとするパットナムの見解[6]は、歴史決定論を否定するパットナム自身の立場と矛盾するという批判も出ている。

いずれも重要な論点ではあるが、本章では、そうした多くの課題の中で、とりわけパットナムがキー概念としている「社会的資本」(Social Capital. 邦訳書では「社会資本」と訳出[7])に焦点を当てて検討することとしたい。なぜならば、「社会的資本」は本章で分析対象としている「社会的・文化的土壌」と大きく重なりを持つと思われるからである。

(2) 「社会的資本」とは何か

パットナムは、J・S・コールマン[8]に依拠して、日本の「講」をはじめとする回転信用の仕組み等を例に挙げ、「調整された諸活動を活発にすることによって社会の効率性を改善できる、信頼、規範、ネットワークといった社会組織」として「社会的資本」に着目した。

さらにパットナムは「契約や監視は往々にしてコスト高か不可能であり（中略）社会資本の着実な蓄積は、市民的なイタリアの好循環の背後をなす物語の決定的な部分である」(9)とする。しかし「講」や「無尽」は、特定範囲の地域共同体のもとで機能する仕組みであり、現代社会においてそのまま当てはめるのは難しい。したがって彼は「社会的資本」の基本要素を現代社会に適応させるため、換言すれば共同体における直接的で「厚い信頼」を「いっそう非人格的、間接的な形態の信頼」へと結びつけるために、二つの「源泉」を用意する。一つは、「互酬性の規範」、もう一つは「市民的積極参加のネットワーク」である。

一つ目に挙げられた「互酬」は、短期的には自らがコストを負担し、その見返りを即時には期待できないが、長期的にみれば、互酬制度への参加者全員にとって効用をもたらすであろう一連の行為である。これが「規範」としてその社会に刷り込まれている場合には、社会の成員にとって長期にわたる効用が確保される可能性が高いという。

また、二つ目の「源泉」である「市民的積極参加」について、パットナムは、第一に、ネットワークからの離脱が、行為者にとってコスト高となること、第二に相互信頼の強化を促す規範が存在していること、第三にメンバーの信頼の確度についての十分な情報のやりとりがあること、第四に過去の協力の成功経験が、人々の先々のコミットメントを確実とすること等を挙げ、「源泉」の維持・強化は、ゲームの理論に照らして矛盾しない合理的行為として市民に選択されているとした。こうして彼は、北部イタリアの協同組合運動や環境保全運動の発展要因として、「公共的な精神」のみならず「効用」や「合理的選択」をも織り込む形で、「互酬」「参加」といった「市民的共同性」を重視したのである。さらに積極参加のネットワークが、「弱い（水平的）結合」である場合には、「濃密でタコツボ化」した「強い」ネットワークよりも、「社会的亀裂を横断する」ような、幅広い協力を育てうるとして、伝統的な共同体的結束とは異なる現代的な「市民的共同」の意義を強調した。

(3)「社会的資本」概念の問題点と本節の課題

以上が、パットナムが基本概念とした「社会的資本」の概要である。前述のように、この「社会的資本」については、批判も含めて様々なアプローチが想定できようが、本章の問題意識に沿って整理するとすれば、おおよそ以下の二つのアプローチが浮上する。

まず第一は、経済的な競争力を支えるファクターとしての「社会的資本」観である。これにはピオリ、セーブルが指摘するような、自営的労働や家族従業者のアンペイドワーク、小規模企業の間の信頼に基づいた情報のやり取り等が挙げられよう。いわば社会的資本を経済成長維持の促進剤と見る立場である。(10)

右に対して第二のアプローチは、経済成長思想を相対化する立場からの「社会的資本」観である。E・F・シューマッハーを始め、その流れを組むP・エキンズ等のTOES（The Other Economic Summit＝もう一つの経済）グループに代表される思潮とも重なると言えよう。例えばH・ヘンダーソンは、相互扶助、自給的生産、通常の貨幣を媒介しない交換関係の存在に着目し、これを「非貨幣的生産部門」（インフォーマル・エコノミー）のうちの「社会的協同的対抗経済」と位置づけた。(11) パットナムのいう「社会的資本」との重なりが見て取れる。

さらに、この部分が市場を支えると同時に市場経済とは異なる論理のもとに展開し、市場の論理に対して規制的役割を担ってきたことにも注目する必要があろう。その延長にある議論として、例えばJ・アタリ等が挙げられよう。(12)「社会的資本」が経済のグローバリズムを規制し、それに対抗する手かがりを提供しているとする立場である。

これら二つの流れは同様の現象に着目しながらも、全く異なるベクトルを有している。前者は「社会的資本」を経済成長の補完物と見なしており、また後者は「社会的資本」に市場経済を異化したり、制御する機能を期待する立場である。

本章は、いずれの見方が有効かを論じる立場にはない。ここでは「社会的・文化的土壌」について考察を進める上で必要な論点に絞って、パットナムの「社会的資本」が持つ問題点と、それに呼応して本書で取り組むべき課題を三点示しておきたい。

まず、第一に、パットナムの「社会的資本」概念の特徴として、「ゲームの理論」的発想への傾斜が挙げられる。これは、F・フクヤマに象徴されるように、最近の「社会的資本」の議論に共通して見られる傾向である。「社会資本と公益を同一視するのは誤りである。現実の社会資本は、民間市場によって作り出される。社会資本を生み出すのは、つまるところ個々の人々のかってな利益追求からだ。（中略）自己犠牲精神からそのように行動しているわけではない」「したがって社会資本が公益ではなく、個人の利益の追求であり、それが周囲に波及していくのだと考えるとき、われわれは近代的な市場経済がつねに社会資本を生み出し続けることを理解する」[13]としたフクヤマの議論は、元来、非市場的な要素であるコミュニティが擁する価値（相互扶助、協働）を、あくまで市場的な価値として読み替えようとするものといえる。

しかし「協同」発生の根拠をもっぱら「功利」によって説明することは、それをもっぱら「倫理」によって説明することと同様、現実感の乏しいものといわざるを得ないのではないか。例えば、パットナムやフクヤマが「社会的資本」に言及する際に依拠しているコールマンは、「社会的資本」を「物理的資本」や「人的資本」と区別し、人的資本をつなぐ「関係」として捉えた。コールマンによれば、それは「実体的な何かではなく、機能」であり、「社会構造のある局面から成り立っていて、その構造の中に身を置く個人に、特定の行動を促す」力をもっているものとされる。より具体的には、「社会的資本」が何によって生み出され、維持され、また破壊されるのかについてコールマンは次の三点に言及している。第一にネットワークの閉鎖性（closure）によって互酬の規範が維持、強化されることが容易となる。第二に「役割」の付与によって、バラバラな個人が組織の中で位置づけ（position）を得ることを通じての、社会構造の安定性（Stability）。第三に利他的な行動の動機付けを与えるイデオロギーの存在である。(14)

少なくともコールマンは、フクヤマとは異なり、個の「功利」を「社会的資本」の主要素とは見ていない。人が利他的行動を選択するのは、「功利」や「倫理」のいずれかに依るものではなく、前述の三つの要素が相互に関連しあい、複合的な根拠を形成しているというのがコールマンの見方であろう。

本書でも、「社会的資本」の主要因を「個人利益の追求」には置かない。コールマンの議論とも一部重なりがあろうが、より具体的には、第三章にて詳述するように「コミュナルな空間における互助的な行為」「事業におけるネットワークや協働」「より公共的な場へのコミットメント」の三つの局面の相互作用が「社会的資本」の源泉であるとして議論を進めていくことにする。

さて、本書で取り組むべき課題の第二と関連して、右のことから、相互扶助や協働を、「資本」という言葉によって代替することが適切でないことを指摘しておきたい。「資本」という言葉をいかなる意味で用いているのか——漠然と「元手」といった一般的な用語としてか、あるいは増殖を伴う「価値運動体」といったマルクス経済学の用語としてなのか——パットナムは明言していない。しかし「資本」という言葉を用いる以上、それは経済活動への寄与を前提としている。

ところが本書で取り上げる「社会的・文化的土壌」は、グローバリゼーションに抗する「社会的耐久力」を醸成し、例えば、イタリアに端を発して、近年日本でも注目されるスローフード運動等に代表される対抗的な文化運動を育む場でもある。すなわち、パットナムの言う「社会的資本」は経済的成果の獲得に寄与するだけではなく、市場原理を制御する「地域の論理」「生活の論理」を創造し、再生し、維持する機能も有している。これら「地域の論理」「生活の論理」が結果として経済的な効果を伴って内発的発展につながる場合もあろうが、しかし経済的効果が常に期待できるわけではない。「地域の論理」「生活の論理」が、経済的にはプラスとなり得ないことも十分あり得よう。

相互扶助や協働をもっぱら「資本」とみなすならば、市場原理を相対化し、制御するという、「社会的なるもの」の非市場的役割への着目が後退する。しかし産業集積地の発展に寄与したとされる、旺盛な企業家精神や企業者間の水平的信頼関係、軒先や無尽での情報交換といった限定的な「社会的資本」にのみ着目する議論は、「社会的資本」のごく一部を恣意的に切り取っているにすぎない。

それでは、経済活動への貢献的側面も、市場原理への制御的側面も含めた、「社会的・文化的土壌」のトータルな構造とは何か。またそれが、市場との間でどのような相互作用を生み出しているのか。この点については、第二章で、北東イタリアの産業集積地を事例に触れたい。

最後に第三として、「社会的資本」は、ますます複雑化する社会の中で、なお有効に機能し得るものだろうか。また有効性が揺らいでいるとすれば、その立て直しはいかにして可能か。パットナムの『哲学する民主主義』が刊行されたのは一九九三年である。九三年といえば、一九八九年の欧州社会憲章(15)を受け、一九九二年、マーストリヒト条約とともに、労働者の権利擁護に寄与する社会政策議定書が、イギリスをのぞくEU一一カ国によって採択された、その翌年に当たる。いわば「市場の論理」を「社会の論理」によって制御していくとする方向性を、EU諸国が共有した時期と重なる。社会が「市民共同体」に寄せる信頼も、とりわけ厚かった時期といえよう。後に述べるように、イタリアにおける非営利・協同事業組織の制度的認知も一九九〇年代前半に一気に進んだ。

だが、欧州の経済統合の結果、アメリカにせまる市場と化した今日のEUにおいては、「地域社会の論理」など歯牙にもかけない大規模な吸収合併や投機的行為が増大しつつある。こうした市場環境にあって、企業の規模を問わず、その行動原理はこれまでと異なってこよう。「社会的資本」にどこまで寛容であり得るのか、あらためて検証が必要な段階に入っている。パットナムが重視した「市民共同体」が、今日のグローバリゼーションによって、どのような変容を迫られているのかを同時に見なければ「社会的資本」概念の踏襲を留保せざるを得ないであろう。

以上、本節では、イタリア地域社会がもつ、「市場の論理」を相対化するような「社会的・文化的土壌」の分析ツールを求めて、「社会的資本」概念の有効性と課題について検討を行ってきた。次節では、「社会的資本」とは別の視点から、市場に対する「社会的・文化的土壌」の機能を示唆するA・バニャスコの議論の概要を見ていこう。

3　「市場の社会的構築」とは何か――バニャスコを通して

(1)　バニャスコの問題関心

パットナムの指摘した「市民的共同性」や「互酬性」等の「社会的資本」の存在を前提にした時、とりわけそれらが地域経済の形成にどのような影響をもたらすであろうか。経済や市場のあり方は、「市場の論理」だけで完結し得るわけではなく、そこに関わる「地域社会の論理」によって大きく左右される。むろん今日では、「地域の論理」も不変ではなく、より大きなグローバリズムの波によって変形させられながら、内外の諸力の相互作用のもとに新しい「地域の論理」が模索されている。

こうした考え方をさらに押し進めて、「市場が社会によって構築されていく」可能性について、イタリアの社会学者たちによる実証的な研究が重ねられている。なかでもその代表的な論者、A・バニャスコは『三つのイタリア』(16)を皮切りに、イタリアには「異なる時間的・空間的土壌をもった様々な社会的構築」(17)が存在し、それがイタリア諸地域の多様性の形成を担っているという前提に立って、実証研究、理論研究を蓄積してきた。

筆者は、ピオリ、セーブルの考え方に学びながらも、彼らが「偶然的」とした事柄を、むしろ当該の社会の積極的な選択の結果として見なせるのではないかと考えているが、このような考えは、バニャスコが提唱した「市場の社会的構築」(la costruzione sociale del mercato) 論に基づく。(18)

バニャスコは、一九八〇年代後半、その目覚ましい経済躍進で世界的に脚光を浴びた「サードイタリー」(イタリア北東部、中部／図1-1参照) での、労働者及び事業経営者を対象とした調査を通じて、次のような見解を導き出した。すなわち、地域社会における社会的耐久力は、経済活動の現代化とグローバル化の諸過程によって、一方的に浸食されるばかりではなく、姿を変えて保持されたり、選択的に再生されるものであること、また、地域社会においては、社会的諸力の緊張関係の中で、プラグマティックな折り合いが模索されることなどである。バニャスコはこれらの主張を「インフォーマル・エコノミー」論として展開してきた。以下では、彼の「インフォーマル・エコノミー」論に即して、イタリア社会の文脈で「経済」がどのように「社会に埋め込まれているか」を概観することとしたい。

(2) インフォーマル・エコノミー論

「市場形成」の「社会的」側面に言及するためには、制度や経済的に合理性を持った行動原理だけでは、道具立てとして不十分である。その不足を補うために、バニャスコに限らず、イタリア地域経済の柔軟性の根拠として、様々な論者が「インフォーマル」性を挙げてきた。しかしその場合、「インフォーマル性」は、失業者や移民労働者を買いたたく違法就労や脱税行為、闇労働、あるいは小規模事業体の家族従業員によるアンペイドワーク等、マイナス面を指摘するケースが多かった。つまり、イタリア経済の強みの一つの要因が、これらに起因する労働コストの安さであるとされてきたのである。

インフォーマル経済（イタリアではl'economia sommersa＝水面下経済）は、その性格上、統計的な把握が難しいが、二〇〇〇年のEURISPESによれば、イタリアの場合、国民総生産の二八・五％にあたる規模のイン

④ LOMBARDIA
エレクトロニクス(MILANO)
木材家具(MILANO)
シルク(COMO)
金属加工，コンピューター(COMO)
ニット，履物，航空機(VARESE)
油圧プレス，研磨機械(VARESE)
繊維機械，石油化学プラント，プラスチック加工機械，金属鋳造(VARESE)
トラクター(BERGAMO)
衛生用陶器，金属家庭用品(BRESCIA)
武器(BRESCIA)
自動車用工具，部品，靴下編機械(BRESCIA)
コットン(BRESCIA)
靴下(PAVIA)
靴下(MANTOVA)

⑦ EMILIA ROMAGNA
皮革加工機械，繊維機械，物流機械，包装機械(BOLOGNA)
食品，食品機械，包装機械(BOLOGNA)
繊維機械，土木建設機械(BOLOGNA)
ディーゼルエンジン(FERRARA)
セラミックタイル(MODENA)
自動車(MODENA)
ニットウェア(MODENA)
化学医療機器(MODENA)
野菜缶詰，肉類食品産業(PARMA)
プラスチック(RAVENNA)
金属加工，木製家具(REGGIO EMILIA)
タイル・製材，木製家具(RORLI′)
履物(RORLI′)
食品，木工機械(PIACENZA)
ロボット(PIACENZA)

⑨ MARCHE
紙，家電(ANCONA)
楽器，エレクトロニクス(ANCONA)
機械，繊維，薬品(ANCONA)
履物(MACERATA)
楽器，玩具(MACERATA)
皮工芸品(MACERATA)
履物(ASCOLI PICENO)
化学医療機器(MODENA)
木製家具(PESARO/URBINO)
衣料（カジュアル）(PESARO/URBINO)

⑫ ABRUZZO
衣料（カジュアル），皮革，家具(TERAMO)
エレクトロニクス，通信機器(L′AQUILA)
食品，キッチン家具，モーターサイクル(PESCARA)

⑬ MOLISE
自動車，モーターサイクル(CAMPOBASSO)
衣料（ジーンズ）(ISERNIA)

⑭ PUGLIA
衣料（ジーンズ），履物(LECCE)
セラミック(TARANTO)
履物，ニット，大理石(BARI)
衣料(BARI)

⑰ CALABRIA
エッセンシャルオイル(REGGIO CALABRIA)
木製家具，食品加工機械(COSENZA)
床材タイル(CATANZARO)
薬品(CATANZARO)

田中作成.

とイタリア全土の産地集積状況

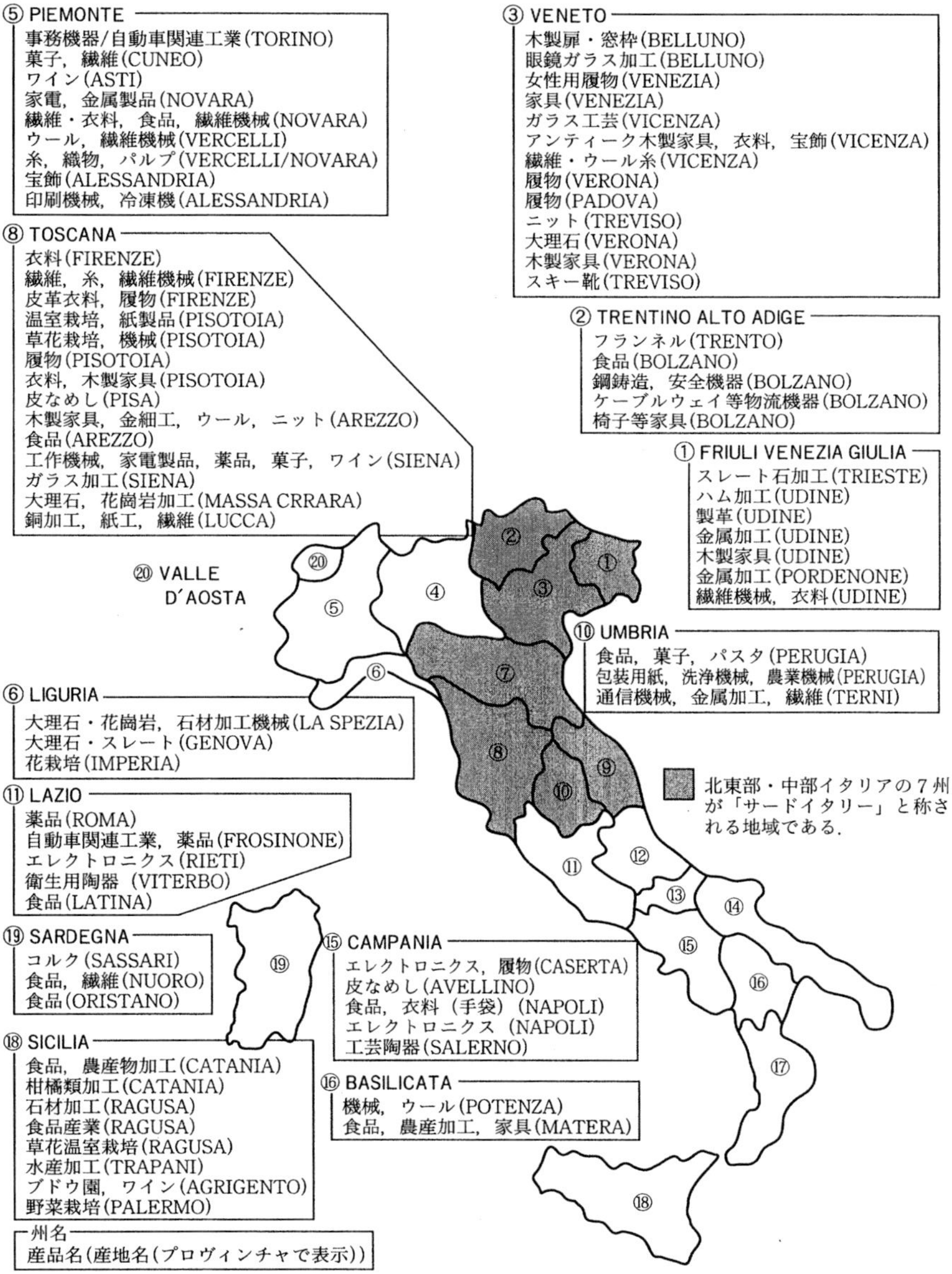
⑤ PIEMONTE
事務機器/自動車関連工業(TORINO)
菓子，繊維(CUNEO)
ワイン(ASTI)
家電，金属製品(NOVARA)
繊維・衣料，食品，繊維機械(NOVARA)
ウール，繊維機械(VERCELLI)
糸，織物，パルプ(VERCELLI/NOVARA)
宝飾(ALESSANDRIA)
印刷機械，冷凍機(ALESSANDRIA)
⑧ TOSCANA
衣料(FIRENZE)
繊維，糸，繊維機械(FIRENZE)
皮革衣料，履物(FIRENZE)
温室栽培，紙製品(PISOTOIA)
草花栽培，機械(PISOTOIA)
履物(PISOTOIA)
衣料，木製家具(PISOTOIA)
皮なめし(PISA)
木製家具，金細工，ウール，ニット(AREZZO)
食品(AREZZO)
工作機械，家電製品，薬品，菓子，ワイン(SIENA)
ガラス加工(SIENA)
大理石，花崗岩加工(MASSA CRRARA)
銅加工，紙工，繊維(LUCCA)
③ VENETO
木製扉・窓枠(BELLUNO)
眼鏡ガラス加工(BELLUNO)
女性用履物(VENEZIA)
家具(VENEZIA)
ガラス工芸(VICENZA)
アンティーク木製家具，衣料，宝飾(VICENZA)
繊維・ウール糸(VICENZA)
履物(VERONA)
履物(PADOVA)
ニット(TREVISO)
大理石(VERONA)
木製家具(VERONA)
スキー靴(TREVISO)
② TRENTINO ALTO ADIGE
フランネル(TRENTO)
食品(BOLZANO)
鋼鋳造，安全機器(BOLZANO)
ケーブルウェイ等物流機器(BOLZANO)
椅子等家具(BOLZANO)
① FRIULI VENEZIA GIULIA
スレート石加工(TRIESTE)
ハム加工(UDINE)
製革(UDINE)
金属加工(UDINE)
木製家具(UDINE)
金属加工(PORDENONE)
繊維機械，衣料(UDINE)
⑳ VALLE D'AOSTA
⑩ UMBRIA
食品，菓子，パスタ(PERUGIA)
包装用紙，洗浄機械，農業機械(PERUGIA)
通信機械，金属加工，繊維(TERNI)
⑥ LIGURIA
大理石・花崗岩，石材加工機械(LA SPEZIA)
大理石・スレート(GENOVA)
花栽培(IMPERIA)
⑪ LAZIO
薬品(ROMA)
自動車関連工業，薬品(FROSINONE)
エレクトロニクス(RIETI)
衛生用陶器 (VITERBO)
食品(LATINA)
北東部・中部イタリアの７州が「サードイタリー」と称される地域である.
⑲ SARDEGNA
コルク(SASSARI)
食品，繊維(NUORO)
食品(ORISTANO)
⑮ CAMPANIA
エレクトロニクス，履物(CASERTA)
皮なめし(AVELLINO)
食品，衣料 (手袋) (NAPOLI)
エレクトロニクス (NAPOLI)
工芸陶器(SALERNO)
⑱ SICILIA
食品，農産物加工(CATANIA)
柑橘類加工(CATANIA)
石材加工(RAGUSA)
食品産業(RAGUSA)
草花温室栽培(RAGUSA)
水産加工(TRAPANI)
ブドウ園，ワイン(AGRIGENTO)
野菜栽培(PALERMO)
⑯ BASILICATA
機械，ウール(POTENZA)
食品，農産加工，家具(MATERA)
州名
産品名(産地名(プロヴィンチャで表示))

出典：ICE (Istituto Commercio Estero), “The unique role of the local economies”, pp. 239-243 より

図 1-1　「サードイタリー」(中部，北東部)

フォーマルな経済活動が存在するとされている。ギリシャ、スペイン、ポルトガル等、いわゆる南欧諸国は総じてこの数値が高いが、イタリアはそのトップ、ギリシャとほぼ並ぶ。一例として、不法就労や違法な雇用について見てみると、「正規の労働市場」で働く労働者、約二一〇〇万人に対して、いわゆる「闇労働」に携わる者は五五〇万人で、先の国民総生産に占めるインフォーマル経済比率にほぼ匹敵する。内実は、一四歳以下の児童労働や労働ビザなしの外国人就労が三〇万人ずつで、あとはイタリア国籍の成人労働者による闇労働である[19]。「インフォーマル」というと、まずこうした闇労働が挙げられ、当然それは排除すべきもの、フォーマル化すべき「問題部分」と見なされてきた。

しかしながらバニャスコが「インフォーマル」性を積極的に取り上げるのは、違法性に依拠する闇労働に着目するからではない。地域社会に綿密に織り込まれた文化的・社会的土壌（パットナムがいうところの「社会的資本」）に着目するためである。

では、バニャスコが着目した「インフォーマル性」とは何か。彼はイタリアの実態に即して三つの範疇を設定する。第一に、家内経済（household economy）で、販売や交換の目的ではなく、家族・親族等によって自分たち自身のためにおこなわれる経済活動（自給自足的な生産活動等）、第二は、いわゆるアンダーグラウンドや闇経済（underground, hidden, black economy）で、課税や規制の対象となるにもかかわらず、全面的あるいは部分的に公に対する申告を行わない経済活動を挙げる。そして第三に、コミュナルな経済（communal economy）として、営利を目的としない、個人あるいは集団による経済活動（社会サービスの相互扶助的な提供など）である。

一般的にイタリア経済が、「インフォーマル性」に支えられているという時、多くは第二のケースが念頭に置かれている。確かにこの部分が大きな位置を占めていることは、先の数値からもわかるように否定できない。たとえば経済的に豊かとされる繊維産業集積地プラトーにおいても、受託加工業に携わる労働者の平均労働時間は、一日一二・五時間、標本数の二割は一日一六時間の労働を行っていることが報告されており[20]、経済的なパフォーマンスの良好な地域でさえ、こうした第二の、闇労働に連なるインフォーマル性から完全に自由ではない。

しかし高い失業率の傍ら、都市部に住みながら郊外に自家菜園を所有し、自給的な食料調達が可能だったり、人口の一二％にあたる六〇〇万人の人々が無償でボランタリーな活動に従事し、また、アソシエイティヴな活動への参加も活発なこと等を考え合わせると、第一と第三に分類されるインフォーマル性も、イタリア社会の「耐久力」を分析する際には、重要なファクターであることがわかる。

バニャスコは、一九七〇年代前半から、いわゆる「闇経済」としてのネガティヴなインフォーマル性以外の、第一及び第三のインフォーマル性を「社会的土壌」として指摘してきた。だが、バニャスコの議論が興味深いのは、違法労働等から右のような部分を腑分けしてその意義を指摘しているためだけではない。これらの諸相の間での、またこれらの諸相とフォーマルな経済活動との間での相互作用（図1-2）(1)〜(6)に着目することによって、「家内経済」と「コミュナルな経済」の存在が、市場の圧倒的な規定力をどのように相対化し得るのかに言及しているからである。

フォーマル、インフォーマル・エコノミー間の相互作用を図示すると図1-2のようになろう。図中、(1)は従来家の中で行われていた家事、育児、介護、自給自足的な生産活動や加工、住居の補修等の家内経済や、共同体が総出で行っていた共同作業等が市場経済の側に外部化される過程を示している。(2)は、市場における経済活動が、家庭や地域の協同的な労働として担われるようになる過程（一般に現代化の過程は(1)が主だが、例えば営利的企業が割にあわないとして撤退した地域福祉事業が、地域のコミュナルな労働として担われる等の例が(2)に該当する）、(3)は、高い労働コスト負担を回避しようする経営者が、サービス残業を求めたり、正規ルートを介さず、安価な賃金で移民労働者を雇う等の例である。また(4)は従来の労働行政の手が及ばなかった部分が政策の対

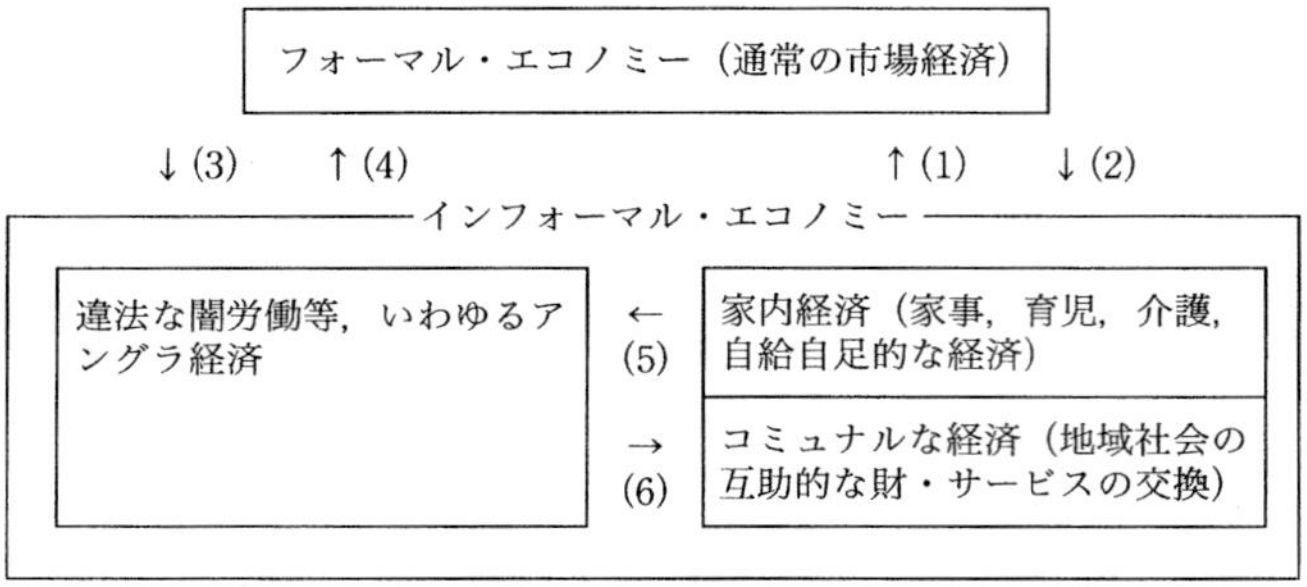

図 1-2 インフォーマル経済とフォーマル経済との相互作用の様相

象となりフォーマル・エコノミーへと移行する流れ、(5)は家族内の相互扶助が、無給あるいは低報酬の自営的な家業従事へと転じる過程、(6)は、不当に低賃金労働の温床となりやすい介護等のサービス労働が、低質のため淘汰され、家族介護に置き換わったり、地域のボランタリーアソシエーションによって担われようになる等の流れである。

インフォーマル・エコノミーは、フォーマル・エコノミーが排出する様々な矛盾（失業、低質な労働条件、人員合理化、社会的な排除）を吸収する市場外の装置という見方も当然できようが、バニャスコは、そうしたマクロな視点と同時に、個人や家族、地域社会の動機付けに着目をし、いつ、どのような形で(1)~(6)の「↓」が生起するかは、個人の仕事観、ライフステージ、家族戦略、地域の仕事文化等の、非経済的要素、すなわち社会的・文化的要因に大きく依存することを実証的に描き出した。その詳細については他稿[21]に譲り、ここではこうしたバニャスコの発想に依拠しつつ、とりわけ一九八〇年代に隆盛であったイタリアの産業集積の議論を例にとって、第一の「家内経済」と第三の「コミュナルな経済」が、いかにして「市場の論理」を相対化し、規定していくのかに論点をしぼって見ていきたい。

(3) 「産業集積」と「地域に産業をつなぎとめる力」

ここでは地域に存在する社会的資源の作用によって「市場の論理」が相対化される様子を描くために、「産業集積」をめぐる議論を取り上げたい。まず①では「サードイタリー」論として着目された、産業集積地に対する代表的な三つのアプローチを概観した上で、本節で依拠するバニャスコの立場を明らかにしたい。続いて②から⑤までは、企業、家族、地域社会（行政や教育システム）、そして市民等、それぞれの社会的アクターの意図と行動から「産業集積」を促す非経済的要因を検討する。

①「産業集積」をめぐる議論とその課題

北東部イタリアでの中小企業を中心とする産業集積は、「フレキシブル・スペシャライゼーション」（柔軟な特化）の典型として同地域を高く評価したピオリ、セーブルの研究によって著名となったが、それに先だって、イタリア国内でも産業集積地をめぐる研究が活発化していた。その代表的な論者がG・ベカティーニおよびS・ブルスコである。[22] 両者の議論を「創造都市」論の前提と位置づけて紹介する佐々木雅幸氏は、ベカティーニが、イタリアにおける産業集積地について「コミュニティの発展と企業発展とが一体化する傾向にある」とした点に着目をしている。またブルスコは、エミリア・ロマーニャ地域を取り上げて、「小企業のもつフレキシビリティ」、企業連合組織や自治体による「共生ネットワーク」、「競争と協同」を両立させる理念等で特徴づけられる「エミリア・モデル」を提起した[23]とされる。

佐々木氏が着目するように、ベカティーニは早期から、産業集積地におけるコミュニティの社会的・文化的特性や地域の諸組織（企業、家族、教会、アソシエーション、政党、労働組合等）の間で、それぞれの価値体系が調和と葛藤を呈し、そのダイナミズムが取引慣行や労働市場を大きく規定していることを指摘してきた。[24] ベカティーニ等の研究は、経済学的な視点に立ちつつも、中小企業の経済行為と地域社会の共同性や文化との相互作用への強い関心が読み取れる。

こうしたイタリアの地域経済研究者の成果に基づいて、ピオリ等が北東部イタリアに見いだしたフレキシビリティとは、(i)第一に長時間・低賃金労働を可能とする家族経済、(ii)企業間のネットワーク作りを担い、企画・仕入れ・製造委託・販売を一手に請け負うコーディネーター「インパナトーレ」(impanatore)の機能、(iii)自治体の主導による、中小企業対象のインフラ整備や職業教育制度の充実、研究センターの開設等、中小企業育成対策が、保守、革新の別を問わず、推進されたこと、そして(iv)技術革新による企業体質の強化をはかることができるよう、自治体や労働組合等によって環境整備(研究開発投資の援助や技術教育)が行われてきたこと等である。(25)

ピオリ等の研究の眼目は、イタリア社会経済の分析というよりも、七〇年代から八〇年代にかけて行き詰まりを見せていたフォーディズムに代わる、新しい成長様式を探ることにあった。したがって北東部イタリアへの着目も、日本のトヨティズムと並ぶ、ポストフォーディズムのモデルを探す意図が土台となっていたことに留意する必要があろう。

右のような研究動向に対し、七〇年代後半から八〇年代半ばにかけて、北東部イタリア、ヴェネト地方の産業集積地での実証的研究を積み上げてきたバニャスコは、「(この一連の実証研究が)着手された当初は、小規模企業を中心とした経済が著しく発展を極め、大企業が低迷した時期であった。このため(諸研究は)往々にして分散型経済(economia a diffusa=図1-1にあるように産業集積地がイタリア全域にわたって分散していること)の本質と広がりを正確に掌握しかねる方向に流される危険があった」(26)として、北東部イタリアをポストフォーディズムの観点からモデル視したり、過大評価する傾向に批判を投げかけた。そして「(小規模事業組織の集積といった)経済組織の規模をめぐる試みを政治的観点によるただ一つの意味へと絞り込むことは不可能」であるとして、インフォーマル経済をより複眼的に捉えていくことを主張した。そうした複眼的視点を反映した捉え方が先に見た図1-2である。

② 「市場の論理」から見た産業集積の流れ

イタリアにおける産業集積や企業ネットワーク論は、「市場の論理」から組み立てた場合、おおよそ以下のような流れで捉えられてきた（むろんこれらは、市場、家内経済、コミュナルな経済の「論理」の対比性を述べるための、抽象化した流れであって、地域や産業によって集積過程には様々なバリエーションがあることは言うまでもない。詳細については、第二章で事例に基づいた議論をする）。

まず(a)一九五〇年代、ある特定の大企業によって形成された家内加工労働の垂直的ネットワーク（例えばニット製品等を典型とする下請け組織で、同種類の加工委託先を数多く確保。ネットワーク形成の目的は労働コストの削減）、次に(b)一九七〇年代から顕著になった傾向で、複合化した加工過程を専門的に分業化する動き（例えば、機械産業を中心に、労働コストの削減という目的がやや後退し、労働組合への対抗措置や専業化による効率性向上、品質確保を第一の目的とする）、そして(c)一九八〇年代、大企業の統括から相対的に自立した事業活動と企業間の水平的ネットワーク（ネットワーク形成の目的は、情報・技術の交換、域内での様々な専門性の相互活用、労働力の流動化と多能工的活用、労働者のインセンティヴの向上と欠勤率の低下といった労務管理上のメリットの享受）の三つの局面から産地の編成の変化を捉えることができよう。

以上のとおり、企業サイドから捉えた産業集積の流れはさらに単純化すれば労働コストの削減、生産効率と品質の向上、生産手段の柔軟な組み替え等、いずれも「市場の論理」からの発想に基づいている。

③「家族の論理」から見た産業集積の流れ

右記に対し、「家族」や「地域社会の論理」から産業集積を見るとどうなるか。バニャスコは、以下のような調査結果によって市場の論理を相対化しようと試みる。第一に、拡大家族は統計上減少傾向にあるとはいえ、実質的には親子や独立した兄弟が、同じ地域内で頻繁な交流と支え合いの機能を維持していること。第二に、労働者の多くが所得の多寡にかかわらず郊外に畑を所有している点（これは若い世代についても同様であり、例えば三〇歳以下の若年層においては世帯主の六〇％が自ら自由にできる畑を所有しているという）。第三に、調査対象者中六割の労働者が就職にあたっては、職場の友人、親戚ルートを活用している点。第四に発注者と納品者との関係を規定する際、「相互に知己で信頼関係があること。たとえ競合があったとしても良好な関係が維持できる」ことを重視する小規模事業経営者が多数存在する点。第五に企業所有形態でみれば五五％が経営者の親族による所有参加を得ている点。そして第六に六割の企業主は、彼と同様に企業主となった兄弟を一人以上持っていること。

右の点を総合しながら、バニャスコは次のように言う。「これらのことは、市場における移動が（労働力供給側の―田中）主体側から全く切り離されてしまうことを回避するための論拠である[27]」。

バニャスコは、地域の企業間関係が純粋な競合関係に還元されないこと、さらに言えば地域産業の集積的形成が、個人の人生設計、家族戦略、親類・友人との絆、地域生活上の慣習、価値意識、生活の知恵から自由であり得ないことを強調した。すなわち、非経済的要素に、産業を地域につなぎ止めるための仕掛けが散見されることを重視する。

経済的合理性に合致する仕掛けもあれば、それと逆行するものもあるが、これらの、非経済的な要素が、産業集積のあり方を大きく規定していることは否定し得ない。むろん、それらが何の変形も経ずに、個人、家族、地域から発信されたままの形で、現代化の過程に楔を打ち込むような単純な影響力を持ち得ないことはいうまでもない。

さて、以上のようなバニャスコの議論に、筆者なりの補足を加える意味で、もう二点にわたって産地の「社会的構築」を見ていくこととしたい。一つは地域社会における人材育成について、もう一つはその地域で共有され、個々人に内面化されている「仕事文化」についてである。

④「地域の論理」から見た産業集積の流れ

産業集積のあり様は、その地域社会を担う自治体や教育のあり方とも関わってくる。イタリアの産業集積地は、単に特定製品のメーカーが集積しているのみならず、製品はもとよりそれを生み出す生産財や部品、石材加工品等の場合は、採石地もあわせて集積していることもあって、産業の、地域社会に対する浸透度が高い。また地域社会の側でも、産地製品と関連づけた「ものづくり」アイデンティティの形成に意欲的である。[28]

以上については第二章にて詳述するため、ここではごく簡単に、眼鏡製造の集積地であるベッルーノの取り組みを挙げたい。[29]

ベッルーノはイタリア北東部ヴェネト州の山間にある人口三万六〇〇〇人の町である。製造企業総数五〇七のうち三三〇企業で六〇〇〇人が、生産財も含めた眼鏡（主としてフレーム）関連の事業に携わっている。この取り組みがイタリアの中小企業関連誌に紹介されたのは一九九二年だが、その前後からイタリアでは「産業集積地」衰退論が出始めていた。[30] そうした時期にもかかわらず、ベッルーノでは毎年二〇％の高い雇用増加率を維持している点が着目されての紹介記事だった。ベッルーノでは地元の工業会青年部が中心となって学校に働きかけ「ものづくりの世界」と称する一〇時間の産業教育プログラムを、高校における「正規授業」として実施してきた。地域産業に対するアイデンティティを早期から地元の子供たちに持ってもらうのが目的である。同時に高校にとっても、その地域に留まることを選択した際、どんな職業生活が可能なのか、自らの人生に「見通し」を持たせることができるという利点がある。着目すべきなのは、職業高校のみならず大学への進学を前提とした高校（「古典高校」（＝文系進学校）や理系進学高校）でも同プログラムが行われている点である。一〇時間のプログラムは職業上の技術実習としては十分な時間とはいえないが、その地域の「産業文化」「仕事文化」を知るという点からみると本格的なものと言えよう。

イタリアの場合、学校卒業後、県外や州外に出て働くことを希望する率は少なく、地元定着率が高いとされている。しかしそれは必ずしも地元に仕事が存在するからではない。次章で述べるように「地元には残る」ものの、そこで自らの職業生活を切り開く機会のないまま滞留する若年失業者も少なくない。一見失業率が低く南に比べれば経済的な諸条件に恵まれている北東部イタリアであっても、「この地域で自分の将来を構想することが可能である」というメッセージをこめた職業教育の必要性が指摘されており、ベッルーノの試みもそうした必要性に応えるものとして位置づけられよう。

⑤ 人々が内面化している「仕事文化」から見た産業集積の流れ

イタリアではインフォーマル経済研究の一環として、早期から「二重の仕事」（doppio lavoro）（正規の仕事に対して副業を有すること）の存在が着目されていた。正規の仕事の他に「第二の仕事」を持っているとする就業者が、一九八一年の時点で一四五万九〇〇〇人、全就業者中の六・六％を占めていた。これが一九九一年になると一九四万二〇〇〇人で全就業者中の比率は八・三％[31]、さらに二〇〇二年のＩＳＴＡＴ報告書においては「第二の仕事」の保持者が約六五〇万人、全就業者中の二八・三％とここ一〇年間で極端な伸びを示すほどになっている。かつては公務員が経済的動機で副業を行うといったケースが「第二の仕事」の主流と捉えられてきたが、近年では三〇〜四〇代の比較的若い労働者の新しいライフスタイルとして定着しており、動機も経済的なものから文化的、社会的なものへとシフトしているとする見方が強い。

例えば日中は経理事務をやりながら夜はバンドマンとしてステージに立つ男性。ウィークデイは技術者として働きながら、週末は映像関係の仕事を持つ女性。コンピュータのメンテナンスをしながら子供むけの教育ソフト開発を担う協同組合の設立を準備中という男性等、一つの職場で「垂直的上昇」を行うよりも複数の仕事によって自らの可能性を広げたいとする「水平的向上心」(ambizione orizzontale) への共感が広がっているという。[32]

こうした最近の動きは「フリーエージェント」への着目等、[33]アメリカの若年層のライフスタイルの影響もあるようだが、イタリアの「第二の仕事」論は、すでに一九七〇年代から独立開業の志向の高さと並んで展開されてきた。[34]留意すべきは「第二の仕事」として選択されるのが雇用労働ではなく、自営的労働であること。例えば企画立案にはじまって仕入れ、交渉、販売、会計に至るまで、小規模ながら全工程を自らがこなすようなケースが多いとされる。労働文化の研究を手がける社会学者、C・カルボーニは、「第二の仕事」として自営が選択される理由について、「本来、人間が労働に求めようとする総合性、自己決定性、創造性、独立性、経験や学習の積み重ねがもたらす克服感への渇望」等を挙げる。[35]

自営志向の高さ、また雇用労働の傍ら「第二の仕事」を求める傾向等を考え併せると、地元に留まって「自身の仕事」[36]にこだわる文化的基盤の一端をかいま見ることができるのではないか。また結果としてそれが地域産業に何らかの形で関連することも少なくない。[37]もっともこれらはある程度産業基盤のある北部に顕著な傾向とも言えよう。南部の高失業率地域を見ると、イタリア北部やドイツへの出稼ぎが一方で存在する。しかし結果として流出を見たとしても、まずは地元に留まることの模索が先行することも見逃せない。[38]

4　小　括——「生活の論理」「仕事の文化」「地域の論理」とセイフティネット論

前節までで、「産業集積」を促すものとして、経済的要因のみならず社会的要因（地域、家族、行政、教育、価値意識）が大きく介在することを見てきた。

市場競争を体現する通常の経済活動が、経済的合理性に馴化しないことによって、逆にそれが家内経済やコミュナルな経済との相互作用の中で、維持されるというパラドキシカルな論理は、セイフティネット論と重なるものである。(39) この場合、セイフティネットは制度的なルールや保障のみならず、地域社会や血縁集団など多様な担い手によって成り立っており、時として制度的セイフティネットと非制度的セイフティネットが矛盾した編み目を抱えながら、経済活動全体を規制しつつ支えていく。その結果、「地域の耐久力」とも呼べるものが蓄積されていくのではないか、というのが本章の主軸である。

一〇年以上前になるが、イタリアのパルマ地方の食品メーカーの担当者が、日本まで果汁加工の設備機材の買い付けに訪れた際、同行した筆者は「食品加工やそのための生産財の国際的産地であるパルマの企業が、なぜ産地内で設備を調達せず、日本まで足を運んだのか」とたずねたことがある。担当者は「自分たちの町、州、ヨーロッパ……とだんだんと枠を広げて探してきたものの、今回探している設備は加工対象も加工方法もこれまでとは異なるため、ヨーロッパ域内にパートナーを見つけることができなかった。日本に来たのは最終手段」と答えた。乳製品や菓子類で有名なその食品メーカーは、基本的にはこれまですべての生産財を地域の身近な食品加工機械メーカーに発注してきたという。たとえその機械メーカーのレパートリーにない設備でも、共同開発という形で一緒に作っていくのが基本姿勢だった。初期にはコストと時間がかかるが、長期的には双方に経済的なメリットもあるからだという。

一つのエピソードにすぎないが、地域内での中小企業相互の「育ち合う」関係の構築が、地域経済の「社会的資源」を成していることがうかがえよう。こうした意識と行動が非制度的・制度的両面におけるセイフティネットの強化につながると見ることもできよう。

しかしここで確認したかったのは、あらゆる「社会的資源」が市場に奉仕するはずだ、ということではむろんない。むしろ「市場の論理」を制約したり、作り変えたりしていくものとしての「社会的・文化的土壌」を探ることが目的であった。例えば「産業集積」という極めて経済的な事象一つとってみても、それは「企業の論理」、「家族の論理」、「地域社会の論理」によって、重層的に規定された上で存在している。その「重層的な構成」が人々にとって暮らしやすい、働きやすい場の創出につながっていくのではないか。言い換えれば、K・ポラニーが言う「市場を社会に埋め込む」可能性について言及するのが本書の目的である。それでは産業が「暮らし」や「文化」に埋め込まれるとはどのようなことなのか。次章では、一つの地域を事例としながらその具体的な姿を描き出していきたい。

注

(1) 一例として、ピオリとセーブルは、繊維製品およびそのための織機や染色機械の産地として着目されたプラトーについて、その成功要因を次のように描く。すなわち、域内調達による生産・流通コストの削減、域内での密接な情報交換、特定の産品ばかりでなく、その生産に必要とされる設備機械や関連技術の転用による新しい製品開発の志向、長時間・低賃金を可能とする家族経営、企業間のネットワークづくりを担い企画・仕入れ・製造委託、販売を手がけるコーディネーターの存在、保守か革新かを問わず自治体による中小企業支援策やインフラ整備が活発なこと、職業教育制度の多系的な存在、地場産業振興のための研究開発センター、中小企業の技術革新による経営強化を目的として、自治体や労組によって研究開発の投資が行われてきたこと、その上で過度の競争に対する抑止力として地域コミュニティが機能してきたことなどが挙げられている（Piore, M. & Sabel, C. F., *The Second Industrial Devide : Possibilites for Prosperity*, Basic Books, New York, 1984.（山之内靖他訳）『第二の産業分水嶺』筑摩書房、一九九三年、二七八～二八二頁、二九三～二九七頁。

（2）イタリア国内の議論を見ると、一九九〇年代に入ってから「代表的産地」の「失速状況」を懸念する声が出てきた。国際的にも著名な産地（例としては繊維のコモ、ビエッラ、プラトー等）が、雇用人数、企業数、生産高いずれもマイナス成長となったこと、またイタリア中小企業の特徴と賞賛された企業間の「水平型ネットワーク」が、「垂直型ネットワーク」に再編される動きが出てきたこと等から、「停滞」や「方向転換」が議論されるようになった。*CENSIS 26° Rapporto sulla situazione sociale del paese 1992*, Franco Angeli, Milano, 1992.

（3）こうした見方には楽観的との批判もあろう。地域の「耐久力」が、今日の一層のグローバリゼーションの進行の中でどのような課題に直面しているのかについては別の機会に触れたい。これまでEUは、アメリカを中心としたグローバリゼーションに対抗する経済政策と、それを「公正な社会」という理念をもって規制する社会政策とを辛うじて両立させてきた。しかしグローバリゼーションの一層の加速化の中で、その両立を維持するのは明らかに苦しくなっていることは否めない。

（4）Putnam, R.D., *Making Democracy Work: Civic Traditions in Modern Italy*, Princeton University Press, Princeton, 1992.（河田潤一訳）『哲学する民主主義　伝統と改革の市民的構造』NTT出版、二〇〇一年。

（5）R・セネット著（斎藤秀正訳）『それでも新資本主義についていくか―アメリカ型経営と個人の衝突』ダイヤモンド社、一九九九年。

（6）「（一七世紀以降は＝田中）南部、北部を問わずイタリア全土で、専制政治が今や恩顧＝庇護主義的ネットワークのなかに具体的な形をとって現れた。だが、コムーネの伝統を相続した北部人の間では、庇護者がいかに独裁的だとしても市民的な責務をまだ引き受けるところがあった。（中略）地元の上流階級の連中は政治権力を独占する一方で、病院や道路、地元の聖歌隊や楽団、さらには役所や町の事務官の給料までも自ら面倒を見、市民生活を側面から支援していた。北イタリアの周辺農村においても相互責任の倫理は、例えば隣保扶助に見られるように存続した。このように不平等、搾取、派閥対立が蔓延する中、コムーネ共和主義の北イタリアの遺産は、政治的諸制度に具体的な形をとって現れなかったが、市民的関与、社会的責務、社会的対等者間の相互扶助という倫理の形態で継承されたのである」（Putnum, op. cit.＝訳書、一六三～一六四頁）。

(7)『哲学する民主主義』の中では、Social Capital の訳語が「社会資本」となっているが、「社会資本」といった場合、いわゆる公共的インフラストラクチャーあるいは、宇沢弘文が提起する「社会的共通資本」等、先行する諸概念とも混同が生ずるため、本書では「社会的資本」とした。ただし『哲学する民主主義』の引用部においては、訳文のまま「社会資本」としてある。なお、昨今の、「人間関係資本」とも呼び変えられる「社会資本」概念が、先行概念との関係も明らかにしないまま多様される傾向にあることも指摘しておきたい。特に、なぜ「資本」という規定が必要なのか、また「信頼、規範、ネットワーク」のダイナミズムと資本のダイナミズムとがパラレルであるとする根拠の提示も厳密ではなく、概念としての成熟度が問われよう。

(8) Coleman, J. S., *Foundation of Social Theory*, The Belknap Press of Harvard University Press, 1990, pp. 300-321. J・S・コールマンは、一九六〇年代半ば、アメリカにおける教育社会学調査から、教育機会の不平等が階層や級友の社会的構成によって規定されることを指摘した教育社会学者である。近年の「人間関係資本」に引き寄せた「社会資本」論は、この、コールマンによる *Foundation of Social Theory* を源流とする議論が多い。

(9) Putnam, *op. cit.*, pp. 167-181.（訳書、二〇七～二二六頁）

(10)「社会的資本」を「経済成長促進剤」とする典型例としては、稲葉陽二・松山健士編『日本経済と信頼の経済学』東洋経済新報社、二〇〇二年。同書では「社会的資本」を日本政府の「構造改革論」を支える契機として援用している。

(11) Ekins, P., *The Living Economy*, 1986, London（石見尚・中村尚司・丸山茂樹・森田邦彦訳）『生命系の経済学』御茶の水書房、一九八七年。四一頁の図「産業社会の生産的構造—デコレーションつき三段ケーキ」を参照。

(12) J・アタリ著（近藤健彦・瀬藤澄彦訳）『反グローバリズム—新しいユートピアとしての博愛』彩流社、二〇〇一年。

(13) Fukuyama, F., *The Great Disruption*: Human Nature and the Reconstitution of Social Order, The Free Press, 1999（鈴木主税訳）『「大崩壊」の時代』（下）、早川書房、二〇〇〇年、一三八～一三九頁。

(14) Coleman, *op. cit.*, p. 302.

(15)「社会憲章（The Social Charter）」とは、一九八九年一二月、イギリスをのぞくEU一一カ国によって採択された、労働者の基本的社会権についての共同体憲章を意味する。単一市場の形成に際して、経済的効果だけでなく、人権や公正などの社会的諸側面の重視をはかることを目的としている。また、一九九二年には通貨統合の実現を目指してマーストリヒト条約が成立するが、同時に「社会議定書」（Social Protocol）が採択され、労働の安全衛生、労働条件の向上、労働者への情報開示、男女機会均等の分野において、より迅速な法改正ができるようになった。なお、イギリスがこれに加わったのは、一九九七年五月、ブレア首相の誕生を受けてである。

(16) Bagnasco, A., *Tre Italie; La prblematica territoriale dello sviluppo italiano*, il Murino, Bologna, 1977.

(17) Bagnasco, A. *La costruzione sociale del mercato*, il Murino, Bologna, 1988.

(18) この「市場を社会的に構築し直す」という考えは、K・ポラニーの「市場経済を再び社会の中へ埋める」という主張およびTOESやその母体であるニュー・エコノミクス運動の主張との呼応関係も多い。ニュー・エコノミクス運動とは伝統的な経済学（新古典派、近代経済学、マルクス主義経済学）に対してオルタナティヴな経済学を主張するもので、P・エキンズやJ・ロバートソンらが提唱してきた。経済成長、完全雇用、自由な交易活動の推進が、豊かさを提供するとしてきた従来の発想を転換することを求め、とりわけインフォーマル経済の機能に着目しながら、経済活動を社会、生態、倫理の下に位置づけなおすことを意図している。ニュー・エコノミクス運動とその意義については、福士正博『市民と新しい経済学—環境・コミュニティ』日本経済評論社、二〇〇一年およびJ・ロバートソン著（石見尚・森田邦彦訳）『二一世紀の経済システム展望』日本経済評論社、一九九九年参照。

(19) Gruppo Abele (a cura di), *Annuario Sociale 2001*, Feltrinelli, Milano, 2001, pp. 688–689.

(20) Bologna, S. "Problematiche del lavoro autonomo in Italia (I)", in *Altre ragioni* 1/92, Milano, 1992, p. 21.

(21) 田中夏子「地域社会における社会的耐久力をめぐって—A・バニャスコの諸概念『インフォーマル・エコノミー』および『市場の社会的形成』を手がかりとして」『日本地域社会学会年報』第七集、一九九五年、三〜五五頁。

(22) 佐々木雅幸『創造都市の経済学』勁草書房、一九九七年、五〜一六頁。

(23) 佐々木、同右、一〇頁。

(24) Becattini, G., "Flexible Specialization and Industrial Districts: the Italian Experience in the Economic Basis of EC Market Integration," at the 15th International Symposium, Hosei Univ., Nov. 20–22, 1992.

(25) Ibid., pp. 293–297.

(26) Bagnasco, *op. cit.*, 1988, p. 9.

(27) Bagnasco, A. e Trigilia, C. (a cura di), *Società e politica nelle aree di piccola impresa: il caso di Bassano*, Venezia, 1984, p. 40.

(28) 田中夏子「イタリア職人を訪ねる旅—地域産業の社会的・文化的土壌を探る」長野大学産業社会学部編『グローバル時代の地域と文化』郷土出版、一九九九年、一八三〜二〇二頁。

(29) Zornitta, G., "Provincia di montagna ma industializzata", in *Gazzetta della piccola industria*, n. 211, Roma, 1992.

(30) 一九九〇年代初め、繊維産業の産地として著名なプラトー、ビエッラ、コモ、ニット産地のカルピ、セラミックタイルで知られたサッスオーロ等、サードイタリーとして着目されたイタリア北東部の諸都市では、「産地集積経済の失速」が話題となった。そうした中、ベッルーノでは、雇用において前年比二三・四%、企業数においても同比八・七%の伸びを示す等、堅調ぶりが着目された。*CENSIS 26° Rapporto sulla situazione sociale del paese 1992*, Franco Angeli Milano, 1992.

(31) *Ibid.* p. 233.

(32) 「お金のため?ブームとなる複数の仕事」イタリア日刊紙 *Repubblica*, 二〇〇二年四月二三日。

(33) Pink, D.H., *Free Agent Nation ; The future of working for yourself*, New York, 2002.

(34) Vinay, P., "Il seconodo lovoro", in Paci M. (a cura di), *Famiglia e mercato di lavoro in un'economia periferica*, Milano, Franco Angeli, 1980.

(35) Carboni, C., *Lavoro e cuture del lavoro*, Laterza, 1991.

(36) 「自身の仕事」(own work)については、J・ロバートソン(小池和子訳)『未来の仕事』勁草書房、一九八八年参照。

(37) 例えば筆者が、弦楽器の産地クレモナで出会った公立高校の教員は、高校での教育を第一の仕事、コンピュータグラフィックデザイナーを第二の仕事としていたが、後者の仕事の一環として弦楽器の弓の製作過程を再現するCGの開発に取り組んでいた。

(38) 例えば筆者が調査を行ったサルデーニャ州南部の高失業率地帯では、若手と四〇代以降の女性たちが家事サービスや介護の協同組合づくりに取り組んできた。この活動を支えてきた若手幹部はしかし一〇年近く故郷で尽力した後、島を出て本土の中北部の協同組合へと転出をしていった。結果だけからみればこれは「流出」であるが、「流出」に至る過程を見ていくと「地元志向」の強さは否定できない。高失業率地帯における協同組合の社会的機能と、その担い手の「流出」に至る経過については、田中夏子「イタリアの社会的経済と、市場及び自治体との相互作用について」中川雄一郎監修『協同で再生する地域と暮らし』日本経済評論社、二〇〇二年。

(39) ここでいうセイフティネットとは、金子勝が述べているものに近い。金子は、経済界によって流布した、緊急避難的な、弱者救済的意味合いの強い「例外論」「使い分け論」としてのセイフティネット論を批判し、一見、市場にとっては「コスト」と見られがちな社会保障制度、労働協約、教育制度などの諸制度が、市場の麻痺をくい止めているとして、「社会的公正を満たす」ことで市場を維持する機能に着目をする（金子勝『セーフティネットの政治経済学』筑摩書房、一九九九年、五四～六八頁）。ただし、金子が主題としているセイフティネットは、非市場的でありながら、フォーマルな制度やルール（たとえば社会保障制度、労働協約、教育制度）であるのに対して、本書では、インフォーマルな次元の社会資源も含め、フォーマル、インフォーマルセクター間の相互作用を前提としたセイフティネットを含めて考えている。

第二章　暮らし・文化とものづくり――ヴィチェンツァの工房から

1　「社会的経済」と「小規模事業者」主体の地方経済

水上都市で著名なヴェネツィアから電車で四〇分ほど内陸に入ったところにヴィチェンツァ（Vicenza）という町がある。人口約一一万のこの都市には毛織、貴金属、印刷、工作機械、木製家具製造などの産業集積があり、中でも貴金属については「ヴィチェンツァ・ドーロ」と呼ばれる、宝飾品およびその加工技術に関する国際見本市の開催地として有名で、日本からも多くのバイヤーが赴く。

ヴィチェンツァ県の失業率は二・三％（二〇〇〇年）で、イタリア全体（一一・四％）のわずか五分の一にとどまる。特に一九八〇年代半ば以降は、中小企業の健闘や独立開業意欲のおう盛な地域として研究者や経済界から注目されてきた。一九六〇年代まではさほど経済的に豊かな地域とはいえず、むしろヨーロッパ各地に移民を輩出していたが、六〇年代以降、繊維と金属加工で急激な成長を遂げたとされる。また、企業活動のみならず、カトリック文化を背景とするボランタリーな市民活動や協同組合の動きが活発な地でもある。最近はかつて花形だった繊維産業の低迷で地域経済の鈍化が見られるものの、一九九九年から二〇〇〇年にかけては、一般には低調とされている金属加工や建設部門で新規雇用の開拓が目立つ等、九〇年代後半に入っても、経済的なパフォーマンスの高い地域といえよう。

その担い手の圧倒多数が、中小企業である。例えば県内の、金属加工関連の企業数は一四〇〇社に上るが、このうち七割に相当する約一〇〇〇社は一五人以下のいわゆる「職人企業」と呼ばれる小規模事業者によって占められている。

以下では、この地域で出会った職人工房、中小企業、職業高校等でのインタヴューや調査結果に触れながら、地域アイデンティティと企業活動との関連について考えていく素材としたい。

前章に続いて「社会的経済」の直接的な担い手とは必ずしもいえない経済主体をあえて取り上げるのは、中小企業や職人企業を支える人々の考え方や活動のあり方が、「社会的経済」にも陰に陽に関わってくると実感しているためである。ここに連続性があるからこそ、「社会的経済」が「例外的存在」として社会から孤立することなく機能し得るというのが筆者の考えである。また、記述の対象となる職人工房や企業は、決してベネトンに象徴されるような成功例に類するものではない。むしろどの町の中でも、普遍的に出会える工房、企業である。むろん一人ひとりの事業者からは、それぞれ示唆に富んだ言葉が発せられてはいるが、それは稀有な成功者の言葉というよりも、多くの事業者や職人が共有している言葉、すなわち文化と言えよう。あわせて、限られた対象ではあるが、こうした地域に立地する工業系の専門高校生たちの「仕事」観にも触れ、社会的経済の背景としての地域社会の価値意識に着目していきたい。

2 「修復の哲学」が脈打つ家具工房

前述のように、ヴィチェンツァは、国際的な金銀細工関連業の集積地だが、それを支えるのは小規模な職人企業群である。こうした「職人企業」が確固たる信念に基づいて、自分たちの生業を全うしている姿は、日本にあっても頻繁に見聞きするものではあるが、ここではあらためて、イタリアの小都市における職人工房での「仕事の哲学」を、家族二人で営む家具の修復工房を通じて見てみよう(1)。

(1) 「修復の哲学」とは何か

ルネサンス期の著名な建築家パッラーディオによる壮大な歴史的建築物が建ち並ぶ町の中心地から一〇分ほど歩いたところに、木製家具「修復」職人のルチア・デル・ネグロさんの工房がある。約束の時間通り工房に到着したものの作業の邪魔になるのを危惧して、遠慮がちに声をかけると、ルチアさんがさっそうと歩み寄って工房に招き入れてくれた。仕事場に一歩足を踏み入れると、真正面に大きな見慣れぬ照明器具が陣取り、修復中のテーブルと工具類がこうこうと照らし出されている。聞けば、熱の影響も少なく、影をつくりにくい、歯科医が使用するライトを中古で引き取ってきて活用しているのだという。修復の仕事は細かい色あわせや、はぎの作業が多いが、そうした作業にうってつけなのだそうだ。工具はむろん使い手自身の手製も多いが、こういう「異業種」のものも意外な活用方法があって、それを発掘したり工夫するのがまた楽しいのだ、とそんなところからインタヴューが始まった。

工房の奥から、半身をのぞかせて、ややはにかみながら挨拶してくれたのが、マリオ・メガネッティ氏である。この家具修復工房は夫婦二人の共同経営による。修復の対象は、主に一八世紀以降の家具であり、メガネッティ氏が木工を、デル・ネグロさんが色彩など表面加工を担当する。「修復」という仕事についての考え方を問うと明快な答えがかえってきた。

「修復という仕事は、その修復箇所がきちんとわかることが基本。すべてを新しくしてしまったり、古いところ、オリジナルなところを修復箇所と見分けつかなくすることが目的ではない。むしろ、オリジナルなところは大事にしてできるだけ修復箇所を少なくすることに手をかける。」

色の調整も微妙だ。遠くから見てもわからないが、近くでよく見るとわずかにオリジナルの部分と修復箇所が区別できるよう配慮するという。彼らによれば、「よい修復」とは、控えめでありながら相応の存在感をも主張するもののようだ。しかしそれはオリジナルなものを損なってはならない、また何十年か経った時の修復の妨げになってもならないという。

栗の木のタンニンを使った色づけの実験をしながら、「古い色調」の合成方法を実地で説明しつつ、とりかかっていた仕事の手も休めずに、「修復」についての二人の意見が理路整然と展開されていく。

「たいていの家具は、オリジナルなところはしっかりしているのに、その後の修復のまずさが祟《たた》って痛んだり壊れやすくなったりする。だから私たちの修復も、元の部分に手を加えるよりも後でほどこされた修復箇所をさらに直すことの方が多い」（デル・ネグロさん）。

よりよい修復のために、道具や材料もその家具が作られていた当時のものを復元して使用する。「こうした伝統的な技術の復元に取り組む際は、ヨーロッパ家具に限定せずに、古今東西の様々な木の文化に通じることが大事だ」といいながら、工房の一角にある書架を示してくれた。例えば表面加工の技術には楽器製作に使用するニスの知識も欠かせない。家具の修復に直接使用するわけではないが日本の漆技術の本も並ぶ。

(2)「直す技術」の存在感と変容

さて「直す」技術が「作る技術」とは独立して経済的にも成り立つためには、社会に「直す技術」を必要とするライフスタイルが存在しなければならない。すなわち、古いものを大事に直しながら使っていくといった価値観、生活様式が「修復」という産業の背景にある。これはしかし放置すれば容易に侵食されもする。それにどう対応していくのか。

同じヴィチェンツァの町で、やはりアンティーク家具を修復・販売している店の前を通りかかると「家具の歴史を学ぶ夜間セミナー」のポスターがウィンドーに貼ってあった。店に入って、このセミナーについて尋ねると、家具に関わる文化講座を、店が自前で町の人々に提供しており、最近では若い人も聴講にくるという。古い家具の価値を知り、それを大切に使う生活様式がなくなると修復の仕事も成立しなくなる。だからこれは慈善文化事業ではなく長期的な営業活動だ、といった内容の答えが返ってきた。職人仕事は、文化やライフスタイルの創造をも伴うようだ。

ところで「修復の哲学」を脅かすのは、便利で安易な現代的ライフスタイルの普及だけではない。そのことはデル・ネグロさんの次の言葉に象徴されよう。

「最近は、家具を家具として愛でるのではなく、それを投機の対象として見る人も増えている。私たちの仕事の方針にそわないが、顧客が、投機的価値の向上のために修復を望むなら私たちも応えざるを得ない。残念ながらそういう要求に応えるのも、修復という仕事の一環だ。」

投機的目的での修復依頼も、「古いものの価値」が認知されている故のものではある。が、「用の美」ではなく「交換価値」の増大のために修復の腕をふるわなければならないことについて、デル・ネグロさんは葛藤がぬぐえないという。しかし最終的には、それも「仕事の一環」と位置づけながら、全体として「修復という仕事」の社会的意義の維持に努めている。

3　小さな金型工場の試み――ものづくり文化の再生にむけて

前節では、イタリアの地域経済を支える最小単位の「職人企業」に目を向けてきたが、本節では、職人企業よりはやや規模の大きい中堅企業の経営者の言葉を追いたい。金属加工業の産地として知られるヴィチェンツァで、金型製造に関わる会社の歩みは、イタリアに限らず、日本の中小企業集積地における起業パターンとも重なる点が多い。イタリアを特異な場と見るのではなく、職人にせよ企業家にせよ、最前線でものづくりに関わっている人々の歩みや思いは地域や国を越えて一致する部分も少なくない。研究課題として深めるべきは、そうした共通のものが社会にどう位置づけられているかの違い、すなわち活動の担い手とそれをとりまく社会や制度との相互作用のあり様ではないか、というのが筆者の視点である。

(1)　若手に「ものづくり」拒否の流れ

ヴィチェンツァ郊外の工業団地の一画に小さいながら近代的な外観の工場を構えるガルバニン社がある。(2) 同社の主要部門は、精密機械用の金型製造。あわせてプレス加工も行っている。代表のガルバニン氏は別の企業で金属成型技術を覚えた後、一九六八年、従兄弟と二人で創業した。現在では従業員三〇名（金型製造とプレス作業にそれぞれ一五名ずつ）、年商五〇億リラの企業に成長している。北東部イタリアの中小企業では、通常輸出むけ製品の製造が多いが、ガルバニン社の場合は、九〇％が国内むけ製品である。構内にはCADやNC、放電加工機とならんでマニュアルタイプの旋盤が現役で稼働中。補正や小回りを必要とする作業に用いるとともに、コンピュータしか知らないで入ってくる新人教育の際にも使用するという。

経営者のガルバニン氏は、自らの工場の特徴として労働編成を挙げた。通常の工場ではフライス工、研磨工、旋盤工、組立工と分業的な配置を行うが、ここでは一人の加工者が一人何役も引き受ける多能工的な配置となっている。いわゆるセル生産である。どの労働者も、長年の経験の中で「彼独自のもの」（ガルバニン氏の言葉）を持っており、自分が経営者としてやるべきことは、その労働者の「独自のもの」がきちんと仕事に反映できるよう、環境整備をすることだと話す。

しかし悩みも多い。イタリアの場合、若者たちの都市流出は少なく、進学も就職も地元志向は根強い。しかし彼らの仕事のアイデンティティは必ずしも地域の誇る伝統産業やそれを支える技術には向けられない。「スーツを着込んで携帯片手に車をころがしながらできる仕事」に若い世代は憧れるというのが、ガルバニン氏の見解だ。したがって、工場に配属されても生活の中で馴染みの少なかった「ものづくり」に接して戸惑いや拒否反応を示し、製造現場から営業職や管理部門に配転を申し出る若者も少なくないという。「最近じゃ、そういう若手の心と技術のケアが、経営者である私の仕事の大半を占めている」と苦笑する。

地元には国立の技術系高校があり、同社に入ってくる若者もその高校の出身者が多いため、「ものづくり」の基本や心構えは一通り学んできているはずだが、ガルバニン氏からすれば「ものづくり」の醍醐味を知ることなく職場を去る若者をどうケアするか、大きな課題のようだった。また、金型製造を担えるような熟練労働者も不足気味という。ガルバニン氏自身がそうであったように、腕のいい労働者は、一定の技術が身につくと独立開業を望んで会社を去るからだ。この点でも若手の育成、それも技術と文化の両面からのアプローチが急務だという。

(2) ものづくりの醍醐味と教育事業

こうした悩みを解決すべく、ガルバニン氏は自らの工場経営と並んで、地域の若年層に「ものづくり」の文化や面白さを知ってもらおうと教育事業に奔走していた。その一つがチェントロ・プロドゥッティヴィタ（Centro produttivita＝商工会議所と地元のイタリア小規模企業連合会（ＡＰＩ）県支部が共同運営するテクノセンター）の運営である。主要な活動の一つが、地域の企業人を対象とした教育サービスだが、例えば経営者も新入社員も、多様なレベルの人が相応の学習の機会を持てるようにと、連日様々なセミナーを実施している。このヒアリングの当日も日本の工作機械メーカーから技術者を呼び「機械の稼働速度」をめぐる講習会が設定されていた。セミナー受講生は州内の小規模金属加工業の経営者や社員だが、その数は若年労働者を中心に増加傾向にあるとのこと。「ものづくり」を拒否するばかりではなく、むしろ学ぶ機会さえあればそれを積極的に求める若年層が存在するはずだと、ガルバニン氏は強調した。

この例に限らず、北東部イタリアの中小企業家たちの言動を見ていると、「自分たちが誇りとする産業を地域で維持していくためには、自社の経営や技術の向上に終始するだけでは追いつかない。長期的な文化的投資・教育的投資が必要だ」との認識が広く共有されていることがわかる。

二〇〇一年一月には、大手企業に先駆けて、チェントロ・プロドゥッティヴィタが中心となり、ＳＡ（「企業の社会的説明責任国際標準規格」）取得を地域の小企業に呼びかけることとした。社会的責任や企業倫理について、中小企業が先見的に取り組む例は、日本も多く存在するが、地域密着型の企業だからこそ、社会的要請を最も敏感に、時には社会の機運を先取りして対応していくことが、自身の存続条件となることがあらためて確認できよう。

4　地元の専門高校の生徒たちの考え方をめぐって

前節では、中小企業の抱える課題の一つとして、例えばグローバリゼーションによる経営環境の変化や競争の激化もさることながら、その担い手をどう育成していくかが重視されていることがうかがえた。そこで本節では、ヴィチェンツァを含むヴェネト州の、若年層における「ものづくり」観、「仕事」観について考察しておきたい。

(1) 調査概要

ここで対象とする若年層とは、「ものづくり」を志して勉強している専門高校、工業高等専門学校の在籍者である。イタリアの場合、一九九九年までの旧学校システム(3)においては、中学校の義務教育修了者のほぼ二割が就職もしくは就職待機、同じく二割が職業高校へ進学し、残り六割が、大学進学を前提とした文系高校もしくは理系高校に入る。進学校に進むにせよ、職業高校に進むにせよ、入学試験によるふるい落としがないため、自らの適性や関心に応じた選択ができる。職業高校に進学する際も、その理由として「仕事への展望」や「知識欲」を求めるとする積極的な回答が日本と比べて多い。しかし反面、中学校を卒業した時点、一三歳で職業的な選択を行うことが実際は困難であることも指摘されてきた(イタリアにおける二〇〇〇年の教育改革もこうした点を視野に入れた内容となっている)。

いずれにせよ「ものづくり」の現場により近いところに身を置いている日本とイタリアの高校生たちを対象に、仕事観、中小企業に対する考え方等について調査したデータを用いて、彼らの価値意識の共通点や相違点を論じておきたい。

なお、本節に用いられる「工業高校生及び工業高等専門学校生の職業教育観と職業志向に関する日本・イタリア比較研究」調査は、一九九三~九五年にかけて実施された、北海道大学教育学部小林甫教授を代表とする旧文部省科学研究費の国際学術研究「非重化学工業地域における内発的発展と青年教育の改革の国際比較」の一環と

表 2-1　調査対象校および地域の概要

項　目	A校（日本／地方都市）	B校（日本／大都市）	ヴェネト州3校
対象者の学科，回答者数等	専門高校 機械科，電子機械科所属の最終学年65名	高等専門学校 機械工学，電子工学科所属の最終学年93名	機械，電子，印刷，金属加工等3～5年342名
学校が立地する地域的特徴	全国的に製造業従事者比率の高い調査実施県の中でも県平均を10％弱上回る中小業集積地域．	工場数，従業者数，製造品出荷額ともに都内で第一位の地域に隣接．やや離れた中小企業集積地からも入学が多い．	「サードイタリー」論で注目を集めた地域．起業率の高さ，中小企業のネットワーク，公的支援の充実，集積産業の多様さ等で知られる．
卒業生動向	調査対象者の進路は，約4割が製造業，建設業を中心に地元就職．	調査対象者の進路は，約8割が就職，1割が進学及び自営業．就職先業種は7割が製造あるいはエンジニアリング．	イタリアの職業教育機関はいずれも進路指導や就職指導をほとんど行わず，学校側も卒業生の進路を系統的に把握していない．

して行われたものである。[4]

日本における対象校は、東京、長野、岐阜、北海道等多岐にわたったが、本節ではこのうち地方都市のA校および東京都のB校のデータと、イタリア・ヴェネト州の三校[5]の平均データを用いることとする。調査対象校およびその高校が立地する地域の概要は表2-1を参照いただきたい。また、実際の調査における調査項目は多岐にわたるものであったが、本稿ではその中から、「進学理由」「学校生活をめぐる意識」「何を学んだのか」についての自己認識、「仲間についての考え方」「雇用労働や独立自営に対する考え方」「仕事の価値に対する考え方」等、現在の学びと仕事、そして仲間についての回答を軸に日伊の比較を行いつつ、イタリアの工業高校生の考え方を描き出していきたい。

(2)　学校生活をめぐる価値意識

イタリアの場合、高校進学に際して「偏差値輪切り」による進路指導は存在しないため、高校選びは、自分の興味や関心に沿って進められる余地が大きいといえよう。表2-2「進学理由」に見るように、イタリアにおいては、「興味を持

表 2-2　義務教育以降，専門高校・職業高校に進学した理由（複数回答）

（単位：%）

	A 校	B 校	ヴェネト州 3 校
興味を持って打ち込める仕事を探すため	32.3	41.9	60.2
収入がより多い仕事に就くため	16.9	10.8	31.1
勉強や研究が好きなので	0.0	8.6	8.7
多くの知識を得るため	21.5	41.9	65.5
高卒の資格が欲しいため	40.0	16.1	選択肢無し
仕事上の資格がほしいため	27.7	11.8	選択肢無し
親の期待に応えるため	15.4	9.7	9.5

表 2-3　現在の学校を選択した理由（日本は複数回答，イタリアは単数回答）

積極的理由	いい仕事に就くため／家業の発展	11.8	22.4	18.9
	設置されていた学科に興味があった	29.4	24.9	19.7
	多くの知識を得たいと思った	13.4	14.1	15.2
	いい学校だと思った	選択肢無し	選択肢無し	18.6
	小　計	54.6	61.4	71.5
消極的理由	他の学校に行くことができなかった	50.6	1.7	0.1
	入学が容易だった	8.4	5.4	3.8
	どこでもよかった	7.6	5.0	2.0
	小　計	21.0	12.1	5.9
外在的理由	中学校の先生の奨めがあった	5.0	5.4	8.6
	親の奨めがあった	4.2	8.7	8.0
	家から近い	11.8	7.9	3.0
	小　計	21.0	22.0	19.6

表 2-4　現在の学校を選択したことに対する満足度（単数回答）

満足している	30.8	44.1	87.1
満足していない	33.8	21.5	12.6
どちらともいえない	33.8	33.3	0.0
無回答	1.5	1.1	0.3

表 2-5　現在の学校での項目別満足度

普通科目／一般科目の授業	13.8	18.3	選択肢無し
専門科目の教室での授業（座学）	35.4	33.4	61.3
専門科目の実験や実習	50.8	44.1	57.1
先生との関係	33.8	45.2	67.5
クラスの友人との関係	67.7	85.8	90.2
部活の友人との関係	47.7	45.4	選択肢無し
学校の施設・設備	20.0	21.5	57.4

注：それぞれの項目について満足度を四段階に分けた問い（「とても満足」「かなり満足」「少し満足」「満足していない」）のうち，「とても満足」「かなり満足」を合計した積極的満足層の割合を上記の数値とした。

出典：国際学術研究「非重化学工業地域における内発的発展と青年教育の改革の国際比較」（北海道大学・小林甫代表）の一環として行われた調査データによる。

って打ち込める仕事を探す」ことと「多くの知識を得る」こととが、職業高校への進学動機の最も大きい項目となっている。日本の場合、高専であるB校もこの構造に近い。

また、現在の学校を選択した理由について表2-3を見てみると「消極的理由」を挙げたものがイタリアにおいては極めて少ないことが特徴として目にとまる。

さて、実際入学した後の、生徒たちの学校に対する満足感はどうであろうか。表2-4、2-5によれば、総合判断では、イタリアの学校において九割近くが「満足している」とする。また日本の場合、判断保留組が三割に及んだのも特徴であろう。「満足」の内容を項目別に見ると、総合判断に見られた顕著な違いは後景に退く。七つの項目いずれにおいてもイタリアが高い値を取ってはいるものの、決定的な差が出ているのは「専門科目の座学」「先生との関係」「設備」の三項目にとどまる。

(3) 「学び」から「仕事世界」への橋渡し——仕事のイメージ

対象者が、学校での勉強を通じて、自分にどんな能力が備わりつつあると考えているのかを問うたのが、表2-6である。仕事内容を大きく「開発」「管理・設計」「製造」の三群にわけ[6]、第一は「新たな基礎理論の構築とそれに基づいた本格的な開発（工学系大学院博士課程以上のレベル）」、第二は、「設計、生産技術、生産管理、営業技術など、実際にものをどうやって作っていくかの構想（大学工学部、工業高専、工科短大以上のレベル）」、第三は、「設計図に基づいた製品の製造（工業高専、工科短大、工業高校以上のレベル）」とした[7]。

その結果、以下の特徴が読みとれる。日本の工業高校Aでは「トラブル対処」を除く「製造」の値が高くなっている。また三割近くの回答者が「無回答・不明」となっており、現在勉強していることが、近い将来、どのような形で活きるか、イメージできていない。これに対しBは高専という性格上、「製造」はもとより、「管理・設

表 2-6　1年後，入社時の研修を経てこなせると思う仕事

（単位：%）

①日　本	(複数回答)	A校	B校
製造	自らの手で製品の加工，製造ができる	35.4	35.5
	工作機械を使って製品の加工ができる	44.6	40.9
	小さなトラブルはその場で対処改善できる	18.5	40.9
	小　計	98.5	117.3
管理・設計	作業工程の保守管理・改善できる	1.5	26.9
	生産工程トラブルに作業手順変更等で対処可能	6.2	9.7
	生産工程全体のトラブルに設計技術者と共同で対処	23.1	18.3
	品質管理・工程管理ができる	7.7	20.4
	生産計画の設定や人員配置ができる	3.1	12.9
	効率的生産のために設計変更ができる	4.6	19.4
	設計製図の作成ができる	12.3	25.8
	新製品の図面を仕様通り書き上げることができる	4.6	7.5
	理論的な計算による製品設計ができる	4.6	19.4
	小　計	67.8	160.3
開発	新製品を開発し，特許や実用新案の申請ができる	4.6	7.5
	工学の基礎理論研究への取り組みや論文発表	1.5	3.2
	小　計	6.1	10.7
無　回　答　・　不　明		27.7	8.6

②イタリア	(複数回答)	ヴェネト3校
製造	上司の指示に従って加工作業を行うことができる	54.1
	設計図に基づいて作業を行うことができる	75.4
	製品の欠陥を発見し改善することができる	61.9
	小　計	191.4
管理・設計	欠陥製品減少への設備改善ができる	33.6
	効率向上のための設備改善ができる	38.4
	部課内での生産管理ができる	19.0
	工場内での生産管理ができる	7.3
	新製品原案を具体物にできる	34.5
	新製品製造のための生産工程化ができる	24.9
	小　計	157.7
開発	顧客要求に基づいて新製品を開発できる	41.7
	独自の新製品考案ができる	27.5
	小　計	69.2

出典：国際学術研究「非重化学工業地域における内発的発展と青年教育の改革の国際比較」（北海道大学・小林甫代表）の一環として行われた調査データによる。

計」に関しても九項目中七項目について二割前後の回答者が、近い将来「自分でこなせる」と判断している。

イタリアはどうか。対象が、五年を修業期間とする技術専門学校と、三年を修業期間とする職業高校とでは、日本の場合同様、学校の性格による違いも出てこようが、日本と比較した場合、全体的に自らの可能性に対する期待が大きい。「製造」では、各項目とも五～七割強が「できる」との感触を持ち、「管理・設計」についても項目平均で約二五％の回答者が「できる」としている。また、「開発」に至っては、日本の場合高専でも「できる」としたのは項目平均で五％にとどまるのに対し、イタリアでは項目平均三五％に達した。

むろん、これらは「実際の技術力」を意味するのではなく、あくまで生徒による「自己判断」である。また細目のワーディングの違いも影響あろう。しかしイタリアの場合、相対的に見て、自分の近い将来に対しより多くの可能性を感じていることが読みとれるのではないか。この違いが何によるのかは、さらにカリキュラム等の詳細な比較が必要とされるが、ヴィチェンツァでの訪問先を見る限り、学校システムの内部から生じる日伊の大きな違いは見受けられない。むしろ就職・進学指導等、日本の高校の方が、技術教育と実際の仕事の世界を結びつける学内システムが高度化している。

だとすれば、両者の違いは「地元の中小企業で働く」ことと自分たちの人生を重ね併せて考えることができる機会が、より豊かなかたちで高校生の身の回りに存在しているかどうかということになろう。そこで次に若年層の中小企業に対する考え方に目をむけよう。

表 2-7　中小企業に対する評価

（単位：%）

	A 校	B 校	ヴェネト 3 校
中小企業での仕事は雇用が安定している	15.3	17.2	30.4
中小企業の方が昇進の機会が豊富である	23.1	45.3	65.8
中小企業の方が労使関係が良好である	15.3	25.8	75.6
中小企業の方が高度な技術が身に付く	24.6	39.8	76.5

注：それぞれの問いに対して回答群「とても同感」「かなり同感」「少し同感」「同感しない」のうち「とても同感」+「かなり同感」を合計した「積極的同感層」を上記の数値とした.

表 2-8　卒業後の就職希望（単数回答）

（単位：%）

		A 校	B 校	ヴェネト 3 校
雇用労働	大企業で働きたい	20.0	34.4	11.8
	中小企業で雇用されて働きたい	21.5	26.9	7.3
	職人企業(15 人未満)で働きたい(イタリアのみ)	選択肢無	選択肢無	0.8
	雇用された専門職として働きたい(イタリアのみ)	選択肢無	選択肢無	2.2
	国家公務員，地方公務員として働きたい	4.6	5.4	7.0
	小　計	46.1	66.7	29.1
自営的労働	中小企業を継ぐか，起業したい	0.0	2.2	57.4
	独立した職人として仕事をしたい(日本のみ)	15.4	3.2	選択肢無
	協同組合型*の企業で働きたい	0.0	0.0	3.6
	小　計	15.4	5.4	61.0
どこでもよい		7.7	10.8	8.7
さらに進学したい		16.9	8.6	選択肢無

注：*「協同組合型の企業」として，自主管理企業や労働者協同組合，労働者が出資，経営も行う企業を想定したため「自営的労働」に分類した．

(4)　仕事に対する価値意識——中小企業観と雇用労働観

生徒たちの目に「中小企業」はどのような存在として映っているのだろうか。表2-7「中小企業に対する評価」に見るように、イタリアにおいては、「雇用の安定度」「昇進機会の豊富さ」「労使関係の良好さ」「技術習得」の面でいずれも日本の対象者をはるかに上回る評価をしている。しかしまた、日本の場合高等専門学校生は、専門高校生よりも、よりイタリアに近い中小企業観を持っていることもうかがえる。中小企業観は、国による違いよりも、むしろ実際の中小企業をどれぐらい知っているか等によって左右される部分が大きい。

しかしこうした中小企業に対する評価の高さにもかかわらず、そのことがイタリアの若者に直ちに「中小企業で働く」根拠になるとは限らないことが、続く表2-8「卒業後の就職希望」から読みとれる。日本の場合、「中小企業」か「大企業」かの選択では、専門高校であるA校の場合両者拮抗、高専であるB校の場合は大企業が優勢となっている。これに対し、イタリアでは、大企業にせよ中小企業にせよ、それぞれ一割前後の希望者にとどまっている。さらに見ていくと、同表の「中小企業を継ぐか、起業したい」に六割近くの回答が集中しており、イタリアの場合、「中小企業」は、雇用労働の場ではなく、自ら「起業」する場、あるいは「経営」を担う場としてとらえられている点が、両国の最も大きな違いと言えよう。こうした傾向は、第一章の第三節で論じた「自営志向」とも符合する。

ただし、先述のように中小企業経営者の立場から見ると、若者たちの「ものづくり離れ」が進行していることも否めない。第一章第三節でのべた、普通高校を含めた「地元産業へのアイデンティティの形成」、あるいは本章第三節で述べたような、就職後に行われる動機面・技術面での教育事業等、「自営志向」「ものづくりへの興味」を伸ばす場を、若年層の発達段階に応じて設定していくことが必要であることがうかがえよう。

5　ネットワーク型企業の底流

さて、本章では人々の「地域産業へのアイデンティティ」「地元志向」の高さを見てきたが、地域の中小企業が「小規模」であることの利点をどこに見いだしながら、どのような発展を遂げてきたのか、その一例を見ていきたい。ヴィチェンツァ県の県都ヴィチェンツァから車で小一時間のところに人口一万九千人のティエーネ(Thiene)という町がある。やはりかつては繊維産業で栄えた都市の一つである。ここにあるカリン有限会社を訪ねたのは、同社が、当時着目されていたネットワーク型企業の典型であったこと、しかもそうした組織形態にこぎつけるまでの、創業以来二〇年間にわたる経過をたどることにより、小規模ネットワーク型の中小企業の現在だけでなく、その原型や発展過程、背景にある考え方をも知ることができる企業であったことに拠る。(8)

(1) コスト減のスピンオフからどう脱却するか

インタヴューに応じてくれたピッツォラート氏は、カリン（CARIN）グループおよびグループに加盟するラガ（RAGA）社の代表を務めており、同社の創業から関わってきた人物である。カリン社は、パン、菓子、生パスタ製造機械の製造・販売を主軸とする製造メーカーであると同時に、後述するグループ企業の機械を海外市場むけにターンキー方式で輸出する商社的な機能も持つ。

設立年は一九七五年、従業員数はグループの六社すべてあわせて一〇〇人（一九九三年当時）、年間事業高は約四五〇億リラに上る。グループを構成する企業は、ラガ社（エンジニアリング）、ロビンペックス（ROVIMPEX）（ゴム等の樹脂製品の開発）、テクノアップ（TECNO UP）（自動車部品の製造）、アー・ゼータ（AZ）（自動化機械および工作機械製造）、テクノパスタ（TECNOPASTA）（食品加工機械製造）、そしてこれらをコーディネートするカリン・グループ（輸出・販売）である。

まずはじめに、代表者ピッツォラート氏の歩みを見てみよう。同氏は、一九七四年、パドヴァ大学機械工学部を卒業後、すぐに地元にある大手家電メーカー、ザンロッソ（ZANROSSO）社に入社した。しかし入社後、早くも五～六カ月後には独立を考え始め、翌一九七五年にカリン社を創設。当初は、あまり付加価値の高くはない鉄鋼業から事業を開始したという。しかしこの間も新しい事業内容を構想しつつ準備を進め、一九八〇年から現在地でパンの一貫製造ラインに活路を見いだし「テクノパスタ」の商標を確立した。機械単体を製品とする従来のやり方から、中規模のパン工房に必要とされる設備機械を一式供給するターンキー方式へ転換し、今日のカリン・グループの事業原型を作った。国外市場にも積極的な働きかけを展開し、特に東欧、地中海沿岸のアフリカ諸国との取引がメインである。

優れた技術者が、一度は大手メーカーに就職しつつも、早期から独立開業を狙ってスピンオフするケースが、イタリアでは一九七〇年代も続いていた。ピッツォラート氏もその一人である。特に一九七五年当時、イタリアでは、大企業の官僚化・硬直化が批判の的となり、労働組合運動の高揚した時期であった。また国内市場については、需要拡大が頭打ちとなり、それまでの成長を維持することが困難となっていた時期でもあった。当初は大企業の下請けとして出発した企業の中から、優れた技術やコーディネート力を持った企業者が現れ、いわゆる分散型経済モデルが着目されることとなった。

それでは、小規模事業者の誕生とネットワーク化とはどのように進行していったのか、カリン・グループの発展経過に添ってそれを見ておこう。カリンは、経験ある技術者や企業家をグループに組み込みつつ、彼らの自律性（autonoma）を尊重しながらグループの形成をおこなってきたという。

まず発展の第一段階である。先述のように、カリンが発足した一九七〇年代半ばは大企業の硬直化とそれゆえの事業難、その打開策として不採算部門の外注化が進展した。カリンも当初は、ピッツォラート氏がかつて勤めていた家電メーカー、ザンロッソ社の下請け事業者（contoterzista）としてスタートを切っている。コスト削減を目的とした通常の分散化と変わらない外部化に対して、当初は親会社の労働組合からは反対運動が起こったという。しかし、ピッツォラート氏は、カリンの設立を敢行し、最初は親会社からの受注のみでの事業展開だったが、徐々に他会社からの受注を開拓して二〜三年で採算ベースに乗せたという。

だが、コストの削減を第一目的とする分散化は、一定期間は効果を発揮するものの、すぐインフレに追いつかれ失速を強いられる。安い労賃を求めての単純な分散化に乗じるだけでは、事業体としての独自性を出すことにはならず、小規模事業者の存続は難しかった。

(2) 自立と連携のダイナミズム——小規模事業のグループ化

そこで発展の第二段階が模索される。カリン設立後、半年ほどのうちに、第二から第五までの分散化企業が設立された。第二はテクノドゥエ（TECNODUE）社で、機械の組立を主業とする。また第三のワイ・トレ（Y-TRE）社は油圧関係の機械製造と組立を、また第四としてエレ・クワトロ（L-QUATTRO）社が電子技術分野を受け持ち、第五のカマ（KAMA）社がパスタ製造器をはじめとする食品加工機械のメーカーとして設立された。余談ながら、第五のカマ社は、カリン社の設立に反対していたザンロッソ社の労働組合メンバーによって設立されたもので、社名の由来は「カール・マルクス」という。それぞれの企業は、事業高のうち親会社から受注する仕事を三〇～五〇％にとどめ、残りは独自で市場開拓をすることとした。

低コスト志向の分散化にとどまらず、加盟企業が独自製品の開発を志向し、自ら商標と市場を開拓した上で、それらの製品を通じた、事業者相互の補完関係をつくる段階が第二段階であった。カリン社は、工作機械とパスタ製造機械に事業分野を専門化していき、同時にグループ企業の製品は単体ごとでなくライン供給（Pacchetto completo）された。専門的に特化した小規模企業のネットワークを活かした事業展開である。

インタヴュー中に、ピッツォラート氏が再三強調したのは、個々の企業の自立的な事業展開の尊重とグループ内企業の国内市場における競合回避の必要性であった。したがって、カリンがコーディネートするのは、途上国政府が関与する大規模のライン供給事業であり、国内のニッチ市場への参入は、グループ傘下の企業が個々に追及すべき課題としたという。また、同社が途上国向けの仕事にこだわるのは、前述の競争回避という理由と並んで「異なる文化圏に知（conoscenza）を輸出することによって我々は、事業高のみならず、製品の質についてもますますの成長を得ることができる、という認識に基づくものだ」というピッツォラート氏の考え方によるものである。

将来にむけての課題は、グループ傘下企業の品質管理のばらつきの調整だという。スピンオフ当初は、親会社の労働文化、技術等が一定の共通基盤を形成していたが、グループ形成期から一〇余年を経て、それぞれの企業が独自の技術や文化を所有するところまで来たためである。

カリン・ネットワークについて、本章との関わりで論点を整理すると以下の三点となる。第一に、一般には「垂直関係」でなく「水平関係」の企業関係が成立しているとされるイタリアの中小企業間関係であるが、スピンオフの背景としては、少なからず合理性やコスト削減の論理が働いていること、その意味ではグローバリゼーションの影響下で企業の進路選択を行わざるを得ないこと。第二に、しかしながらそうした「市場の論理」のみならず労働組合との連携や異文化との出会い等、市場外の要素を積極的に取り入れながら事業展開をしていること。第三に、往々にして好況期には「水平」だった企業関係が、不況時には「垂直的に再編」される傾向が強い中、あくまでネットワーク傘下企業の「独自性」を崩すまいとする考え方である。むろん、経営者インタヴューだけで企業実態を推測することは危険であるが、少なくとも小規模でありながらネットワークの形成とそれを活かした事業展開の背景をわずかなりとも読み取ることはできるのではないか。

6　小　括——暮らしと文化に結びついた産業の姿

ここまで人口一一万のヴィチェンツァ市を舞台としながら、小さな町のものづくりの現場、産業と社会との関係の有り様、若者の意識を見てきた。むろんイタリアの都市はそれぞれ異なる顔をもっており、それらをヴィチェンツァに代表させて語ることはできない。けれども、イタリアの諸都市は、大都市でない限り、相互に共通する特徴も多い。ここでは、本章の例から以下の二点を指摘しておきたい。

その第一は、地域産業がそこの暮らしや文化と密接に結びついている点である。地域の産業主体が、自己革新をはかりながら、社会のニーズを開拓する一方、人々の暮らしのリズムが経済的合理性の独走を規制する、そうした往復運動が随所に見てとれる。そのやりとりは、かつては経済発展の足枷と見られていたものであるが、今はむしろ経済を含めた社会の耐久力（パットナムの「社会的資本」）を形成するものとなっている。

けれどもそれは必ずしも「経済発展」と調和的なものでなく、しばしば現代化との軋轢も生む。ファーストフード店は着実に勢力を伸ばし、郊外の大型スーパー店進出によって、町中の商店は苦戦を強いられるようになった。職人仕事も、地元の暮らしから遊離して投機的な分野で力の発揮を迫られる場面が多い。たとえばゴンドラ（ヴェネツィアの運河を行き来する黒ぬりの平底船）職人の工房を訪れた際、彼らが「最近やった大きな仕事」として写真を出してきてくれたのは、日本のホテルのロビーに飾る展示用のゴンドラだった。インテリアとしてゴンドラを製作することは新しい境地での事業拡張と見ることもできるが、「ゴンドラは確かにそのフォームも美しいが、それは運河にうかべて初めて引き立つ美しさだ」とする職人の口からは、地元の生活必需品としての価値が揺らいでいくことに、釈然としない思いも含まれていた。

しかしそうした一元的な現代化の波に、容易に飲み込まれまいとする様々な試みも存在する。この社会的抵抗力の保持が、第二の特徴である。言い換えれば失業に対しては、「完全雇用」だけでなく、仕事おこしや「自身の仕事」（J・ロバートソン）の発見があり、大量生産―大量廃棄に対しては、多品種少量生産だけでなく、修復やリサイクルが経済的に成り立つ仕組みがある。ファーストフードによる市場と文化の浸食への対抗措置としては、今や日本でも有名になった「スローフード運動」が挙げられよう。安価で手軽なスーパーに対しては、対面的で直接的なコミュニケーションを財産とする小売店が独自の工夫で対抗する。また、製造業の衰退はイタリアとても例外ではないが、それを文化や教育の視点から再構築しようという地域単位の地道な試みも本章で触れた。こうしたイタリア社会の選択は、産業の空洞化が生活や文化の空洞化と深く関連するという見方が底流にあってのことだ。

このように迫ってくると様々な場面で、経済的合理性に還元されない多元的な対抗価値が尊重されてきたことがうかがえる。この多元性の擁護こそ、ヨーロッパ社会が、経済の発展の傍らで堅持しようと腐心してきた社会の発展を担う大きな条件でもあった。むろん、その「多元性」も安泰ではなく、グローバリゼーションとナショナリズムの中で常に組み立て直される。「多元性」の構成要素は対等平等ではなく、一定の権力構造の中に位置づけられて存在するからである。「多元性」の様相を具体的に描くとともに、その揺らぎについても把握することが、イタリア地域研究の今後の研究課題となってこよう。

イタリアの社会的経済を把握する前提として、第一、二章では、イタリアの地域経済が、「市場の論理」と「地域の論理」の相互作用の結果として展開してきたことに目を向けた。取り上げた職人企業や中小企業は、厳密には「社会的経済」に分類されるものではない。にもかかわらず、なぜこうした記述に紙幅を費やしたのか。広義の「社会的経済」とは明確な境界線を伴う閉じた事業体ではなく、むしろ地域社会の各所に埋め込まれているものだからである。

従来の「サードイタリー」論も「ソーシャル・キャピタル」論もそうした前提に立って議論されてきたが、しかしそれらにおいては市場に親和的な社会的要因への注目が目立った。この傾向に対し、第一章、第二章では市場と適合的な社会的要因と規制的な要因との両者から地域の経済的アクターを描こうと試みた。続く三章では、こうした経済の社会的側面を、より鮮明に打ち出そうとする事業主体に議論の焦点を絞っていくこととしたい。

注

（1） 同工房におけるヒアリングは、一九九五年三月、ヴィチェンツァにおいてルチア・デル・ネグロ（Lucia Del Negro）

さんとマリオ・メガネッティ（Mario Meganetti）氏に対して行われたものである。

（2）同社におけるヒアリングは、小林甫教授を代表者とする科学研究費調査の一環として一九九三年一一月に、ガルバニン社の社長、ガルバニン氏を対象に行われたものである。

（3）イタリアでは二〇〇二年二月に教育制度改革の法律が成立し、従来、小中学校通算八年となっていた義務教育が、小中学校一貫教育による九年となった。また高校の修業年数が五年から一律三年となり、高校卒業が、他のヨーロッパ諸国と同様の一八歳に引き下げられた。

（4）Tanaka, Natsuko, "The Technical High School and Technical College Students, Their View on Vocatioal Education and Vocation Aims" in Kobayashi, Hajime, (ed.), *Young People in Italy, Russia and Japan : For Endogenous Community Developments in the Non-Heavy Industrialized Regions*, 1997. および田中夏子「工業高校生及び工業高等専門学校生の、職業教育観と職業志向に関する日本－イタリア比較研究」長野大学産業社会学部『長野大学紀要』第一八巻第三号、一九九六年。

（5）ヴィチェンツァ市にあるイタリア文部省管轄の技術専門高校（Istituto Tecnico）、文部省管轄の職業高校（Istituto Professionale）、ヴェローナ市のヴェネト州管轄の職業訓練機関（Centro formazione professionale）の三校。

（6）この技術教育の三段階は、調査当時B校で進路指導を担当されていた先生（実験計画法、工学実験）からお教えいただいた。質問票に列挙した項目は、技術教育の三段階を、さらに質問作成者の側で細分化したものである。担当の先生からは、実際上は②③の峻別は難しく、③の部分で図面に書かれていない補正を加えたり、現場から設計そのものの変更提案等が行われ、③と②との間で往復運動が行われた結果、初めて製品化が可能になることもご指摘いただいた。

（7）大枠としての三群のもと、各項目のワーディングはそれぞれの国の研究者が現場の高校や高専の教員とのやりとりを経て設定したため、異なるものとなっている。

（8）同社におけるヒアリングは、小林甫教授を代表者とする科学研究費調査の一環として一九九三年一一月、カリン・グループの代表者ピッツォラート（Walter D. Pizzolato）氏に対して行われたものである。

第三章　イタリアにおける「社会的経済」とは何か

本章では、イタリアの非営利・協同の特質を把握するために、第一にイタリアにおける「社会的経済」の定義をめぐる議論、および本書の視点、第二にイタリア社会的経済の主要な担い手の一つ、社会的協同組合の発展経過とその組織的な特質（①幅広い活動領域、②発展経過の内発性・多様性、③地域の分布状況、④資金調達、⑤担い手の様相）を把握しておきたい。

1　「社会的経済」の定義をめぐって

イタリアにおける「社会的経済」の呼称は、学問的出自によって多様である。いわゆる「社会的経済」(economia sociale) は少なく、経済学においては「非営利セクター」(settore di non-profit あるいは not-for-profit) が、そして社会学では「第三セクター」(il terzo settore) が主流である。また、最近の第三セクター論の流れとは別に、一九八〇年代初期より非営利・協同の市民運動に着目してきた社会学者P・ドナーティ (Donati) は、これを「社会的民」(privato sociale) と命名し、今日においても「第三」という呼称には「国家」と「市場」の残余としての意味合いが強いとして「社会的民」の視点の有効性を唱える。(1)

また、社会的協同組合の横断的連合組織CGM等の実践的陣営からは、「社会的企業」(impresa sociale)という呼称が多用されている(後に述べるように、「社会的企業」は「社会的経済」と完全一致する概念ではなく、後者の一部を構成する概念である)。

以上のように呼称のばらつきはあれ、イタリアにおいても、「社会的経済」の定義としてスタンダードに用いられているのは、ジョンズ・ホプキンズ大学の国際比較調査でサラモン、アンハイアーが規定したもの[2]、およびベルギー・ワロン地域圏社会的経済審議会が規定したものである[3]。しかし本来「社会的経済」は当該の社会や文化に規定され、内発的に形成される要素が大きいため、一般概念に対する合意形成が難しい宿命にある。多くの場合、右の二つの定義を土台としつつも、研究対象となる社会の論理に沿って、補正を必要とする概念といえよう。以下では、イタリアの地域社会の文脈から必要とされる、イタリアの社会的経済の「固有性」について見ていくこととしたい。

(1) イタリア社会的経済の「固有性」

「固有性」の第一はイタリアにおける「社会的経済」の担い手である。担い手は、通常四種の団体が挙げられる。第一にアソシエーション(Associazione)[4]、第二にボランティア団体(Volontari)、第三には財団(Fondazione)、そして第四に社会的協同組合(Cooperatzione sociale)である[5]。

それぞれの量的把握については諸説があるが、概況(団体数、加盟者数、団体が雇用している数)は表3-1に見る通りである[6]。なお表中のIPABとは公設民営型あるいは公民共同運営型組織で比較的大型の福祉施設の運営を担う。

「アソシエーション」には、広義には政党、労働組合、職業団体等も含まれるが、社会的経済の対象はこれら

表 3-1　イタリアにおける社会的経済の広がり

組織類型	団体数	加盟者数	団体雇用者数
アソシエーション	150,000	3,315,000	180,000
ボランティア団体	15,000	5,985,000	10,000
NGO	160	—	—
社会的協同組合	4,250*	127,500	108,000
財　団	1,090	—	42,000
IPAB	5,200		80,000

出典：Gruppo Abele, *Annuario Sociale 2001*, 2001, Torino, p. 702.

を除いた、文化、教育をはじめ様々な社会的活動を担う市民組織を意味する。イタリアの場合、ボランティア団体とともにその構成員数が多い。またなんらかのボランティア活動に携わっている住民の比率は、一二・六％（一九九九年）で国民の一割強を占めるなど、全体的に市民活動が活発な様相が見て取れる。こうした非営利セクター諸組織が雇用している人数は、多く見積った場合約七五万人と推計される。これはイタリアの就業人口の三・五％に相当し、さらにはこれを社会的協同組合が主な事業分野としているサービス業の就業人口に絞って考えると五・一％に相当することから、もはや非営利セクターは既存の市場社会の中で重要な一角を占めている。総事業高は七五兆リラ、GDP比で見ると約一％となる。[7]

また協同組合一般は除外され、「収益の不分配」と「地域における一般不特定多数の利益」を掲げている「社会的協同組合」のみが「社会的経済」の担い手とされる傾向にある。ドゥフルニ等の『社会的経済』において、グエリエーリが「イタリアの社会的経済」を著した時点では、あえて「社会的経済＝非営利組織＋共済組織及び協同組合」とするとらえ方がされていたが、他の場合、イタリアの社会的経済の紹介が、ボルザガをはじめ社会的協同組合と関わりの深い研究者によってなされてきた影響もあって、「共益組織」を「社会的経済」から取り外す傾向が強まった。

イタリア社会的経済の「固有性」今一つは、右の「公益性」の強調と並んで、「社会的企業（Impresa Sociale）」という言葉に代表されるように「企業性」に力点を置いている点である。例えば、ボルザガとマイエツロは、一九九七年、EU一四カ国の非営利事業組織の調査をふまえ、以下五つを「社会的企業」の要件とした。[8]

(a) 民間組織であること。しかし公的な機関を組織の構成要素として含みうる。だが、それのみによって占められることがあってはならず、また公的機関が支配的な役割を担ってはならない。

(b) 運営面において、公的機関や自組織以外の民間組織から、高度に自立していなければならない。

(c) 集団的またはコミュニティの利益に供するサービスの生産・販売を行うものとする。したがってもっぱらアドボカシーや再分配活動のみを行うアソシエーションや現金給付のみを行う財団は「社会的企業」の範疇から除外される。

(d) 以下の組織的要件を満たすならば、法人形態はいかなるものでもよい。

(1) 剰余金分配の禁止

(2) 事業体の経営に際し、利用者、労働者、コミュニティの参加があること

(3) 民主的な組織運営

(e) 事業体が、公的機関からであれ私的部門からであれ、事業によって得た収益は、生み出された財・サービスと完全ではないにせよ均衡するものでなければならない。したがって収入のすべてを寄付金や公的補助金に依存している場合、その事業体は「社会的企業」に属さない。

さらにボルザガ、マイエッロは、社会的企業と伝統的な非営利組織との違いを以下の三点に求める。第一に生産的性格を持ち、またサービス販売を行うという志向を持っているかどうか、第二に組織として自立しているといえるかどうか、第三に財やサービスおよびそれを生み出すプロセスが常に創意工夫を伴うものであるかどうか。同様に、「企業性」に着目した性格づけは経営学の陣営からも行われている。例えばカパルドは、生産のためのコストを自己調達し、かつコスト回収の義務にとらわれない非営利組織がアソシエーションであるとし、また、

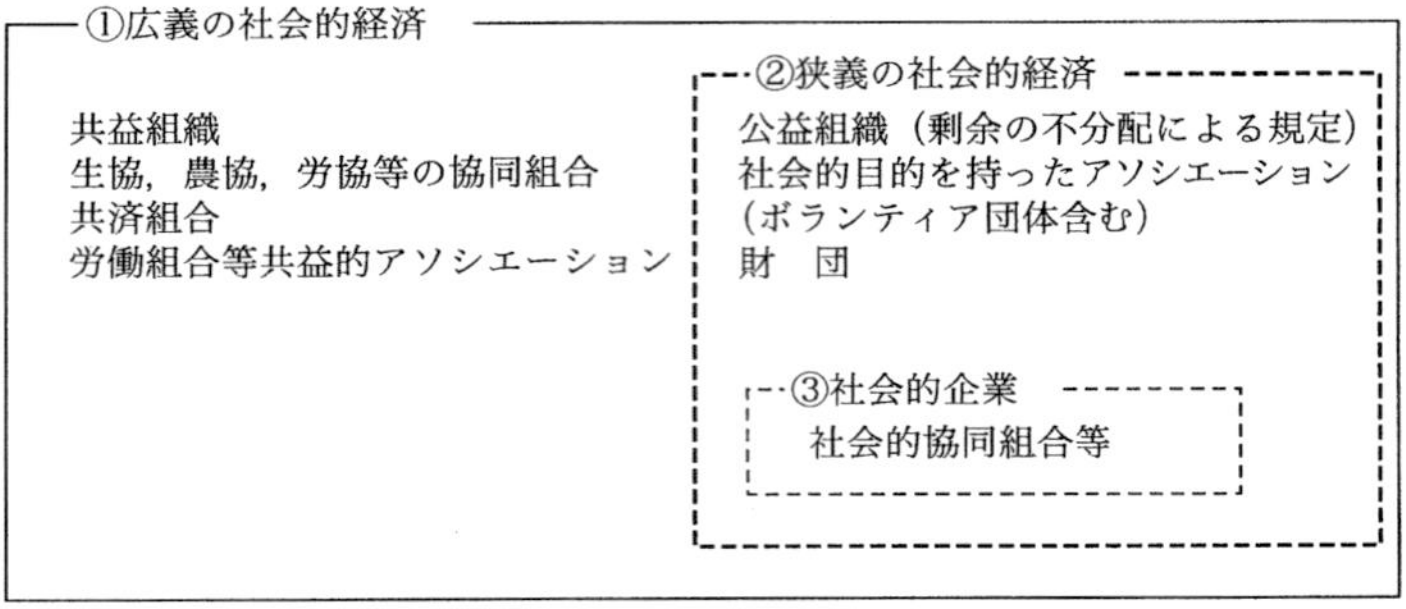

図 3-1　「社会的経済」の定義の重層性

寄付、補助金などの資金源を活用してサービスの「給付」でなく「譲渡」を行うのがボランタリー組織であるとした上で、市場における交換の対象となる財・サービスを生産しつつ、利益以外の社会的目的（すなわち就労機会の創出と、国家や市場によっては供給困難な財・サービスの生産）を有するものを「社会的企業」と定義づけ、それに対応するものを「社会的協同組合」とした[9]。

以上のことを整理すると図3-1のようになろう。協同組合発生の歴史的経過や現在の組織的性格を加味するならば、「社会的経済」の枠組みはもっとも広義のもの（図中①）とするのが妥当であろう。にもかかわらず、枠組みが二段階（図中②③）に狭まってきているのは、実証的な研究が進むにつれて、広義の「社会的経済」の実態把握が困難であること、またその内容が極めて多様であり、これを一本化して扱った場合、量的なまとまり（総雇用人口やGDPに占める割合等）は示しやすいものの、質的な特徴が出しにくいなどの事情によると推察される。

(2)　「社会的経済」と「社会的協同組合」

本書では、右のような、「社会的経済」内部の腑分け作業の必要性を認めつつも、次の段階としては、この腑分けを再合成しながら広義の「社会的経済」像を把握していくことを目的としている。その理由は、以下の二点にある。

第一は、社会的協同組合のいくつかを歩いてきた実感と関わる。第II部の事例からも明らかなように、社会的協同組合とアソシエイティヴな組織は、時間軸で見た場合、前者が後者の母体となっているケースが少なくない。親密圏として構成されることの多い初期のアソシエーションがそのまま協同組合化する場合もあれば、あえてアソシエーションを残して、別の事業組織として社会的協同組合を立ち上げるケースもあるが、いずれにしても両者の関係は密接であり、アソシエーション抜きに社会的協同組合の活動を語ることは困難である。さらに、社会的協同組合は、法制度上、五〇％未満のボランティア組合員を有することが可能であり、事業運営の中でのボランティアの位置づけは極めて大きい。地域によっては公共事業の落札に際し、評価項目として「地域のボランティアの組織化にどれぐらい取り組んでいるか」といった条件づけも見られる。

社会的協同組合の「固有性」は、したがって「剰余金分配の禁止」や「企業性」にあるというよりも、企業性と公益性とを併せもつ内部的多様性とその相互作用にあると見るべきであろう。

腑分けされたものを再合成する必要があると考える第二の理由は、筆者の理論的な立場と関わる。本書の第一章で強調したのは、イタリアの地域社会には、「市場の論理」を規制する「地域の論理」「暮らしの論理」とでもいうべきものが機能しているという点であった。しかも「地域の論理」は、その社会のコモンズ（社会的共有財産）を支えるコミュナルなものと、それを一般化・制度化した公共的なものとを含む。したがって、非営利・協同事業組織は、V・A・ペストフが著名な三角形で描いた通り、「市場」「公共性」「コミュナルな空間」の三つの領域との相互作用を通して、その性格が規定される存在である。本稿は、非営利・協同事業組織が他の諸セクターとの間で生み出す相互作用を追っていくことを重視している。

本節の最後にこれまでのことを図3-2のように整理しつつ、これから以後の本書での議論運びについて言及

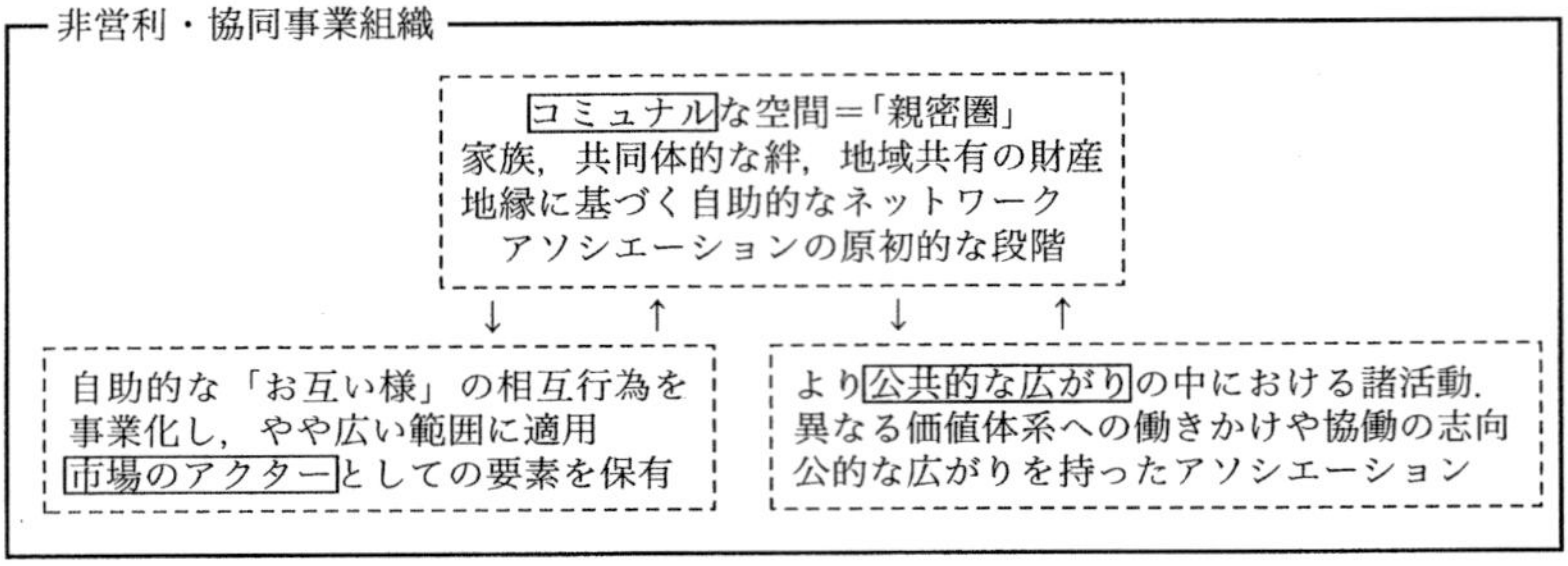

注：3つの局面があるとした上で，「事業組織としての局面」からのアプローチを主軸とするのでなく，三者のダイナミズムを描いていくというのが，「社会的経済」に対する本書の「社会学的」アプローチである．

図 3-2 ①非営利・協同事業組織が内包している3つの局面―内部的な多様性と相互作用

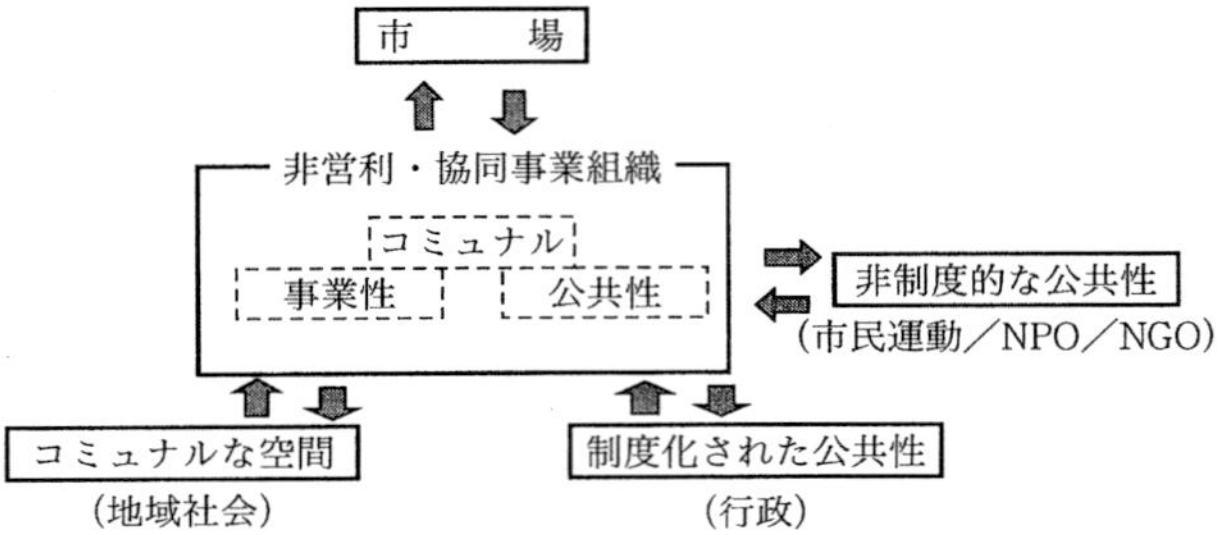

図 3-2 ②非営利・協同事業組織の社会的位置づけ―外部的との相互作用

しておきたい。本書の関心は二つある。第一は、非営利・協同組織の内部にある多様性に配慮し、社会的協同組合を中心的に扱いつつもそれのみに対象を絞りこむのではなく、非営利内部のネットワーク、相互作用によるダイナミズムを描いていくこと（図3-2①）。そして第二は、社会的協同組合を中心とする非営利セクターと、他のセクターとの関連性を描き、互いにどう変容するかについて検討をおこなうこと（図3-2②）。

次節において提起する「社会的協同組合を見る際の視点」もこの二つの関心に呼応する。

①が内的ダイナミズムへの着目とすれば、②は外界とのダイナミズムへの着目と言えよう。②にお

いては、双方向的な捉え方が重要となる。これを受けて第II部の事例等は、非営利・協同組織の「企業的側面」のみならず、地域市場に非営利・協同組織がどのように「社会的側面」を埋め込んでいっているのか、といった視点で見ていきたい。

2　イタリア社会的協同組合の発展とその特質

前節ではイタリアにおける社会的経済の広がりを確認した上で、本書での言及対象を「社会的協同組合」を軸としながらも他の諸主体との関連と相互作用を見ていくこととした。そこで本節では、以降の記述の軸となる「社会的協同組合」について、第一に発展の経過、第二にその量的な把握を行っておくこととしたい。

(1)　社会的協同組合の発展経過

特に運動の発生から法制化に至るまでの一〇年余については、C・ボルザガおよびA・サントゥアーリによる「イタリアの社会的企業　社会的協同組合の経験」およびG・マロッキの「社会的協同組合の発展と統合」等をふまえて、表3-2のような整理ができよう。

本項では、全国レベルでの運動団体の動きと、法制化に要した一〇年間の主要な争点とを並べながら、社会的協同組合の「認知」の経過をたどりたい。

① アイデンティティの確立と社会的承認――一九七〇年代末～八〇年代半ば

対人的な福祉サービスの分野で、相互扶助的な活動を行う「社会的連帯協同組合」(cooperativa di solidarietà

表 3-2　社会的協同組合の経過

区分	年　代	社会的協同組合の社会的認知に関わる事項	資金調達
I 始 動 期	1970 年代末～80 年代前半	・「新貧困層」(高齢者，障害者，子供，ホームレス，薬物依存，移民等) の出現により，新たなサービス提供の必要性が認識される． ・社会的不利益を被る人々に対するサービス提供や，労働を通じた社会参加を求める実践が各地で発生． ・上記の社会的ニーズに対応する新たな組織形態として「社会的連帯協同組合」という新たなアイデンティティが生まれる． ・法的な位置づけを求めて，「社会的連帯協同組合法案」が 1981 年に初めて提起される．	ほとんど自己調達
	1980 年代後半	・「社会的連帯協同組合」法制化議論が本格化．Confcoop と Legacoop との論争の中で修正を繰り返す． ・国レベルの法制化に先んじて，州 (一部県) 政府のイニシアティヴにより，非営利セクターを社会的サービスの委託先として位置づける制度的枠組みが進展． ・社会的弱者の労働参加の協同組合への着目が高まり法案でも積極的に位置づけることが確認される．	地方政府レベルで制度化が進み、部分的に公的資金の活用がみられるようになる
II 承 認 期	1988～1991 年	・89 年憲法裁判所による判決 (396) により社会的サービスを行う市民運動に対する法的な認知が進む． ・91 年「ボランティア組織に関する法律」(国法第 266 号) および「社会的協同組合に関する法律」(国法第 381 号) が成立し，社会的協同組合はじめその他の非営利組織をめぐる法的認知が進展した．	公的資金へのシフトが進む
III 地 固 め	1990 年代前半	・381 号の成立を受けて，各州ごとに社会的協同組合に関わる州法の整備が進む． ・社会的協同組合への支援策および，行政と非営利セクターとの業務の受委託についてのルール作りの進行．	公的資金への依存が大幅進行

出典：Borzaga, C. & Santuari, A., "Social enterprises in Italy : The experience of social cooperatives", Paper presented at the 20th anniversary of the Japanese Workers' Cooperative Union, Tokyo, 1999 および Marocchi, G. 'Sviluppo e integrazione delle cooperative sociali' in CGM (a cura di), *Imprenditori sociali : Secondo rapporto sulla cooperazione sociale in Italia*, Torino, Fondazione Giovanni Agnelli, 1997 より田中作成．

sociale)[10]のうち、早い試みは一九七〇年代末に遡る。当時は、福祉サービスを担う協同組合はまだ少数だったが、あらたな「生きにくさ」（いわゆる新貧困問題）が浮上するにつれて、それに応えるための組織は、これまでと異なるものであるべきだ、という議論が出始めた。ナショナルセンターの一つでカトリック系の協同組合が結集するコンフコープ（Confcoop）は、G・マッタレッリ（Mattarelli）下院議員に委嘱して、新たな組織の制度的な枠組みについて検討を開始した。

当時は、カトリックの権威によって協同組合がその社会的役割の位置づけを確実にした時代でもあった。教皇ヨハネ・パウロ二世は、一九九一年のレールム・ノヴァールムに先立つこと一〇年前、すなわち一九八一年にすでに、「働く人々が自分自身の労働に基礎をおいた『共同所有者』になること」を是認し、資本に対する労働の優位、社会的・経済的・文化的目的をもった広範囲の中間組織の活性化、それら組織の、国家や自治体からの自律性、コミュニティにおける共同利益の追求、そしてあらゆる人の尊厳と発達の保障、すなわち「人生への積極的な参加」の奨励――これらを体現するものとして、協同組合に対する支持を表明した。[11] 回勅に出てくるこれらのキーワードは、社会的協同組合の法的な性格づけ、とりわけすぐ後に述べる国法三八一号の第一条に用いられるキーワードと大きく重なることが見て取れよう。

同時に国際的な協同組合運動との連動も重要である。一九八〇年のICAモスクワ大会の「レイドロー報告」を受けて、イタリア国内でも「拡大された共益性」を可能とする法的枠組みをめぐって議論が進み、協同組合が、その構成員の利益にとどまらず、組合が関わる地域社会全体にむけた共同利益の創出に関わる必要性が確認されていった。

こうしたカトリック思想、協同組合思想、そして現実の「生きにくさ」に関わる人々の声などが交錯する形で、一九八〇年代初め、「社会的連帯協同組合」というアイデンティティが運動の側でも徐々に形成されていった。

一九八〇年ブレーシャで第一回目の社会的連帯協同組合の集いが行われ、翌年もウンブリアに三〇の社会的連帯協同組合が結集した。同年には、マッタレッリ議員らによる法案が公にされすぐに下院での審議に入った。しかし、法案成立までにはその後一〇年の月日を要することになる。

一方左派系のナショナルセンターLEGAでも、この頃「新しい協同組合」への対応が始まった。協同組合運動における新たな動きを、コンフコープの「社会的連帯協同組合」に対して、LEGAは「差別なき生産・労働(produzione e lavoro integrate)の協同組合」と規定した点が大きな違いである。「差別なき生産・労働」とは社会的に不利益を被っている人々(svantaggiati)の、労働を通じた社会参加を目的とした運動だが、特に、一九七八年の精神病治療における脱病院化の動きの中で、病院から離れ地域に仕事と暮らしの場を求めた患者たちがその対象となっていた。

こうして様々な社会的背景を伴って噴出した協同組合は、改めて類型化すると一九八〇年の時点ですでに以下の三様に分かれた。

①社会的連帯協同組合　主要な目的は福祉・医療サービスの提供及び社会的に不利益を被っている人々の労働参加(この場合、労働は一時的な就労も恒常的な就労も含む)を促進すること。

②差別のない生産・労働協同組合　主要な目的は、協同組合によって仕事起こしをし、社会的不利益を被っている人々の恒常的な労働参加を促進すること。

③福祉サービスの協同組合　福祉専門職を組合員とする生産・労働協同組合の一形態で、活動目的は、質の高いサービスの提供と、専門職者の仕事の確保を行うこと。

つまり、①は後述するところのA型とB型との混合協同組合、②はB型、③はA型の原型と重なる。

また、一九八三年に開催された社会的協同組合のセミナーの中では、これら協同組合の特質として、

①民主的運営に配慮した、小規模な組織構成、
②地域社会との強い結びつき、
③小規模ながら「規模のメリット」も放棄しないための事業連合組織の活用、

などが指摘されている。同年にはブレーシャで事業連合（Sol. Co. Brescia）が発足し、早くも社会的協同組合の「戦略的な鋳型」ができた。一九八五年の全国集会では、五五〇の組合が集い、社会的協同組合としてのアイデンティティが質的特殊性の面でも、また量的な広がりの面でも確立されたのである。一九八六年、トレントで社会的協同組合の人材教育研修が初めて行われた際、複雑な社会的ニーズと、多様な構成による組織運営とに対応しうるような、協同組合教育の高度化の必要性が確認され、それまでは、地域単位で生まれていた事業連合が、翌八七年には全国的な連合組織として結集。社会的協同組合の社会的認知、とりわけ法制化に力を尽くしてきて、八六年に他界したG・マッタレッリの名を取り、全国組織はCGM（Consorzio Nazionale della Cooperazione di Solidarietà Sociale Gine Mattarelli）と命名された。

② 法制化の流れと論点——一九八〇年代後半～承認期（一九九一年）

こうして始動期前半には今日の社会的協同組合の基本的な類型と特徴がすでに固まった。組合数は八〇年代末には一〇〇〇を越え、国に先立って、地方政府で社会的協同組合を対象とした制度整備が進んだ。それと併行して法制化議論が活発化していく。前述のように一九八一年にキリスト教民主党議員によって第一次案は下院に提起されたものの、一度は審議期限切れとなり、一九八七年に再提出。またイタリア共産党も別案を出すなど、複数の法案が競い合う形となった。

法制化運動の過程で議論となった第一の点は、民法上は「共益組織」とされ「員外利用」も禁じられている協

同組合が、もう一方で組合員の利益とともに地域の普遍的利益の充足をはかるための論拠についてであった。社会的協同組合は、通常の協同組合に比してより広範な公益性を担う「特殊」な存在として、徹底した非営利性（利益の不分配、限定的な額の出資、ボランティア組合員の重視等）とそれゆえの税制上の優遇措置を組織的な特徴とすることで合意した。

議論の第二は、ボランティア組合員の位置づけであった。キリスト教民主党の当初案には、「ボランティア組合員」を全組合員の少なくとも半分以上含むことが盛り込まれていた。これに対し、ＬＥＧＡは、ボランティア組合員を主たる構成要素とした場合、企業性、専門性の確保と矛盾を来すこと、また闇労働の温床となりかねないこと等を理由に反対をし、最終的にはボランティア率を「最低五〇％」ではなく、「最大五〇％まで」とした。

第三は、呼称、特に「連帯（solidarieta）」という言葉の扱いである。コンフコープによる法案には当初から「社会的連帯協同組合は、組合員資格の有無にかかわらず、社会的に不利益を被っている人々の人間としての発達と社会参加の保障を目的とする」旨が掲げられていた。一方イタリア共産党は、社会的協同組合の使命として、専門的な集団による質の高いサービスの提供を重視した。結果としては「連帯」の文字は消え、しかし内実としては、コンフコープが「連帯」にこめた主張が第一条に反映されることとなった。

第四は、労働を通じた社会参加についてである。八一年の法案では、社会的協同組合は、単に「困難な状況にある人々の必要性に応えることを目的とする」とされていた。しかし、一九八〇年代の半ば以降、コンフコープとＬＥＧＡの両陣営から、「生きにくさ」や社会的不利益を克服するための重要な要素として、「労働」への着目が高まっていった。一九八六年、コンフコープ系の協同組合五三〇団体について調査が行われた際、ほぼ半分の協同組合が、就労訓練、見習い、臨時雇用など様々な形で「労働参加」を実施していた。とりわけＬＥＧＡでは、障害を有する者が、恒常的に安定的な就労を通じて社会参加を果たせるような方向づけが強く打ち出されていた。

表 3-3　381 号に規定される社会的協同組合の主要事項

項　目	内　　　容
第 1 条　定義	社会的協同組合は，市民の，人間としての発達および社会参加についての，地域の普遍的な利益を追求することを目的としている．
第 2 条　ボランティア組合員	現行法規で定める組合員に加え，社会的協同組合の定款では，無償で自らの活動を提供するボランティア組合員の存在を認めることができる．
	ボランティア組合員の数は組合員総数の半分を超過してはならない．
	ボランティア組合員の労働提供は，専門職の労働を補完する限りにおいてこれを用いることができ，専門職の労働を代替するものであってはならない．
第 8 条　事業連合	381 号における諸規定は事業連合についても適用される．事業連合結成の際は，設立時の組合員の 70％ 以上が社会的協同組合でなければならない．
第 11 条　法人の参加	定款の中で社会的協同組合への融資と発展を定めている公的法人及び民間の法人は，社会的協同組合の組合員となることができる．

両陣営の「労働」に対する重視は、以下三点の政策的な合意を促した。

第一に、一定の率の障害を持った労働者を組織の構成員とすること。その際、「障害（svantaggiati）」カテゴリーの中には、服役中の拘留者や、薬物依存症から抜け出そうとしている人々なども含むとした。第二は、障害を持った人々を職場で受け入れるための社会的諸経費は、税制優遇措置等を通じて、公的対応を行うこと、第三は、こういった分野の協同組合に対して、自治体は緑化、清掃、情報化、警備といった分野での業務委託を行うこと、またその際、通常の公共事業で求められる「最低価格原則」を、必ずしも絶対的な要件としないこと。

一九八〇年代の後半は、それまでにすでに量、質ともに存在感のあるものとなっていた社会的協同組合の性格が理論的に整理され、コンフコープとLEGAの論争を通じて、法制化に対応すべく、主張のすりあわせが行われていった時期であった。こうして、「社会の普遍的な利益」という共通目的が確認され、その目的実現の手法として、社会サービスの供給（A型）と労働参加の促進（B型）の二つがあるとする「社会的協同組合に関する法律」三八一号が、一〇年越しで一九九一年に成立をみたのであった。

表 3-4　A 型，B 型社会的協同組合の概要

類型 / 項目	A　型	B　型
381 号法 第 1 条（定義）	社会福祉，保健，教育等のサービスの運営を担う協同組合	社会的不利益を被る者の就労を目的として農業，製造業，商業及びサービス業等の多様な活動を行う協同組合．
381 号法　第 4 条 （ハンディを持つ者）	A 型については言及なし	社会的不利益を被る労働者の数が報酬を受ける労働者の 30% を下回らない
381 号法　第 5 条 （公共との契約）	A 型については言及なし	B 型協同組合においてハンディを持つ者の雇用創出を目的とする場合，公共機関は公共事業の契約にかかわる規定の例外* として，協同組合との契約を結ぶことができる．

* 公共事業においては，通常競争入札による「最低価格」原則があるが，障害者の雇用創出を目的とした場合，こうした原則適用の外での随意契約などが認められる．

③ 三八一号法におけるA型・B型社会的協同組合の性格

次に、こうして成立した三八一号の概要を表3-3で確認しておこう。まず、社会的協同組合の一般的な性格づけは以下の通りである。

名称については、前述の通り「公益性」を意図した「連帯（solidarietà）」は消え、その代わりに第一条において「普遍的利益の追求」に言及することで、実質的な「公益性」が確保されたと見なされている。

もう一点、剰余金についての扱いは、現行の民法の共益的組織についての規定にしたがうこととなっており、従来の協同組合との決定的な違いとしての「剰余金の不分配」による「非営利性」の打ち出しは行われなかった。ただし、州（県）法レベルで「剰余金の不分配」を検討していたり、単協の定款レベルで「組合財産」の規定に剰余金分配を盛り込んでいない等、実質的に剰余金分配を行わないとする動きも、コンフコープ傘下の社会的協同組合の中には存在する。

さらに同法では、社会的協同組合についてAおよびBの二部門を規定している。各部門の特徴は、表3-4にみる通りである。

(2) 社会的協同組合の特質

① 幅広い活動領域

多くの社会的協同組合は、公的サービスの及びにくい、しかし切実な暮らしと労働の要求に応える自助的な組織として生まれた。協同組合発生の原点である「生きにくさ」(disagio)が多様であるがゆえに、その当然の帰結として、協同組合の手がける活動領域もまた多岐にわたる。精神障害や知覚・身体・知的障害を抱える人々、高齢期を生きる人々へのサービスが中心であるが、同時に多様な社会的マイノリティ(たとえば虐待を受ける子どもたち、移民、薬物依存者、アルコール依存者、服役者、あるいは服役を終えた後までも社会的差別に苦しむ人々、ノマドと言われる移動生活者、亡命者、社会への適応に困難を抱える人々等)を対象とした事業の取り組みが見られる。

本書の第II部で取り上げる事例においても、その多様性と、なぜ多様とならざるを得なかったか、を具体的に示していきたい。

② 発展経過の内発性・多様性

前項でも述べたように、社会的協同組合は、地域の内発的な諸課題から生み出されてきた「社会的発明」(W・F・ホワイト)である。したがって、発生の経過、運動の推進母体、運動の手法等多様である。例えばカトリックの伝統の強い北東部イタリア都市の一つ、旧ユーゴスラビアとの国境に近いトリエステでは、一九七〇年代、フランコ・バザーリア等、精神科医による閉鎖型精神病棟廃止運動が展開された。(12) 精神病を患う人々を閉鎖病棟での隔離的管理から開放して地域社会の中で支えようとするこの運動の中で、地域での生活と就労を支援するための中間施設の重要性が高まり、その担い手として多くの社会的協同組合が生み出された。かつての、鉄格子の入った寒々としたトリエステの閉鎖病棟は、現在、協同組合はじめ非営利団体の共同事務所となっている。

また、カトリックの伝統の強いトレント等では、教会関係のボランティア団体やアソシエーションが広範に存在しているが[13]、自分たちの活動の継続性や活動内容の質的な向上が課題であるとの認識から、ボランティア活動における「企業的アイデンティティ」の導入が模索されていたという。ここでは、社会的協同組合は、市民セクターの既存の運動が高度化しようとした際の、選択肢の一つとなったと言えよう。

さらに、若年層の失業率が男性で五割、女性で七割弱に及ぶ南部や島嶼部では、大学での専門的な勉強を修了したり、職業訓練を終えた青年や女性たちが、自治体の援助も引き出しながら、教育、福祉、マイノリティ支援、環境保全など、自治体のサービスも市場化も及ばない分野で仕事を起こし、労働者協同組合を設立する流れが、八〇年代から存在していた。男性が海外での出稼ぎを余儀なくされる小さな村では、残った女性や若者が家事サービスの社会的協同組合を支えている。別の村では、大学の教育学部を出た学生たちが、自分たちの専門性を生かそうと、協同組合を立ち上げ、島内の自治体や学校で独自の「校内暴力対応プログラム」を展開する。

協同組合運動と、地域社会に蓄積されてきた市民活動との出会い、地域固有の社会的資源の活用、これらが、社会的協同組合の多元性を形成する大きな要因となっている。

③ 地域の分布状況

社会的協同組合というと、ボローニャ（エミリア・ロマーニャ州）、ブレーシャ（ロンバルディア州）、トレント（トレンティーノ・アルト・アディジェ州）等が言及の中心としてされてきたが、全国的にみると表3-5の

表 3-5　地域別にみた社会的協同組合設立状況

（単位：組合数）

	州　名	1999 小計	2001年 小計	A型	B型	混合型	事業連合	10万人当組合数	順位
北部イタリア	ピエモンテ	361	434	241	168	6	19	10.3	11
	ヴァッレダオスタ	28	34	20	11	1	2	28.4	1
	ロンバルディア	808	1,010	603	362	9	36	11.2	7
	トレンティーノ・アルト・アディジェ	118	118	75	38	—	5	12.6	5
	ヴェネト	353	462	273	158	11	20	10.2	12
	フリウリ・ヴェネツィア・ジューリア	113	120	51	54	6	9	10.1	13a
	リグリア	142	163	77	73	3	10	10.4	10
	エミリア・ロマーニャ	363	444	249	142	34	19	11.1	8
中部	トスカーナ	244	289	162	103	5	19	8.3	18
	ウンブリア	93	99	51	46	1	1	12.0	6
	マルケ	127	148	78	59	5	6	10.1	13b
	ラツィオ	328	454	190	186	65	13	8.9	16
南部	アブルッツォ	117	135	87	42	—	6	10.7	9
	モリーゼ	75	79	54	16	7	2	24.6	2
	カンパーニャ	141	168	91	43	27	7	2.9	20
	カラブリア	170	163	101	54	6	2	8.1	19
	プーリア	277	387	236	131	11	9	9.6	15
	バジリカータ	60	83	64	15	2	2	13.9	4
島嶼	シチリア	489	431	307	88	28	8	8.7	17
	サルデーニャ	244	294	249	38	5	2	18.0	3
計	全　国	4,651	5,515	3,259	1,827	232	197	9.7	…

出典：Comunicato ISTAT 23 settembre 2003, “La misura dell’economia sommersa secondo le statistiche ufficiali”（www. istat. it/comunicati）より田中作成.

ような分布状況になっている。社会的協同組合については、アソシエーションやボランティア団体と異なり、北東部イタリアが圧倒的に多いというわけではない。人口との比率で「密度」を算出してみると明らかなように、数からすると南部や島嶼部にも上位を占める州が散見される。

州別データによれば、A型に比してB型は三分の一から半数にとどまる（例外としてはラツィオ州でとびぬけてB型の割合が多くなっている）。B型協同組合が相対的に少ないのは、一般にB型協同組合は、公共事業を有利に受託できる反面、構成員の多様性の度合いが高いため、マネジメントが難しい組織とされていることが第一の理由と思われる。また、後述するトレンティーノ・アルト・アディジェのように、国レベルの三八一号法の制定よりも先駆けて、州独自の法律を設け、公的福祉サービスを民間の非営利事業者にゆだねることで、A型社会的協同組合を推進した地域では、その先進性ゆえに、「救済主義的精神」（assistenzialis-mo）がゆきわたり、B型が育たなかったとの見解も、とりわけ障害を持つ当事者からは聞かれた[14]。

表 3-6　非営利団体の収入に占める，公共団体からの収入の割合

（単位：100 万リラ，％）

	事業総額	公的部門からの収入
福祉サービス	3,516,367	58.1
医療・リハビリ	2,901,186	71.5
専門教育・生涯教育	2,347,898	95.8
その他の保健医療	574,313	76.2
市民の権利擁護	536,641	97.4
文化・芸術	486,964	23.3
国際支援	387,671	80.5
大学教育	176,977	27.4
初等・中等教育	165,289	6.8
職業教育・起業支援	130,449	28.1

注：Barbetta, G. P., 1996, から Ranci, C., 1999, p. 254 が事業高の高い分野を抜粋して作成.

④ 資金調達

地方公共団体との契約関係を深めるか否かは、協同組合の活動分野、運営方針、地域性などによってかなり異なってくる。例えば一般に「四対六」（社会的協同組合を含む非営利部門の総計）あるいは「三対七」（社会的協同組合のみの総計）とい

表 3-7　社会的協同組合における官・民の収入（A/B 別）

（単位：%）

		社会的協同組合計	A 型協同組合	B 型協同組合
民間部門	市民からの寄付	2.7	2.6	2.8
	非営利セクター寄付	1.1	1.5	0.6
	企業からの寄付	0.9	0.5	1.4
	市民への財・サービス販売	9.1	7.4	11.9
	非営利セクター寄付	6.5	6.5	6.6
	企業への寄付	13.4	5.1	27.8
	民間部門からの収入計	33.7	23.6	51.1
公的部門	自治体からの補助金	8.6	11.0	4.6
	自治体への財・サービス販売	50.6	65.4	24.7
	381 号 5 条による契約	7.1	—	19.6
	公共団体からの収入計	66.3	76.4	48.9

出典：CGM, 1997, p. 140.

われる公共、民間からの収入割合は、分野別に見るとかなりばらつきが見られる。

表3-6は、社会的協同組合を含む非営利事業体、ボランティア団体全体についての収入構造であるが[15]、社会的協同組合だけで見ると、事業分野別のデータはないものの、CGMによる一九九六年調査[16]では、A型協同組合、B型協同組合の収入にしめる、公・民の割合は表3-7のようになっている。

同表から、公共部門への依存が社会的A型協同組合においては、七六・四%、B型においては四八・九%とおおむね三〇%の開きがあることがうかがえる。

また、たとえおなじ事業分野、おなじタイプの協同組合であっても、民間市場を志向するか、公共部門を志向するかは、そのめざすところによって異なることも付け加えておきたい。例えば、教育分野の非営利組織の収入源の全国平均割合は「公」が五、「民」が五だが、実際の活動において、その偏差は大きい。一例を挙げよう。教育分野で活動する社会的協同組合では、「親であることに戸惑う夫婦」や「離婚したけれども子供の教育には双方で責任を分かとうとする男女」に対して、学習機会を提供しているが、ある教育協同組合ではこれを「民間市場」と位置づけて直接親たちをクライアント（支払い主体は各親）とする一方、別の協同組合[17]では、親が社会から孤立しないよう学校とのタイアップをはかって事業を提案しているため、契約相手は自治体となっている。つまり、人々の、極めて個別的内面的な問題や悩みを発端とする場合は、民間市場となるだろうし、子供との関係づくりの難しさを地域社会の資源を結びあわせて解決しようとすれば、公共団体からの受注という形をとる。前者は比較的都市部の例であり、後者は島嶼部内陸地域の例だが、こうした地域の社会的・文化的文脈も公・民割合の規定要因の一つとなる。

以上見てきたように、非営利組織の収入構造は、事業部門、A・Bのタイプ別、そして個々の協同組合の戦略や社会的環境など、いくつかの要因が相互に作用して多様な形となっていることがうかがえよう。

さらに一口に「公共からの収入」といっても、その性格は様々である。C・ランチは、非営利セクターに対する公的支出のタイプとして、四類型（a半官半民組織への資金投入、b補助金など、c公的に保障される個人むけサービスに伴う間接的な対価[18]、d契約や協定に基づく公共団体からの委託事業実施に伴う対価）を示した上で、それぞれの比率が、a微少、b二〇%、c一一%、d六九%であることに着目している[19]。すなわち、非営利セクターに投入される公的支出の七割が契約に基づく事業収入となっている点を重視し、さらにb（補助金）による収入割合が高い事業分野として、権利擁護、文化活動、またcd（事業の直接的・間接的委託）による収入割合が高い事業分野として、職業教育、医療、福祉となっている点に特徴を見出している。

前表とあわせて見ると明らかだが、公的支払いが「b補助金」中心の分野では、収入構造全体から見ると公的資金への依存が少なく、民間に一定の事業の足場を作っている分野が多い。逆に公的支払いが「c間接事業収入、d契約による事業収入」中心の分野では、収入構造全体も地方公共団体に傾斜している。

「公共依存」の是非を一般化して問うのではなく、どのような性質の財源なのか（補助金なのか事業収入なの

表 3-8　CGM 傘下の社会的協同組合における構成メンバーの属性別人数と割合（1996 年現在）

			人　数	%
組 合 員	ボランティア（労働報酬なし）		2,498	15.7
	労働報酬あり	障害あり	786	5.0
		障害なし	6.818	43.0
非組合員	ボランティア（労働報酬なし）		2,498	15.7
	労働報酬あり	障害あり	337	2.1
		障害なし	2,925	18.4
合　計			15,862	100.0

Centro studi CGM (a cura di), *Imprenditori sociali : Secondo rappordo sulla cooperatzione sociale in Italia*, Fondazione Giovanni Agnelli, Torino, 1997, p. 129.

表 3-9　地域別にみた B 型社会的協同組合のボランティア含有率

	北西部イタリア	北東部イタリア	中部イタリア	南部イタリア島嶼部	全　国
組合員数総数（平均）	55,690	47,756	29,700	43,102	177,248
ボランティア組合員数（平均）	6,184	4,049	2,305	2,274	14,812
ボランティア組合員割合%	10.9	8.5	7.8	5.2	8.0

Gruppo Abele, *Annuario Sociale 2001*, Torino, 2001, pp. 701, 705.

か）、事業収入の場合、自動的に安定的な収入源である保障はないが、それならば、その部分をどのように安定的かつ生産的に再構成していくか、といった議論が必要となろう。

⑤担い手の様相

社会的協同組合の組織面の最大の特徴は、構成メンバーの多様性である。障害の有無、組合員資格の有無、労働報酬の有無を組み合わせると六種の担い手が混在し、一九九六年のCGM調査によれば、表3-8のような構成となっている。これ以外にも協同組合サービスの利用者、融資団体（民間や公的団体）などが加わって、高度なマルチステークホルダー型組織となっている点が大きな特徴である。この点については第九章で詳述する。

データは、A型、B型合算のため、相互の特徴が相殺されているが、平均三割の構成率となっているボランティアは、A型においては五割近く、またB型においては一割前後と相違が大きくでる。また、表3-9にみる通り同様のB型であっても、地域によって、担い手の構成は異なってくる。一般に北西部イタリアでは、ボランティアが平均一一%に対して、南部・島嶼部では約半分の五・二%となっている。

表 3-10　1986年から1995年にかけての，有給スタッフ数の変遷

	1986年		1992年		1995年	
	人数	%	人数	%	人数	%
無償の活動者	15.7	71.7	9.8	34.9	2.7	8.8
有償の活動者	6.3	28.3	18.3	65.1	28.0	91.2
1協同組合当たりの平均活動人員数	22.0人		28.1人		30.7人	

出典：CGM (a cura di), *Imprenditori sociali : Secondo rapporto sulla cooperazione socaile in Italia,* Fondazione Giovanni Agnelli, Torino, 1997, p. 128.

制度化に伴って、経済的な基盤が拡充し、有給スタッフの割合も表3-10のように増加した。一九八六年には、法制化の議論はすでに出ていたものの、無償スタッフが七割、有償スタッフは三割であり、従来のボランタリーな組織に近い形であった。一九九二年には国法三八一号の整備が前年に成されていたこともあって、八六年時点の数字がほぼ逆転し、有償スタッフが六五・一%となり、一九九五年にはこれが九割に高まった。

また社会的経済セクターで働く人々の養成についても触れておきたい。市民運動やボランティア活動といった市民活動が土台である社会的経済にあっては、当初は組織内のOJTが主流であった。しかし例えば社会的協同組合のネットワークCGMのような連合会組織が力をつけてくると、単協やそれぞれのアソシエーションが個々に対応してきたメンバー教育を、連合組織が引き受けるようになっていく。さらに、九〇年代後半になると、教育・福祉の担い手育成を中心とした公立の専門学校、大学、行政、協同組合が共催で教育・調査を担う事業連合を立ち上げる等、社会的経済に関わる教育資源が急速に広がり、二〇〇〇年現在の数値でいうと公立私立あわせて約七〇ある大学のうち、一〇の大学[20]で学部や大学院に「非営利」研究の独立したコースが設けられている。いずれも非営利組織における幹部養成を前提に

一〜三年を費やす本格的なものである。

例えば早期から非営利組織の専門教育に取り組んでいるトレント大学経済学部のマスターコースは、総計五三二時間の座学と六カ月間の実習から構成されている。受講生は九九年度の場合二〇名。学士をとってすぐにマスターを選択しているメンバーはごく少数で、ほとんどが非営利事業組織でスタッフとしての一定の経験を積んでおり、うち四名は非営利組織の幹部職にある者であった。国内各地からはもとより、メキシコ、チリ、ベネズエラ等中南米諸国や、社会的経済発祥の地であるベルギーからの参加者も見られた。

3　小　括――イタリア社会的経済の固有性と普遍性

さて、本章では、イタリアの社会的経済の固有性について複数の角度から検討をしてきた。固有性の第一は、広義には、共益組織についても「社会的経済」の担い手と認めながらも、直接の研究対象としては、剰余の不分配を基準とした「公益組織」が前提とされる傾向にあることである。社会的協同組合の法制化論議の中では、一九八〇年当初、民法に規定される協同組合の一般的性格と比して、これが一層「公益的」であるための根拠が必要とされ、「コミュニティの普遍的利益」や「ボランティアや社会的不利益を被る人々の参加」による「マルチステークホルダー」性に加えて、「剰余金の不分配」が条件として加わった。結果として最後の要件は法的には反映されなかったものの、「非営利性」を明確に示すものとして、あるいは「非営利」の仮面を付けた営利を排除できる有効な防波堤として、イタリアの「社会的経済」が社会的協同組合のアイデンティティと強く関連づけられたことは事実である。

もう一つの「固有性」に関わる特徴は、従来の協同組合との関係では「非営利性」を強調した上で、さらに他のアソシエーションや補助金依存型の諸組織と峻別するために、「企業性」を打ち出している点である。

ところでこうした流れをたどると、ねじれの現象があることも否めない。社会的協同組合は、ヨハネ・パウロの回勅やレイドロー報告に指摘された協同組合の現代的役割を、早期から独自の形で体現してきた。いわば国際的・現代的な協同組合運動の最先端の課題を、限られた形とは言え先取りして追求してきた存在といえよう。その意味では、他の協同組合との強力な「連続性」を持つことは言うまでもない。

しかし法的な認知に際しては、社会的協同組合の「特殊性」を描くことが求められ、従来の協同組合とは一線を画す「固有性」の模索が行われた。これまでの協同組合運動の蓄積があってこその試みという側面と、従来の運動がコミットできなかった課題に集中的に取り組んでいく進取の部分とが、必ずしもバランスして捉えられていたとは言い難い。例えばLEGAの場合は、前者の立場に立って、従来の協同組合運動との連続性の中で社会的協同組合を位置づけ、法制化は「テクニカルなもの」と捉えているのに対し、コンフコープの場合は、むしろ社会的協同組合に、従来の協同組合とは質的な転換を有する新しい価値を積極的に付与してきた。(21)

従来の協同組合との関係づけをどう捉えるかは、それぞれのナショナルセンターが擁している協同組合運動の広がりにも関わることである。

LEGAについて見れば、一九七〇年代から失業問題や南部の開発問題でのイニシアティヴ発揮を意図した「第三セクター論」が展開されていた。一九八一年の大会では、「私的投機を目的としない」すべての協同組合、アソシエーション、自助組織またそれらの連合組織を連帯の対象とみなし、さらには職人、農業者、中小企業者等へも連携を広げることで、「すべての人々の利益」を志向しつつ、投機的な独占資本への対抗軸を築こうと試みてきた。とりわけ雇用創出に果たすべき協同組合の役割はLEGAにおいては常に強調されてきたし、また実際の貢献も大きかった。

さらに「企業性」についても、一九八七年のＬＥＧＡ創立百周年前後から盛んに議論されてきたテーマの一つであった。社会的協同組合の「普遍性」と「企業性」は、ＬＥＧＡにとって、これまでの実践や戦略の延長上に位置付きやすい側面を持っていた。このように、社会的協同組合に限らずあらゆる協同組合が、差別との闘い、仕事の創出、企業的革新を体現すべきとの発想が、逆にＬＥＧＡによる「社会的協同組合」への個別的取りくみを遅らせる遠因ともなったのではないか。

他方、コンフコープはカトリックをベースとし、農業分野の協同組合や農村金融組織のウェイトが大きい組織であったが、一九七〇年～八〇年代初めにかけて、幹部の汚職や財政難で組織は瀕死の状態にあった。組織のトップ自らが「無能なマネジメント」と「プロフェッショナリズムの欠如」が原因であったと言明し、コンフコープ全体の存在意義を問い返しながら、大規模な組織改革の途上にあった。こうしたコンフコープにとって、「社会的協同組合」の意味合いは、ＬＥＧＡとはまた異なるものであり、組織の本質的な転換をはかるための、きわめて重要な課題として受けとめられた。

以上から、社会的協同組合研究は、「生きにくさへの対応」、「社会的排除との闘い」、「労働を通じた社会参加」「事業体としての陶冶」といった固有の特質を、生協、農協、労協等の他の協同組合、あるいは他の「社会的経済」の担い手、さらには「市場」そのものに、どう波及させていき得るのかを、常に課題としていかなければならないのではないか。

注

（1） Donati, P. (a cura di), *Sociologia del terzo settore*, Carocci. Roma, 1996,

（2） フォーマルな組織であること、民間の組織で政府から独立していること、自己統治的であること、利益を組織構成員に分配しないこと、一定のボランタリーな労働が伴うことの五点が挙げられる。なお、ジョンズ・ホプキンズ大学の国際比較研究で用いられているこれらの基準と、イタリアの非営利セクターの実情との相違については、Barbetta, G.P.(ed.), "The nonprofit sector in Italy", in Salamon, L. M. & Anheier, H. K., *Defining the Nonprofit Sector : A Cross-Naional Analysis*, Johns Hopkins Nonprofit Sector Series, Manchester University Press, Manchester, 1997, pp. 37-48. を参照。例えば、一般的には「剰余金分配の禁止」から協同組合を非営利セクターに含めないとする考え方に対し、イタリアの社会的協同組合については、定款などで剰余金の配分を実質禁じていたり、著しく制限を加えているケースがほとんどであることから、非営利セクターに含めるとする。また、「政府からの独立」という条件に照らせば、国の関与が強いＩＰＡＢ（Istituzioni Pubbliche di Assistenza e Beneficenza 公的福祉・慈善機関）と呼ばれる福祉施設は、完全に条件を満たすわけではないが、公設民営型の運営を行う等、公と民の境界領域で機能する存在として、非営利セクターに組み入れて研究対象とするとされている。

（３）利潤よりもむしろ構成員あるいはその集団に奉仕することを目的とする。運営管理の面で他の組織から独立している。民主的な意思決定の手続きが行われている。利益分配においては、資本より人間と労働を優先する（Ｊ・ドゥフルニ、Ｊ・Ｌ・モンソン編『社会的経済』日本経済評論社、一九九五年）。

（４）アソシエーションについては、これを「社会的経済」に含めるべきではないという指摘も存在する。例えば島村博氏は、アソシエーションが、ベルギーを除いては、地域独占的な公益活動を保障された準公共機関であること、また労働の尊厳、労働に対する資本の従属、協同労働といった社会的協同組合や労働者協同組合が有する不可欠の要素を必ずしも共有してはいないことなどを理由として、アソシエーションを「社会的経済」の担い手とすることを疑問視する。しかし本書では、アソシエーションの除外は行わないこととする。理由の第一は、本書で取り上げる事例等からもうかがえるように、アソシエーションの幅は極めて広く、行政からは全く資金提供を受けずに自主運営をしながら仕事起こしを行っている団体も存在すること、また半公共機関的な機能を否定し得ないにしても、同様の危惧は社会的協同組合にも該当すること等による。島村博「協同の思想と戦略の研究―ＥＵ雇用戦略ノート（二）協同組合または第三システムの地位を軸として」協同総合研究所『協同の発見』一〇五号、二〇〇一年、六二頁。

（５）より厳密に言えば、アソシエーションには、①社会的目的を持った非営利組織、②労働組合、③政党、④宗教組織、⑤業界や職業団体などがすべて含まれており、「社会的経済」の担い手に該当するのは、もっぱら①と考えられている。しかも、①の中には二つのカテゴリーがあり、一つは、アドボカシーや環境保護等社会的目的のもとに集った市民活動団体、今一つは、社会的目的を共有しつつその実現のためにボランタリーな労力を提供する、いわゆる「ボランティア団体」である。したがって先述の四つのカテゴリーでいえば、本来なら第一のカテゴリーの部分集合として第二のカテゴリーが存在する、という変則的な整理になる。

(6) ABELが使用したISTAT集計では、社会的協同組合数は四二五〇とあるが、労働省のデータでは六二〇〇となっている。こうした齟齬は頻繁に見受けられるので、なるべく複数の出典を参考にしていきたい。なお、アソシエーション、ボランティア団体は州に届出をしてある団体および届出をしていない任意団体の双方が含まれている。ボランティア団体についてもその団体数、加盟者数は調査主体によって異なる。一九九九年の数字で、ISTATは一万七一〇団体、FIVOLは一万五一六団体としている。

(7) 社会的経済の量的把握は難しい。特定の法人格のみならず、該当法人が多岐にわたること、また法人化されていない任意のアソシエーションも担い手として重要な位置を占めること等が理由である。前記で挙げた数値の他、IREFは、社会的経済へのなんらかの形での参加者が九三七万三〇〇〇（一九九四年）であるとし、バルベッタは、社会的経済によって雇用される人数を四一万八一二八人、またGDP比率は一・九％と見積もっている。Barbetta, G.P. (a cura di), *Senza scopo di lucro: Dimensioni economiche, legislazione e politiche del settore non profit in Italia*, Il Mulino, Bologna, 1996.

(8) IREF, *l'imprenditorialità solidale prospettive occupazionali e potenzialità di sviluppo dell'economia civile in Italia*, editoriale Aesse, Roma, 1998, pp. 91-92.

(9) Ibid., p.93.

(10) なお、cooperativa di solidarietà sociale には「社会的連帯協同組合」という訳が定着しているため、本書でもこの訳語を踏襲する。しかしながら日本語の「連帯」には、労働運動等、対等な立場にあるものが横につながる語感があるのに対して、イタリアにおける solidarietà はカトリック文化との親和性が強く、「相互扶助」「友愛」のニュアンスが多いと考えられる。特に社会的協同組合における solidarietà は定義が一律でないながらも、家族に代表される一次的な共同体での人間的結びつきを意図する場合が多い。筆者は社会的協同組合論に関わって使用される solidarietà について明確な定義を抽出することはできなかったが、いくつかの諸論文で興味深い「対比」を見た。

例えば、イタリアにおいて「倫理的経済」を早期から論じていた経済学者S・ザマーニ（Zamagni）は、solidarietà（連帯性・扶助性）と sussidiarietà（補完性）とのバランスの重要性を指摘する。補完性原理とは、地方自治論の中で展開されているものだが、「自らの発意と力で遂行可能なことは、個々人から取り上げてより上位の行為主体にゆだねてはならない」とする考え方である。いわゆる自助を補完するものとして共助が、そして共助を補完するものとして公助の役割が決定されるという考え方だが、その「補完性」と「扶助」(solidarietà)とが、なぜ「バランス」すべきものなのか。「補完性の原理から切り離された扶助主義は、救済主義(assistenzialismo)に吸収されてしまうからだ」というザマーニの指摘から読みとれるように、solidarietàには、どちらかというと「救済者」と「被救済者」という固定的な上下関係が想定されているようである。Zamagni, S., (a cura di), *Economia solidale*, Caritas Piemme, Alessandria, 1996, p. 10.

(11) 「この回勅が示した目的に向かう道は、可能なかぎり、資本の所有権に対して労働を連合させるという道であり得るだろうし、また、経済的、社会的、文化的目的のための、幅広い範囲の中間組織を活性化させる道でもありうるだろう。その組織は、公共団体に対して有効な自律性をもち、忠誠心の高い組合員相互の協力関係のもとで、それ自身の目的を追求し、共同利益の確保を優先させる。そしてこれらの組織は、現にあるコミュニティのあり方を示すものである。すなわちおのおのの会員が認められ、人間として扱われ、自らの人生に積極的に参加することが奨励されている」(一九八一年回勅ラボルム・エクセルセンス)Earle, J., *The Italian Cooperative Movement*, Allen & Unwin, London, 1986, p. 52(川口清史・佐藤誠監訳)『イタリア協同組合物語』リベルタ出版、一九九二年、六八頁。

(12) 石川信義『心病める人たち—開かれた精神医療へ』岩波書店、一九九〇年。イタリアの精神医療改革の中心となったF・バザーリアの運動が紹介されている。

(13) 単位人口あたりのボランティア団体数は、トレントを含むトレンティーノ・アルト・アディジェ州が、国内で最も多い。

(14) 田中夏子「イタリア社会的経済への旅(8) 自分の足で立つ事業の開拓が生んだ、学校現場との協働 社会的協同組合『ハンディクレア』のバリアフリーガイドづくりを通じて」協同総合研究所『協同の発見』九六号、二〇〇〇年。

(15) バルベッタが、使用しているデータは、サラモン、アンハイアーが主導し、ジョンズ・ホプキンズ大学が行った非営利組織に関する国際比較調査(一二カ国)(Salamon, L.S. and Anheier, H. K., *The emerging sector : An Overview*, Baltimore, Institute for Policy Studies, The Johns Hopkins University, 1994)の一環として収集された。対象数は五万三八一六団体にのぼる。

国際比較においては、何をもって「非営利」とみなすか、各国間で(時として同じ国の中でも)一致を見ることが難しいだけに、バルベッタも概念上の定義と調査対象を確定していく実際上の定義との検討に多くの頁を割いている。国によっては「協同組合」を、剰余の分配を認めていることをもって営利組織の一環とみなしているのに対し、イタリアの場合、社会的協同組合については「非営利」とみなす傾向にある。「剰余の分配」が極めて限定的であること、キャピタル・ゲインが禁じられていること、解散時の財産（払い込み資本控除）分割が禁じられていることなどから、協同組合一般を「営利」と「非営利」の中間と位置づけた上で、それらと社会的協同組合を分かつものとしてさらに、三八一号法（一九九一年）第一条「地域の普遍的利益（l'interesse generale della comunità）の追求を目的とする」点、すなわち「互恵性」（mutualità）を越えるとする性格づけ（Maiello, 1998, pp. 344-345）が挙げられる。

（16） この調査は、一九九一年ＣＧＭ研究所が実施した社会的協同組合調査の第二弾である。対象協同組合は、ＬＥＧＡ系および連合会非加盟の協同組合も含め一三二一団体におよぶ。

（17） 田中夏子「社会的経済への旅(5) ―学校と家庭を結ぶ地域の研究調査・教育協同組合―ラリゾ」『協同の発見』九二号、一九九九年、七四～八一頁。サルデーニャ島の内陸部ヌオロを拠点する研究調査・教育協同組合「ラリゾ」では、多発する青少年の暴力に対応するため、親、学校、ソーシャルワーカー等によるグループワークを手がけている。親が個別に解決するのではなく、地域的な広がりの中で解決策を志向する。現在、内陸山間部で一八の自治体と契約を結んでいる。

（18） 公的保障が個人や家族を通じて間接的に非営利事業体に支払われる場合（医療費など）、あるいはコムニタの入居者などが、障害者年金の一部をコムニタでの生活費として支払う場合など。

（19） Ranci, C., "Le politiche pubbliche", in Barbetta (a cura di), *Senza Scopo di lucro*, il Mulino, Bologna, 1996, pp. 255-256.

（20） ボローニャ大学学士取得後の非営利専門コース、トレント大学経済学部マスター、ミラノカトリック大学社会学部マスター、ローマ大学経済学部、ヴェネツィア大学学士取得後の非営利専門コース、トリノ大学政治学部学士取得後の非営利運営の専門コース、カメリノ大学学士取得短期コースにて「環境とサステイナブルな発展」専門コース、カステルランツァ大学で三〇〇〇時間の座学と実習で構成される「非営利の効率的運営と資金確保」に関するコース、ボルツァーノ大学学士修了後の非営利専門コース、ボッコーニ大学経済学部の非営利経済の学士コース等。

（21） Marocchi, G., "Sviluppo e intergrazione delle cooperative sociali", in CGM (a cura di), *Imprenditori sociali : Secondo rapporto sulla cooperazione sociale in Italia*, Fondazione G. Agnelli, Torino, 1997, p. 182.

第四章　フィールドワークの視点と方法

前述のように、社会的経済の発生、成長、変化の過程は、国政やEUの全体的な動向に左右されつつも、それぞれの地域社会が抱える課題から発した、内発的な動機によって大きく特徴づけられる。第I部では、イタリアにおける社会的経済の発展の背景を、前者の視点、いわば「鳥の目」で捉えてきたが、第II部では後者の視点、すなわち「虫の目」で捉えることで、社会的経済の姿を立体的に、また多角的に描いていきたい。それに先だって本章では、社会的経済を実証的に捉えていくための視点と方法について触れておく。

1　研究の視点

地域の社会的・経済的・文化的土壌と関連づけた「社会的経済」分析とは、どのようにして可能なのか。本節では第一に地域の労働市場の量的・質的な動向、第二に社会運動や市民活動の蓄積、第三にその地域の集合心性や社会意識、価値観、第四にその地域の社会構造上の位置づけ（イタリアの中の辺境、あるいはEU中枢との社会的距離といった権力との関係づけ）等を中心に、こうした諸要因が、それぞれの地域の社会的経済のあり方にどのような影響をもたらしているかを検討しておきたい。

それではなぜ、社会的経済の地域的な規定要因として、こうした四つのファクターを取り上げるのか。一つひとつのファクターについて、その意味を考えていこう。

(1) 地域労働市場の量的・質的な動向

社会的経済台頭の背景には、一方で国家や自治体の財政難と、それに一部連動する形での、「官」による社会サービスの破綻が存在する。しかし他方で当事者(利用者)、サービス提供者、支援者、家族といった様々な主体の参画を得ながら、従来の「官」によるサービスのあり方を批判的に組み替えていこうという運動の影響も大きい。この二つのベクトルが合成されて社会的経済が形成される。

特にイタリアの場合、他のヨーロッパの国々に比して失業問題が深刻だった分、新たに台頭してきた社会的経済は、市民サイドの非営利・協同事業がポスト福祉国家の担い手であることに加え、雇用創出の機能を持つものとして考えられてきた。たとえば、人員合理化による自治体サービスの弱体化に、危機意識をもった公務労働者が、地元の若年失業者に呼びかけ、協同組合設立によって、わずかであれ雇用創出を担ったことは注目するべき点であろう。こうした雇用創出力に着目して、トレンティーノ・アルト・アディジェ州では、第十一章に述べるように、県単位でユニークな労働政策が打ち出され、その政策効果の測定や評価にも意欲的に取り組んでいる。

イタリアは、他のヨーロッパと比べ、労働市場改革が困難で、「柔軟化」が遅れている国とされるが[1]、パート労働や派遣労働の促進といった方向づけではない形での、地域労働市場の改革は進んできた。労働コスト削減を第一の目的としたわかりやすい「柔軟化」とは異なり、地味な動きであるため、見落とされがちではあるが、これまで不安定あるいは無償だった市民事業を制度化し、かつ無節操なアウトソーシングを規制するために労働組合等も関与した結果、労働市場の裾野は、「生きにくさ」を抱える社会的マイノリティを含めてむしろ広がっていったといえよう。

社会的経済と結びついた「地域労働市場」における「柔軟性」は、ポストフォーディズムや新自由主義が用いる「柔軟性」とは異なる性格のものであることを、フィールドワークの中でも明らかにしていきたい。その「柔軟性」の核は、「人間らしい労働と生活」（組織と人間の関係）と「重層的なネットワーク」（組織と組織の関係）にある。南にいけばここに失業や移民の問題が絡み、北にいけば雇用の質的な問題が関連してこよう。

いずれにしても地域労働市場との関連を見ておくことは、その地域の「社会的経済」の機能や役割を分析するに際して不可欠の作業となる。

例えば南部イタリア、サルデーニャ州東端の、人口一二〇〇人の町では、三〇～五〇代の男性の多くが、イタリア北部やドイツに出稼ぎに行く。地元に安定的な雇用を保障する産業がないためである。残った女性や若年層は、五割強が失業状態にあるが、そうした地域で、二〇余名の女性が、家事援助や介護サービスを提供する社会的協同組合「レデラ」(2)を営んでいる。組合の代表者は「協同組合レデラは、この町で最大手の企業。雇用効果も大」と冗談めかして言ったものの、女性の失業率が極めて高い地域にあって、これだけまとまった雇用の場を生み出し、一〇年にわたって維持してきた意味は大きい。

しかし「社会的経済」が「雇用」に対してもつ意味は、右の量的効果にとどまらない。どういうことか。この点でトレントの雇用政策にかかわってきたC・ボルザガの言葉が示唆深い。トレントは、雇用の量的側面においては、他の地域と比べて良好な状態にある。しかしボルザガは、障害をもつ人々の雇用については、「労働市場の失敗」が発生しているとし、その市場のあり方を是正する政策的な介入が必要だとしている。これまで障害者の法定雇用率の設定や、障害を持った人々への職業教育への投資の増大で対応してきた雇用政策は、「労働市場の失敗」を助長するものであって、必要なのは、長期的に見て、障害を持った人とともに働くことが企業側の組織的なイノヴェーションにつながることを、雇用者および職場の同僚が了解できるよう、政策的な資金の流れを転換することだ、というのが彼の主張である。(3)

これについての詳細は、第十一章で論じるが、単に「雇用源」として機能するのみならず、「失敗」をみた労働市場の改革を意図して、雇用政策のあり方を提起する存在としての「社会的経済」の機能にも注視する必要があろう。

(2) 運動の広がりとジレンマ

社会的経済は、市場や国家の論理によってのみ規定されるものではない。言い換えれば、「市場の失敗」と「政府の失敗」によって、社会的経済が誘発されたとするだけでは充分とはいえまい。両者に代わる選択肢は「非営利・協同組織」のみではない。むしろ現実的には「営利組織」のほうが強大な流れとなる。しかしこうした流れを、市場という土俵に一定程度乗りながら規制していこうとする力も確実に存在する。それが「社会的経済」である。

「社会的経済」の営みは、次章以下の事例に見るとおり、もとは社会運動、市民運動に端を発することが多い。精神病院の閉鎖病棟廃止運動や地域で暮らす場を得ようとした精神病患者、家族、支援者たちの運動、尊厳ある高齢期を求める運動、様々な「生きにくさ」や障害を持った人々による権利獲得の運動、若年失業者の反失業運動、あるいはアフリカや東欧の移民の人権擁護を目的とするセツルメント活動、少年刑務所内のボランティア活動など、分野もイデオロギーも極めて多様な市民活動がその土壌を形成している。「社会的経済」が持つ「人間尊重」(EUのキーワードによれば「社会的排除との闘い」)の志向は、こうした出自に多くを負っている。しかも、「人間尊重」のあり方もまた多元的であり、単一の倫理観にはおさまりきれない。

またここでは、「社会的経済」が単に社会運動を出自としている点を指摘するだけでは不十分であろう。そうした運動が事業活動として育っていく過程で、母体であった社会運動組織や構成メンバーとの関係をどう作り替えていくか、そのダイナミズムについても目をむける必要がある。

再び例を挙げよう。社会的協同組合には、一九七〇年代に端を発する「コムニタ」(communita)運動(障害を持つ者も持たない者も対等な関係のもとで共同生活・共同労働を営む社会運動)を出自とするものも多い。トレントからバスで小一時間、山間部に入った人口二五六〇人の町を拠点とする社会的協同組合「グルッポ78」もその一つである。(4) 名前の通り、一九七八年に始まった共同生活運動は、障害を持った人々の就労や社会参加を課題に活動をしてきたが、一九八〇年代に労働者協同組合、そして九〇年代に社会的協同組合に組織変更をしながら、就労支援を軸に多様な事業を展開している。しかも、一人ひとりの成長に寄り添った協同事業のあり方を模索してきた結果、周辺自治体や企業、さらに他の非営利セクター団体との連携が不可欠の要件となっている。

しかし、規模が大きくなり、他組織との連携が増え、自分たちの事業経験を他者と共有する必要が出てくると、組織は制度的側面を持たざるを得ない。また、協同組合の活動が社会的に認知されるにともなって、公的な資金が導入されたり、自治体との間で事業上の契約関係が生じるようになれば、「コムニタ」独自の考え方は制約を受けることになる。当初の社会運動的側面やオルタナティヴとしての存在意義を維持しつつ、一定の市場性を発揮するためには、運動も事業も、これまでのあり方を再構成することを迫られる。そのジレンマが社会的協同組合にイノヴェイティヴな性格をもたらしているとも言えよう。こういった葛藤の中から出てくる新しい組織文化、運動文化にも着目していく必要がある。

(3) 地域の社会意識と価値観

非営利・協同事業活動はいわば「社会的発明」（W・F・ホワイト）、すなわち人々の必要の中から生み出されてきた社会的な道具である。その際、何を「必要」と考え、その解決方法として「どんな形」を「どのような過程」で生み出していくか。これらは当事者たちの文化、価値観と深く関わる。ここにいう価値観は一つの地域に一つの価値観といったスタティックな構図ではなく、価値意識相互の葛藤や転化を含むものとして捉えることが必要である。もっと言えば、支配的な価値観の中にくすぶりながら突破口をさがす抑圧的な社会意識にまで目をむけていかないと、「社会的経済」の強みも脆さも把握することが難しいからである。

再三記述したように、イタリアでは八〇年代から、自治体が財政赤字削減を目的として、それまで官が直営的に担ってきた事業を外部化する傾向が強まった。しかしこのことは、非営利事業活動が加速する一つの条件ではあったとしても、十分条件とはいえない。例を挙げよう。筆者が初めて「社会的協同組合」と出会ったのは、一九八九年、サルデーニャにおいてである。当時はまだ社会的協同組合が法制化されていなかったため、労働・生産・サービス協同組合として活動するものがほとんどであったが、いくつもの協同組合が、今日言うところの社会的協同組合の内実を相当備えていた。(5) その一つが、人口三万人弱の町、テンピオ（Tempio）に発足したばかりの、図書館での文化・教育サービスを担う協同組合「アテナ」(6)である。

日常的な活動の運営主体は、町の若年失業者や島内の大学で教育学を学ぶ学生たちだが、その中に自治体職員の女性が一名、出向という形で加わっていた。経験の少ない若手たちをサポートしながら、協同組合としての自立を促す立場にあるという。

一体どういう経過で、自治体職員が協同組合にかかわるのか。同町の図書館も、八〇年代半ばから職員合理化のあおりで、貴重な歴史的文書の補修や一般図書の整理が放置され、住民への文化的なサービスが滞っていた。図書館のあるべき姿を明確に描いていたその職員にとって、目の前の本が死蔵されたり粗末な扱いを受けていることは耐え難いことだったという。こうした自治体労働者側の危機意識と、地元の若年失業問題とが交差したところに、協同組合「アテナ」は生まれた。

もともとこの自治体職員は、かつて、図書館の向かいにある小学校前で、登校してきた子どもたちが冬の寒い中、震えながら開門を待つ姿をみかねて、ストーブのある図書館に招き入れ、読み聞かせを始める等、積極的に図書館の可能性を広げてきた人物だった。そうした自治体労働者だからこそ、合理化の末に、町の文化サービスが見る見る後退していくことに危機感を募らせていったことが、インタヴューからうかがえた。

しかし協同組合の結実にはもう一つの事情が加わった。「南部」につきものの、若年労働者の高い失業率である。「アテナ」の設立にかかわった、当時二四歳だった大学生に聞くと、一八歳の高校卒業時から仕事を探し続け、二年前に協同組合の構想に出会い、設立準備や行政への手続き待ちを経て、ようやく六年目に本格的な事業開始となったという。協同組合立ち上げをあきらめかけて大学に入学申請をした途端、事業が動き始めてにわかに忙しくなったと嘆きつつも、念願の「仕事」が形となったことの喜びは大きかったという。いずれにせよ、南部イタリアでは男性で五割、女性で七割弱の人々が、学卒後、数年にわたって「無業を生きる」ことを強いられる。職業訓練や自主的に学習に投資をしながら「仕事」にめぐりあうことを待つ、その切実な想いも、協同組合づくりの一端を支えることとなる。

右のような動きは、単に「自治体サービスの合理化」から「アウトソーシング」という流れによって自然発生するものではない。社会的協同組合、とりわけ制度化される以前の協同組合の場合、自治体労働者の強固な問題意識と、社会に出た途端、無業を生きざるを得ない若年層の、社会参加への必死の思いが出会ったところに生まれていった。社会的協同組合を見ていく時、右の経過に代表されるような、関係者たちの模索があったことを見逃すことはできない。

このように第三番目の視点として挙げた「地域の社会意識や価値観」とは、市場のメカニズムと関連しつつも相対的に独立の、当事者たちの「生き方」への着目を意図したものである。

(4) 当該地域社会の構造的な位置

社会的協同組合の形成過程が、公務労働の外部化、民営化と連動していることは否定できない。当然ながら、自治体との協力関係・緊張関係が、その地域の社会的経済を大きく左右することになる。また地域の自立性がいかに高い社会とはいえ、国家システムの中で、あるいはＥＵの枠内で、上位システムからの様々な制約からは逃れられない。緊縮財政や民営化の動きといった一般的な動向はすでに述べたが、こうしたマクロな動きが、それぞれの地域社会でどう現象するかは、その地域の構造的な位置によって様々であろう。

また、社会的経済が地域で認知され、制度化されて経済・政治社会システムの一環に位置づくようになると、それが独自の意味を持つようになる。

以上の二点を踏まえて、地域システムとより上位のシステムとの相互作用の中で、「社会的経済」がどう変わっていくかといった視点も必要となろう。

以上四点がフィールドワークを一般化していく際に求められる、社会的経済の規定要因である。

2　調査の枠組みと対象、方法

(1)　調査対象となる組織の設定

社会的経済の担い手の多様性は、すでに前章までに見たとおりである。アソシエーションや社会的協同組合、ボランティア団体はもとより、社会的事業促進のための財団、IPAB、市民バンクにあたるバンカ・エティカ(倫理銀行)、あるいは法人格としては株式会社や有限会社であるものの、事業の内実は公益性の高い「社会的企業」等、広い範囲に及ぶ。本来なら、こうした多様な組織を包括的に取り上げてこそ「社会的経済」と呼びうるものの、本書で扱うのはこのうち社会的協同組合およびその原初形態としてのアソシエーションを中心とした。

社会的協同組合は、現在約五五〇〇団体とされるが、その出自、歴史的な経過、社会的協同組合となる以前の組織形態等、様々であり、そこに「社会的経済」の多様性の縮図をみてとることは可能であろう。

また、アソシエーションは、社会的協同組合という幾分特殊な組織形態に比して、イタリア国内に約一五万団体、雇用者数も二〇万人近く抱えている普遍性の高い組織であること、とりわけ社会的協同組合の母体になったり、あるいは協同組合の事業パートナーとなるなど、連携相手としても重要な位置を占め、社会的協同組合を醸成する重要な「環境」とみなせよう。

(2)　地域的多様性の重視の意図

イタリア研究あるいは地域間の比較の作業に携わる中で、常に直面してきたのが、自らが関わった「地域」がイタリアの代表値あるいは平均値としてどこまで普遍化できるのだろうか、という疑問であった。イタリアを論じる上で、地域文化の多様性、地域経済の格差を無視しえないことは当然のことであるが、これまでの短期の調査では、特定地域におけるヒアリングに留まり、相互を地域間比較しながら特徴づけていく作業まで及ばなかった。理論的にはA・バニャスコの「三つのイタリア」などを念頭に置きつつも、どの部分がイタリア社会の普遍的要素で、どの部分がその地域の固有性に根差すものなのか、その腑分けをできないままとなっていたことが、自らのイタリア研究の皮相性の原因ではないかと考えてきた。

一九九九〜二〇〇〇年にかけての約一〇カ月にわたるフィールドワークでは、右の反省に立って、調査の拠点を二つ設定した。対象地の第一がサルデーニャ州、第二がトレンティーノ・アルト・アディジェ州である。また、長期の調査は果たせなかったが、比較の参照点としてロンバルディア州、エミリア・ロマーニャ州、ヴェネト州にも目をむけた。

サルデーニャ州はシチリアに次ぐ大きさを持つ島であるが、高失業率や産業基盤の脆弱性から、地理的には「中部」であるにもかかわらず、社会的には「南部」とされる地域である。

トレンティーノ・アルト・アディジェ州およびヴェネト州はイタリア「北東部」に位置し、ドイツとの国境がせまる山間地域で、かつては移民輩出地だったものの、ここ三〇〜四〇年の間、中小企業のめざましい躍進で衆目を集めた地域である。

また、ロンバルディアは首都ミラノを含む平野部で、戦前から産業が発達し、失業率も相対的に低い「北西部」に位置する。さらにエミリア・ロマーニャ州は、地理的にはトレンティーノ・アルト・アディジェ州と同じく「北東部」に属するが、共産党および左翼民主党による革新政権のもと、トレントとは大きく異なる政治的な土壌を形成してきた。これら「南」と「北東」「北西」の、いわば社会的、経済的、文化的、政治的土壌の異なるいくつかの地点で、非営利・協同組織がどのような固有性と普遍性を示すのかを考察することが、本研究の課

表 4-1　地域別・男女別若年失業率（若年とは 15〜24 歳まで）

（単位：%）

		北西イタリア	北東イタリア	中部イタリア	南部イタリア島嶼部	全国
1999 年	男性若年失業率	15.3	9.1	26.2	50.9	29.8
	女性若年失業率	26.8	16.9	36.8	64.3	39.0
2002 年	男性若年失業率	11.1	7.2	21.3	44.2	25.0
	女性若年失業率	14.3	11.9	27.6	60.0	32.2

出典：CENSIS, *33° Rapporto sulla Situazione Sociale del Paese 1999*, Roma, 1999, p. 226,
CENSIS, *36° Rapporto sulla Situazione Sociale del Paese 2002*, Roma, 2002, p. 244.

題のひとつである。

例えば、南部イタリアの場合、高失業率に対する社会政策的意味あいで、女性による社会的サービスの協同組合設立が促進されたのに対し、北部や北東部イタリアでは、カトリックという宗教的出自をもつボランティア団体が社会的協同組合をリードしてきた。また革新勢力の強い中部イタリアでは、従来から強力だった労働運動、農民運動、協同組合運動、市民運動を出自とする社会的協同組合の結成が目立つ。こうした地域的な多様性について、次項では量的なデータによって概観しておこう。

(3)　地域別にみた社会経済データ

ここでは、前節で指摘した社会的経済の規定要因となるデータを概略的に取り上げ、対象地域の特質を把握しておきたい。

①　失業率からみた南北格差

失業率は地域間格差がもっとも如実に表れる指標である（表 4-1）。一般にイタリアの失業率はヨーロッパの他の国と比べても高いとされるが、これを地域別に見れば、北部の場合、男性については他国と比較して大きな数値とはなっていない。したがって労働政策の力点も、若年の男女、および女性一般、また社会的弱者や障害を持った人々の労働市場開拓に置かれている。また、労働組合や協同組合の陣営から見ると、雇用の「量的」問題はひとまず解決の途上にあるとした上で、今後は「質的」側面についての問題提起をすべきとの声があがっている。

一方、島嶼部を含む南部については、男性で全体の二割弱、女性にあっては三割の失業率となっており、また若年層にいたっては、男性で五割弱、女性で六割という厳しい数値が並ぶ。一九九九年と比較するとこの三年間で男女別、地域別データのいずれも四～五％の改善が見られるものの、地域によっては雇用の量的問題が依然として深刻な状態にある。

② 生産活動からみた地域別の特徴

北西イタリアは、自動車メーカー、フィアット社に代表されるように、大企業を中心に経済発展を遂げてきた。これに対し、北東部イタリアは、八〇年代からポストフォーディズムの旗手として、独特の産地システムと中小企業のネットワーク機能が注目されてきた地域である。東京の大田区や墨田区の中小企業集積、シリコンバレーのハイテクベンチャービジネスを対象とした諸研究でも、北東部イタリアが「サードイタリー」としてたびたび参照されてきたことは、第一章に述べた通りである。

しかしながら現在では、こうした分散型地域経済が、グロバリゼーションの波と対抗的に機能しているかについて、イタリア国内でも疑問の声があがるようになっている（たとえば、毎年イタリアの各種統計を総合しながら、教育、労働、福祉、地域などの視点でイタリア社会の現状分析を行うＣＥＮＳＩＳ（Centro Studi Investimenti Sociali＝社会投資研究所）は、「分散型の発展はシステムを形成するには至らなかった」としている。むろんこれは中小企業を中心とした発展方式を放棄することを意味するものではないが、集積の利点、産業連関の強さ、人々の多様なレベルでの結びつき、年齢を問わない地元志向の強さなど、従来の、北東部の中小企業発

表 4-2　地域別・国民 1 人当たりの生産高指数

（単位：イタリア平均 100 とした時の指数）

	北西イタリア	北東イタリア	中部イタリア	南部イタリア島嶼部	全　国
1995 年	125.0	122.7	108.0	66.4	100.0
1996 年	125.7	123.2	107.6	66.3	100.0
1997 年	124.5	122.7	107.5	66.9	100.0

出典：ISTAT, *Conti economici territoriali : Anni 95-97*, 2000.

表 4-3　地域別・雇用労働者 1 人当たりの平均所得

（単位：100 万リラ）

	北西イタリア	北東イタリア	中部イタリア	南部イタリア島嶼部
1995 年	52.5	49.4	50.3	42.9
1997 年	57.6	54.2	55.1	48.5
95 年 → 97 年伸び率	＋9.7%	＋9.7	＋9.5	＋13.0

出典：ISTAT, *Conti economici territoriali : Anni 95-97*, 2000.

表 4-4　人口 1,000 人当たりの企業数（操業中のもの）

（単位：企業数）

	北西イタリア	北東イタリア	中部イタリア	南部イタリア島嶼部	全　国
事業所数/1,000 人	83.3	99.0	78.8	75.3	82.4

出典：*CENSIS 33° Rapporto sulla Situazione Sociale del Paese 1999*, Franco Angeli, Roma, 1999, p. 507.

展要因のみでは、新たなシステムの創出につながりにくいことも念頭に置くべきであろう。

表からは北東部の生産活動実績が、北西部に劣らない数値であること（表4-2、表4-3）、また一定人口あたりの企業数が、北西部のそれと比して、約一六ポイント上回っている（表4-4）ことなどが読みとれる。大企業を中心に経済発展を遂げてきた北西部に対して、小規模企業の集積を活かした発展モデルが北東部の特徴とされたことの一端が示されている。また、南部イタリアの場合は、一人当たりの生産高指数が北部に比して半分弱となっており、雇用労働者の平均所得も二割弱下回っている。

表 4-5　ボランティア活動参加者の地域別分布割合

（単位：%）

	北西イタリア	北東イタリア	中部イタリア	南部イタリア島嶼部	全　国
ボランティア活動参加者の地域別分布	43.5	21.9	13.6	21.0	100.0
人口の地域別分布	26.2	18.3	19.2	36.3	100.0

出典：Gruppo ABELE, *Annuario Sociale 1999*, Edizioni Gruppo Abele, Torino, 1999, p. 631.

表 4-6　社会的協同組合の地域別分布および人口 10 万人当たりの組合数

（単位：実数）

		北西イタリア	北東イタリア	中部イタリア	南部イタリア島嶼部	全　国
1997 年	社会的協同組合の実数	1,314	853	863	1,669	4669
	社会的協同組合数/10 万人	8.7	8.1	7.8	8.0	8.2
2001 年	社会的協同組合の実数	1,641	1,144	990	1,740	5515
	社会的協同組合数/10 万人	11.0	10.8	9.1	8.5	9.7

出典：1999 年については Gruppo ABELE, *Annuario Sociale 1999*, Edizioni Gruppo Abele, Torino, 1999, p. 633 より作成（データはイタリア労働省協同組合局による（1997 年 12 月)），2001 年については ISTAT のホームページ“Comunicato Istat 23 settembre 2003”より作成.

③　社会的活動や社会的協同組合の地域別分布

社会的活動の一つの指標として，ボランティア活動の参加状況を見てみると四割強が北西イタリアに集中し，北東部イタリア，南部イタリアについてはその半分，また中部イタリアにいたってはその三分の一以下の分布となっている。人口の分布状況と合わせて考えたとしても，北西部への集中が目立ち，ついで北東部，中部となる（表 4-5）。

また，これを社会的協同組合数で見ると，北西部イタリアが一定人口当たりの協同組合数においてトップであり，これに北東部イタリアが続く。しかし地域間でさほど大きな差が見られない（表 4-6）。かならずしも，ボランティア活動の活発さだけと連動するものでなく，かといって，小規模事業の先進地であることが決定的なファクターでないこともわかろう。

さらに，種別では，中部イタリアに特徴的な傾向が見て取れる。すなわち，他の三地域について

表 4-7　社会的協同組合種別の地域別分布

（単位：上段実数，下段%）

	北西イタリア	北東イタリア	中部イタリア	南部イタリア 島嶼部	全　国
A 型社会的協同組合(%)	788 (60.0)	495 (58.0)	403 (46.7)	1,051 (63.0)	2,737 (58.2)
B 型社会的協同組合(%)	516 (39.3)	346 (40.6)	345 (40.0)	520 (31.2)	1,727 (36.7)
AB 混合型協同組合(%)	10 (0.7)	12 (1.4)	115 (13.3)	98 (5.9)	235 (5.0)
計(%)	1,314(100.0)	853(100.0)	863(100.0)	1,669(100.0)	4,669(100.0)

出典：Gruppo ABELE, *Annuario Sociale 1999*, Edizioni Gruppo Abele, Torino, 1999, p. 633 より作成（データはイタリア労働省協同組合局による（1997 年 12 月））.

は、社会的サービスの提供を主たる事業内容とするA型協同組合が主流であるのに対し、中部の場合は、障害者や社会的弱者など困難を抱える当事者が自ら仕事の場を開拓するB型および混合型が半数以上を占める。(7) また、南部においては、このB型が他とくらべ低率となっている。一般の雇用情勢が厳しい南部の場合、社会的弱者の雇用開拓がまだまだ取り組みとしては弱いことがうかがえる（表4-7）。

以上のことから、次のような課題が浮上しよう。社会的経済は、いうまでもなく一方においては、経済活動、事業活動であり、また他方においては、社会的活動、公共的市民活動の側面を持つ。したがって、経済活動、とりわけ分権型の小規模な事業活動の蓄積と、ボランティアなどの社会的・公共的市民活動の積み重ねが、社会的経済のあり方に大きな影響を及ぼすことは想像に難くない。しかし、とりわけ南部における社会的経済の芽生えや個性的な歩みを見るとき、右の二点にとどまらないファクターが地域社会の中に織り込まれていることも考える必要がある。例えば、南部イタリアは前掲表で見る限り、ボランティア参加者も、また生産高指数についても劣勢であり、そのことが社会的協同組合の伸び悩みを誘発しているとも取れるが、実はそう単純な構図とはなっていない。

「南部」の内部をさらに詳細に見ていくと、ボランティア団体の分布状況については表4-8のようになり、また、社会的協同組合の分布状況については表4-9のようになる。ボランティア団体数においては南部は総じて劣勢だが、社会的

表 4-8 「南部」イタリアにおけるボランティア団体の分布状況

	州　名	ボランティア団体数	人　口	10万人当たりの団体数	全国順位
南部	アブルッツォ	160	1,277,330	12.5	15
	モリーゼ	69	328,980	20.7	13
	カンパーニャ	407	5,792,580	7.0	18
	プーリア	285	4,086,422	7.0	19
	バジリカータ	133	607,853	21.8	12
	カラブリア	177	2,064,718	8.6	16
島嶼	シチリア	246	5,098,234	4.8	20
	サルデーニャ	607	1,654,470	36.7	4
計	全　国	11,710	57,612,615	20.3	—

出典：ボランティア団体数はABELEが使用しているイタリア労働省統計(1999) 人口はIstat(1999). 10万人当たりのボランティア団体数は田中算出.

表 4-9 「南部」イタリアにおける社会的協同組合の分布状況

	州　名	1999	2001年						
		小計	小計	A型	B型	混合型	事業連合	10万人当たりの組合数	順位
南部	アブルッツォ	117	135	87	42	—	6	10.7	9
	モリーゼ	75	79	54	16	7	2	24.6	2
	カンパーニャ	141	168	91	43	27	7	2.9	20
	カラブリア	170	163	101	54	6	2	8.1	19
	プーリア	277	387	236	131	11	9	9.6	15
	バジリカータ	60	83	64	15	2	2	13.9	4
島嶼	シチリア	489	431	307	88	28	8	8.7	17
	サルデーニャ	244	294	249	38	5	2	18.0	3
計	全　国	4651	5515	3259	1827	232	197	9.7	—

出典：Comunicato ISTAT 23 settembre 2003, *La misura dell'economia sommersa secondo le statistiche ufficiali* (www.istat.it/comunicati)

協同組合の分布状況については、その限りでないこと、特にシチリアをはじめ、モリーゼ、バジリカータ、アブルッツォでもボランティア団体数と社会的協同組合数の相関は弱くなっている等、「南部」もまた、その内部に多様性を抱えていることが見て取れよう。

しかしながら、本書では、「南部」内部の多様性までを課題とするには力及ばない。まずは典型的な二つの地点、北東部イタリアと「南部」に分類される島嶼部との比較を中心課題としたい。

(4) 調査手法

第II部の課題は、前述のように、地域の多様性、とりわけその社会的・文化的土壌に由来する非営利・協同組織の地域的固有性に着目して、協同組織の実態把握（事例研究）を行うことである。調査の手法は前述の課題に対応できるよう、①構造的なインタヴュー、②非構造的なインタヴューを含む参与観察の二種とした。またアンケートなどの量的調査[8]については、イタリアの研究機関が蓄積した既存の成果を活用することとした。

①構造的インタヴューとは、各調査対象組織に対し統一的な質問を用意し、その組織の基本的な性格を把握することを目的として行われ、データは組織間で比較可能な形として集積される。その上で、②非構造的インタヴューでは、当該組織の固有性・独自性に焦点をあて、深めるべきテーマを限定して議論に臨んだ。その際、ヒアリングの対象者は極力複数とするよう心がけ、組織内部のダイナミズム（理念の共有や葛藤）についても考察の対象とした。

さらに可能な場合には、「参与的観察」によって、組織構成員と広くコンタクトをとることを課題とした[9]。これまで筆者が参加してきた短期の調査では、基本データの収集に終始し、組織内のダイナミズムを見るに至ることは稀有であった。しかし、非営利・協同組織研究では、組織内部に多様な視点と利害が混在することが組織の

表 4-10　調査構造―社会的協同組合 LA RETE（ラ・レーテ）の場合

段　階	対　象　者	調　査　項　目
第1段階構造的インタヴュー	幹部インタヴュー ・コーディネーター ・教育担当のオペレーター	協同組合やアソシエーションの概要：設立経過，組織の歴史，人員構成，活動内容財源，教育体系，他団体との協力関係，サービスのイノヴェーション，仕事の構成・評価，労働条件，自治体サービスの入落札の状況，運営上の困難
第2段階非構造的調査	テーマを絞った議論 ・コーディネーター	ボランティアの参加を主体とした協同組合運営の手法，課題．非営利事業体の専門化の過程とボランティアの関わり方の変遷．
	・参与観察 ・利用者，家族 ・ボランティアスタッフ	40時間ボランティア養成講座と4日間の活動に参加しながらの取材

原動力として重視されているため、調査対象の量的拡大をある程度犠牲にしても、一つの事例を深めることを優先した。こうした調査手法による調査設計の一例を示すと表4-10のようになる。

また、非営利・協同組織研究においては、それらと深い利害関係を持つ諸主体（自治体をはじめとする公的な組織、労働組合、教育機関等）との連携、葛藤の把握も重要である。特に北部での調査では、周辺の機関への聞き取りも盛り込み、ネットワークの実態理解に努めた。

注

（1）第一勧銀総合研究所編『調査リポート　イタリアの経済・財政改革とEU通貨統合』（第一勧業銀行、二〇〇〇年一〇月）一〇頁。

（2）「レデラ」の詳細は、田中夏子「イタリアの社会的経済と市場及び自治体との相互作用について」中川雄一郎監修『協同で再生する地域と暮らし』日本経済評論社、二〇〇二年、二二五〜二六八頁参照。

（3）Borzaga, C., "Il ruoro economico e sociale della cooperazione sociale", in Con. Solida (a cura di), *Lavoro e disabilità : Riflessione e proposte per l'inserimento lavorativo nel sistema produttivo*, atti del Seminario, Trento, 1999.

（4）「グルッポ78」の詳細は、田中夏子、前掲論文、二二五〜二六八頁参照。

（5）社会的協同組合の法制化以前の調査報告および紹介論文としては、田中夏子「サルデーニャ女性労働者協同組合の展開―地域経済の新しい担い手づくり試論」日本社会学会『社会学評論』一六八号、一九九二年、六〇～七四頁。田中夏子「イタリアサルデーニャ島の労働者協同組合報告」中高年雇用福祉事業団（労働者協同組合）全国連合会『仕事の発見』一一号、一九八九年、一〇～二五頁。田中夏子「イタリアサルデーニャ島の福祉協同組合報告」生活ジャーナル社『生活ジャーナル』一三六号、一九九〇年、三一～三六頁。

（6）「アテナ」の詳細は、田中夏子、前掲「サルデーニャ女性労働者協同組合の展開―地域経済の新しい担い手づくり試論」六〇～七四頁。田中夏子、前掲「イタリアサルデーニャ島の福祉協同組合報告」三一～三六頁。

（7）中部におけるAB混合型の社会的協同組合については、M・マロッタ「イタリアのB型社会協同組合の形成と現在」市民セクター研究機構編『社会運動』二八四号、二〇〇三年斉藤縣三「障害者の労働とB型社会的協同組合」市民セクター研究機構編『社会運動』二八五号、二〇〇三年、佐藤紘毅「イタリア社会的協同組合B型の意義」市民セクター研究機構編『社会運動』二八一号、二〇〇三年を参照。

（8）非営利組織の量的調査による総括的な実態把握については、イタリア国内でも、その数の捕捉からして困難な状況である。全国的には社会的協同組合事業連合（CGM）による三回の調査が行われている。また、ISTATのホームページにおいて二〇〇一年データが発表されている（二〇〇三年九月二三日付）。

（9）特に非営利組織のガバナンスの議論では、近年「マルチステークホルダー」（大枠の理念は共有しつつも相互に異なる利害の持ち主が、その立場の違いを尊重しながら一つの組織を運営していく方式）型組織への関心が高まっている。構造的インタヴューでは、どうしても「指導的立場にある若手の組合員就労者」の話に限定されるため、その後のコンタクトの中で、ボランティア、ユーザー、組合員労働者、雇用労働者、自治体など、別の視点・価値観で当該組織に関わる層を広く把握することにつとめた。

第 II 部　社会的協同組合を担う人々

――事例研究

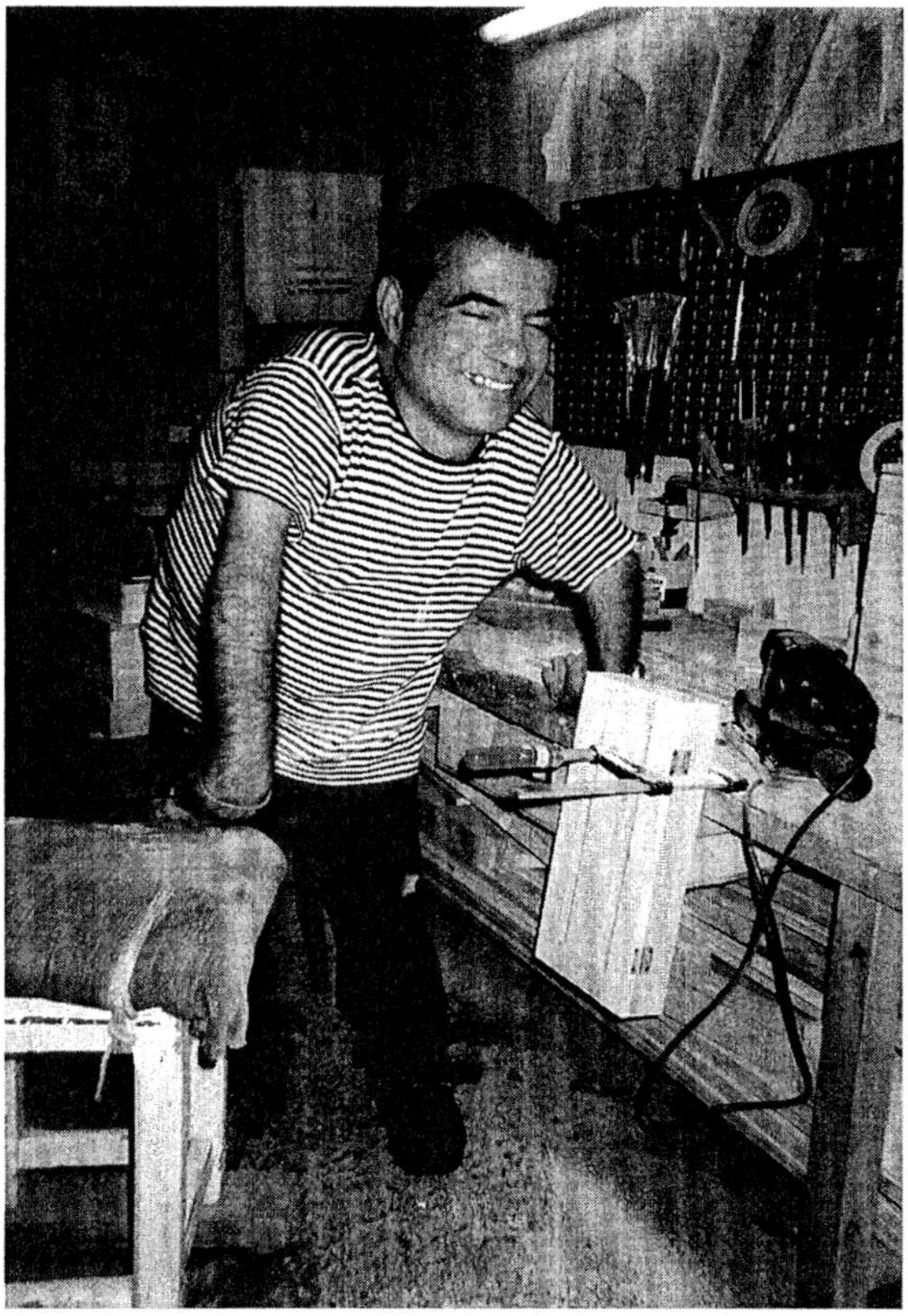

アソシエーション「コムニタ・ディ・ソレミニス」（農園経営）の創設者の１人．タイル貼り職人の訓練を受けたあと木工に転向．農産物（ハーブ）をおさめるパッケージのデザインと作成を担う．

第II部では、第I部第四章で述べた四つの視点（地域労働市場の動向と社会的経済の位置づけ、社会運動や市民運動の蓄積とその影響、地域の社会意識や価値観、当該地域の社会構造上の位置）を踏まえつつ、社会的協同組合の実際の姿、とりわけそれを担う人々の多様な姿に焦点をあてていきたい。

社会的協同組合の特質の一つに、関わる人々の「多様性」が挙げられる。その「多様性」こそが組織のダイナミックな成長の根幹を成すものである、といった指摘も多くの論者によって成されてきた。そこには協働はもとより、葛藤もあればミクロな権力関係の発生もあろう。「多様」な諸主体が交錯する社会的協同組合では、葛藤や権力関係の相対化に必要な「調整コスト」をいとわないとされる。

そもそも「多様性」とは何なのか。調整や対話がどのように行われているのか。組織が事業体として制度化されていく中で、当初のダイナミズムは保たれるのか等にまず触れたい。さらに後半では、社会的協同組合をとりまく諸主体（行政や企業等、あるいは他の非営利セクターの担い手）との間に、どのような相互影響関係があるのか（外部との関係におけるダイナミズム）にも言及していく。

右のような問題意識のもと、まず社会的協同組合の「源基」としてのアソチアツィオニズモについて述べ（第五章）、ついでその「源基」が「事業体」に結びついていくプロセスを見る（第六章、第七章）。また、制度化の過程であらためて主張されるボランティアの意味について言及する（第八章）。さらに協同組合の事業が「地域社会」とのキャッチボールの中でどのように高度化されていくかをたどる（第九章、第十章）。

また、第九章以降は、外部とのダイナミズムに関わる事例として、自治体との協働にむけた実験的な取り組みを行っている協同組合に言及する（第九章、第十章、第十一章）。

第五章　社会的協同組合の源基、アソチアツィオニズモをたどる

1　はじめに——源基としてのアソシエーション

社会的協同組合の源基として、様々な共同体（コムニタ）づくりやアソシエーション[1]活動が挙げられる。この点については、日本においても、同様の取り組みが各地で早期から存在するため、多くの説明は要しないかもしれない。しかしそれならばなぜ原初的な段階では共通点の多い日本とイタリアの非営利・協同の営みに、その後の社会的認知の有無、制度化の度合い、運動の広がり等において大きな違いがもたらされるのか。その違いを考察する上でも、第II部の冒頭で「源基」について触れておくことは必要であろう。

ここでは二つのアソシエーションについて、それを支える人々を中心に触れておきたい。いずれも「農」をめぐるユニークな発想と実践に支えられたものである。

一つは、農業の衰退、過疎化、若年層の流出、失業の増大などに直面する「南部イタリア」に根づく「農」を中心としたアソシエーションである。サルデーニャ島の南部にあって、障害を持つ人々とそうでない人々とが、ともに暮らし、また経済活動を営むアソシエーション「コムニタ・ディ・ソレミニス」[2]では、「ともに暮らす場を作る」という親密圏の形成と、「付加価値の高いハーブ農園を経営する」という市場的な営み、そして地域の

子どもたちの体験学習の受け入れといった「公共的な仕事」とがバランスを保ちながら成立している姿を見て取ることができる。

もう一つは、経済的には比較的豊かな地域とされてきた北部の農村地帯で活動するアソシエーション、AFRである。南部に比べれば恵まれているとはいえ、「農」を中心に展開してきた中山間地域が、「暮らしやすさ」「働きやすさ」を維持するのは困難になってきている。その変化に地域社会がどのように対応しようとしているか、アソシエーションの活動を通じて把握していきたい。

2　農園経営の「コムニタ・ディ・ソレミニス」を訪ねて

(1)　「コムニタ・ディ・ソレミニス」の概要(3)

「コムニタ・ディ・ソレミニス」(Comunità di Soleminis—以下「コムニタ」)は、サルデーニャ島の南の小さな町ソレミニス(サルデーニャ州カリアリ県、人口約一三四〇人)で活動する任意団体である。イタリア語の「コムニタ」は、地域共同体を意味する「コミュニティ」の他、セルフ・ヘルプのアソシエーションやボランティア団体が運営する少人数の生活共同体やグループホームをも意味するが(4)、この「コムニタ」では、身体障害や精神障害を抱える人々、自閉症の青年、保護監察下の青少年(5)など計九名(うち二人は家族の元から通い)が、農園経営に携わりながら共同生活を営んでいる。インターネットに製品紹介や価格表とともに掲示されていた彼らの活動主旨にはこう書かれている。

「心地よい世界を生み出すファンタジーもあるでしょう。しかしそれだけでなく、困難を克服し、時にはあまりに険しいと見える山に、新たな小道を見出すための想像力としてのファンタジーも存在します。「コムニタ・ディ・ソレミニス」では障害を抱えた人々とともに、こうしたファンタジーを反映した農園経営に取り組んでいます。（中略）一一年前、私たちのプロジェクトに共鳴したソレミニスの町から、未耕の土地と一棟の廃屋の提供を受けました。私たちは、一貫して自然農法にこだわったハーブづくりをしています。この農園は、まさに私たちの労働と想像力とから生まれたものです。」

抽象的な記述だが、洗練された製品紹介からは「市場志向」が、また活動主旨からは「ともに働く場の創出」「行政との連携」等が読み取れよう。こうした理念が具体的にどのような活動として展開されているのか、「コムニタ」の創設者、イーゼル・サンナ氏をはじめとする構成メンバーへのインタヴューに基づいて追っていくこととする。

(2) 「ともに働く場」の形成過程

① 「コムニタ」の設立

この「コムニタ」は一九八四年、身体障害や精神障害を抱える人々、薬物依存からの脱却をめざす人々等から構成される、あるボランティアグループのイニシアティヴで作られた。「仕事や生活を共に分かち、犠牲や喜びも分かち、また当初からの基本方針として公的な援助には依存せず、自分たちの労働、とりわけ農業と関わる労働で共同生活を支える選択をした」という。

設立の中心となったのは、イーゼル・サンナ氏とジリオーラ・クワサーダさん。サンナ氏は建設関係の労働者協同組合に従事していたが、早期退職して「コムニタ」づくりに取り組んできた。自閉症の息子を持つ彼は、障害を抱えた子供たちが学校生活に参加できるよう、長い間、市民運動に携わってきた。物静かで、詩を吟じ、民俗打楽器を奏し、遺跡発掘に情熱を持つ郷土史家でもある。一方クワサーダさんは、カリアリ県のイグレシャス

(Iglesias) という炭坑町で小学校と中学校の教員をしていた。音楽が専門で仲間たちが時々コムニタでコンサートを開く。二人とも一九四〇年代後半の生まれで一九六〇年代後半の「暑い秋」を経た世代である。

設立から最初の四年間は、この土地が個人の所有だったため、地代の支払いをしながら、一棟、廃屋同然の家を自分たちで少しずつ修復した。一ヘクタールにわたる荒れ地も徐々に整備したものの、資金繰りは難航し、メンバーが点字翻訳などのアルバイトをしながら乗り切ってきたという。一九八八年、サルデーニャ州がこの「コムニタ」の実績を認め、ソレミニスの町も、州の方針を受けてこの土地を町として買い取ったため「コムニタ」は無料で土地を借り受けることが可能となった。

② なぜ農業か

農業を選択した理由を問うと、代表者のサンナ氏は以下の二つを指摘した。「一つはまだ都市化を逃れているこうした小さな地域――人間的なふれ合いや信頼関係の残っている地域――で成り立つ事業として農業を考えたこと。もう一つは、農業がどのような困難を抱えたメンバーに対しても開かれた事業であること」。二つ目の点については「コムニタのメンバーの誰もが仕事や生活の上で固有の居場所と尊厳を見出せることが重要」とした上で、「農業や農産物の加工・販売には多様な活動と能力が必要とされる。一人で全部はできないが、誰もがいくつかの局面では必ず力を発揮できる。こうした考えと経験に基づいて、設立以来ハーブの栽培・加工の分野で活動してきた」という。

したがって事業面では、農を中心としながら、関連の仕事の裾野をいかに拡大していくかが課題であるという。設備コストがかかったり、技術的な困難が伴っても、加工製品の開拓や包装の洗練に力を注ぐのは、それらが関わるメンバーの「居場所と尊厳」の拡大につながるという確信があるからだ。

③ コムニタの時間の流れ

コムニタの運営方法でサンナ氏が強調したのは「固定的な役割分担の排除」である。「居場所」は「責務として与えられるもの」でなく、「自ら創造するもの」という考え方からすれば、当然の帰結だが、それにしても一枚の時間割も分担表もない。その理由を「ここは「施設（istituzione）」でなく、「家」だから」とクワサーダさん。

理念としては理解できるが、実際上「コムニタ」のメンバーはそれぞれどんな仕事、生活を構成しているのか。七月半ばのある日を例に、「コムニタ」のメンバーの一日の動きを追ってみよう。

時として気温四〇度となるサルデーニャでは、日中の屋外労働はハードだ。その分朝は早く七時頃から作業開始。午前中は農作業が中心となる。サンナ氏は耕起とハーブオイルの抽出、クワサーダさん、Ａさんは農作業と農園内の緑化整備。Ｒ氏は作業場の掃除をすませてローズマリーの選別に取りかかる。Ｄ氏は家回りや事務所の整頓。Ｃ氏は車で材料の仕入れやコムニタの生活用品の買い出し、その後は工房で包装用木箱に仕上げのサンディング。Ｇ氏は午前八時から三時間、役場関係の仕事に携わり[6]、それが一段落すると近くの知り合いの農園に出向いて加工用の花摘み。コムニタに戻った後は摘み取った花を乾燥室にセッティング。

サンナ氏は他のメンバーに時々声をかける程度で、指示めいたことはせず、自らの作業に集中している。農作業の傍ら、一一時頃から誰となく昼食の準備に取りかかる。午後二時過ぎに昼食を終えると、Ｇ氏を中心にあっという間に食器の片づけ。その後は基本的には自由時間だが、しばしの休憩をはさんで、仕事に戻るメンバーが多い。

夕方近くになると、訪問客が多くなり、コムニタ特製のハーブ茶でもてなしながら、歓談が交わされる。私が赴いたのは平日だが、それでも、近くで社会的協同組合を営む青年、少年刑務所の女性職員、ナポリから来た一〇名近くの劇団員たち、ソレミニス町の助役でまだ二〇代後半という若さのF氏——と来客は引きも切らない。コムニタのメンバーは気がむけば、仕事の手を休めて来客との話に加わる。歓談と仕事をいきつ戻りつしながら夜の八時となり、C氏がようやく工房から引き揚げてくる。仕事の終了を確認して、軽い夕食をすませた後、サンナ氏とクワサーダさんは友達と連れだって屋外オペラの観劇へ。夏場はオペラ三昧の日が続くのだという。以上は特別な一日ではない。それぞれが今どんな作業が必要かをわきまえていて、静かに仕事と生活が進行していく。

コムニタでの仕事の幅は確かに広い。農作業や加工、包装にいたるまでの作業だけでも多岐にわたるが、それだけではない。一例を示したい。設立以来、ここで働くC氏は四肢に麻痺がある。彼の父親は室内装飾の職人で、彼もその道の職業教育を受け、一時期室内装飾の仕事にも携わった。そうした技術を応用しながら、コムニタでは木工を担当する。ハーブを詰め合わせるための高級感ある木箱のデザインもC氏のオリジナル作品である。そのC氏が高度差のある工房に出入りしやすいよう、工房と住居を結ぶ空間にゆるやかなスロープをみんなで作った。それぞれの「生きにくさ」を取り除きながら互いに生活しやすい、働きやすい環境を作る、そのための工夫が新たな仕事となっていく。コムニタの仕事には、有償、無償にかかわらず、そうした仕事の連鎖がいたるところに存在する。

④「コムニタ」の経済的な基盤

「コムニタ」は、設立当初からの方針として、必要な経済資源はすべて農業を中心とした自分たちの生産活動で賄おうという考え方だ。まず経済的な基盤について見てみよう。多くのコムニタでは国から支給された障害者年金などを出し合って「共通金庫（cassa comune）」を形成し、それを元手にコムニタを運営する。公的な手当が中心の財務構造で、事業収入は全体の事業高に占める割合からすれば少ないのが通常の運営方法だ。しかしサンナ氏等はそうした方法には否定的だ。ハーブの生産・加工で得た売り上げをすべて「共通金庫」に充て（したがって労働報酬もない）、各自の障害者年金などは「コムニタ」と切り離して、個人が自分の財産として管理するべきとしている。原材料や道具など、仕事上で必要なものがあれば相談の上「共通金庫」を利用し、個人的な買い物は各自が管理する年金などから支出する。

一九九九年度の年間事業高は、計八千万リラ（約六百万円）。この八千万リラから、ハーブ栽培や加工に必要とされる諸経費とコムニタでの共同生活費とが捻出されている（うち比較的安定した定期的な販売が四分の三、見本市などでのスポットの直売分が四分の一）。

また「コムニタ」では、障害者雇用手当をはじめ、一切の公的支援策の利用も控えている。目的も運営方法も社会的協同組合に近いものがありながら、法人形態としては協同組合とならないのも、公的な援助の対象となることで、経済的自立の基盤がゆらぐことを懸念してのことだという。制度活用は積極的に行っていくべきだという考えはないのか、との問いに対し、サンナ氏が答える。

「制度活用に消極的であることは、地域の社会政策から孤立することを意味しない。むしろこのコムニタでは基礎自治体に対して政策提言を行うなど大いに協力をしてきた。そういう場で影響力を持つためにも、経済的に官から完全に自立していることが重要」。

「孤立しているわけではない」との言に違わず、サンナ氏は町の社会政策委員をつとめ、後に述べるように、地域に一定の影響力を及ぼしてきた。

(3) 自治体側の受け止め方

こうしたサンナ氏たちの働きかけを、自治体はどのように受け止めているのか。短時間ながらコムニタが立地する自治体の首長、ウンベルト・アルジョラス（Umberto Argiolas）氏から話を聞く機会を得、ソレミニスが自治体としても協同組合（特に、環境や文化の分野での若年層による協同組合）育成に力を入れていることがうかがえた。

四期目をむかえた市長は、文化センター、地域福祉センター、作りかけの野外劇場などを、駆け足で案内してくれながら、文化政策の充実と、その担い手としての若手協同組合の育成を強調した。

首長が構想する協同組合育成のプロセスは次の通りである。まず、自治体の雇用推進政策として「社会的有用労働」（LSU）の枠で若年失業者を雇用。これはいわば短期の失業対策事業であるが、携わっていた労働者がその間培った経験と学習を活かして雇用の場を得られるよう、失業対策事業を協同組合設立の準備期間としても位置づける。協同組合設立後は三年を限度にある程度の仕事の保障や財政的な支援を行い、三年後は完全な自立をうながす。このやり方で①図書館運営、②遺跡発掘や遺跡関連の観光事業、③博物館運営の三分野で若手協同組合設立の準備が進んでいた。またこうした協同組合育成への積極的な取り組みの背景には、前述の、サンナ氏らによる早期からの地域社会に対する働きかけが存在するという。

コムニタが、財政支援よりも、政策提言を通して自治体との積極的な関係を作っていこうとする試みが、少しずつ具体化していることがうかがえよう。

(4) 「市場」を意識した取り組み

以上が自治体との関係であるが、次に市場との関係はどうか。「コムニタ」では、サフラン、バジル、ティモ、ペペロンチーノ、オレガノ、ローズマリーなどハーブを無農薬栽培し、乾燥して出荷する他、それらを蒸留して得られるエッセンシャルオイルやリキュールを地元の薬草店、レストランなどに卸す。ハーブ園とともに自給用の野菜、果物畑が一反歩ほど広がり、またわずかながら出荷用の養鶏、養蜂も手がける。農業を中心とした生産活動で自活をする「コムニタ」である。

サルデーニャ島は古くからハーブの生産地として著名であるため、単にハーブの生産加工をしているというだけでは市場での評価につながらない。「コムニタ」のハーブは、無農薬栽培であること、加工過程でも一切の混ぜものを用いないことに加え、包装に至るまでその洗練された演出方法にも大きな特徴がある。地元の土を焼きしめた手のひらほどの「テラコッタ」の器、蓋の部分は島特産のコルク、蓋の上に小さな木製の匙をつけて葦のヒモで固定する。それをコルク材でワンポイントの装飾を施したデザイン製の高い木箱（手紙箱等にリサイクルできる）に入れ、市場に送り出す。器はハーブの種類によって微妙にデザインが異なるため、見た目の楽しさも大きい。

別の見方をすれば過剰包装と映るかもしれないが、そこには二つの意図が読みとれる。第一にコムニタのメンバーが取り組める仕事の幅を増やすこと、第二に土や草木などを組み合わせ、地域資源の価値を創出すること。「テラコッタ」の器だけは、近くにある陶芸産地の職人から調達しているが、コルク細工や木工関係は装飾を含め、先述のC氏の木工を中心に、すべてコムニタのメンバーが担っている。

こうした手のこんだ演出は、すぐにも他業者によるコピーが出回る。現に、「コムニタ」とは二〇〇キロ以上離れている町の商店街でも、彼らのイミテーションが店頭に並んでいた。しかしサンナ氏は「市場に出ていく以上、模倣品が出回るのは避けがたいこと。競争はむしろ歓迎。だいたい後発の品々は我々の製品よりすべてにおいて劣るから、全く問題にならない」。

「非営利事業体は経済的弱者である」という通念に、サンナ氏は疑念を呈す。少なくとも彼らの十数年の経験に即していえば、企画力、技術力、生産力でも通常の企業に劣らないし、コスト面でも優位にあるという考えだ。その自信を証明するかのように、サンナ氏は、後述するように島内のハーブ加工業界で営利・非営利を越えた指導的な役割を果たしてきた。「非営利事業」と「市場」との相互関係を考える上で、この取り組みは示唆的だ。

(5) 市場要求との両立は可能か

農園は、一九九九年の夏、事業拡張の真っ最中だった。栽培面積も増え、足りない分は知り合いの農園まで出張栽培。立派な乾燥室も整えた。最初の調査時点からみると、二カ月後の調査時点には乾燥のキャパシティが七倍にアップ。自然乾燥だが、動力を用いて空気の流れを作るので、乾燥期間も短縮できるという。六百万リラを投資して材料を仕入れ、一週間ほどかけて自分たちで建てた。

施設拡張の資金調達はどうするのかという問いに対し、臨時予算を組み、非営利の任意団体でも事業性、計画性があれば銀行からの借入も一千万リラまでは可能だという。

施設拡張の背景には、市場からの増産要求がある。しかしここで疑問も浮上する。「市場」で通用するためには、製品の規格化や納期厳守の量産が必要となろう。市場が求める働き方が前述の「コムニタ」の時間の流れや理念と矛盾を来すことはないのだろうか。いくつかのフィールドワークの経験から、これまで私は非営利・協同事業体の特徴として、「市場の増産要求には容易に応じず、あくまで自分たちの労働のペースと仕事の質を「生活の論理」から自己決定すること」を挙げてきた。しかしここではそうした考えが真っ向から否定された。サンナ氏の答えはこうだ。

「今のところ、増産要求には「ノー」と言わないことにしている。「ノー」といったら、そこで仕事が終わってしまうから。大きな注文に応えるためには、相応の犠牲が伴う。時には一日一二時間働くことも。つい先頃も、ヴェネトの食品会社から五〇キロのローズマリー加工の注文があって、一週間、みんなでしゃかりきに取り組んだところだ。」

新しい課題に応える中で、仕事の裾野が広がるし、技術上の工夫も迫られる。しかしそれらを、自らの能力と興味に対応するよう再構成しながら関わっていけば、市場要求に応えることと、「コムニタ」らしい働き方を守ることとは矛盾しない、と考えているようだった。「市場」を相手としながらも「仕事」のダイナミズムと人間中心の発想を損なわない努力が続けられている。このことは裏返していえば、彼らがいかに慎重に「市場」との関係を作り続けてきたかを意味する。「市場」を切って捨てるのは簡単だが、それは必ずしも現実的ではない。呑み込まれないよう工夫しながら「市場」に対して一定の影響力を行使していくという戦略は、社会的経済と市場の関係を考えていく上で、重要な示唆となる。

その一端は、次項にみるサンナ氏たちのサルデーニャ島ハーブ製品事業連合づくりにも反映されている。

(6) 多角的なネットワークづくり

① 市場との連携

「コムニタ」は外部とのネットワークづくりにも意欲的だ。一〇人足らずの小さな「コムニタ」が培ってきた経験、すなわち事業に裏付けされた協同の価値を、地域社会や次世代とどう共有していくか。サンナ氏は事業、教育、政策の各場面で外にむけても多角的に活動してきた。

例えば事業面の連携の例としては、「サルデーニャ薬用植物製造・加工業協会」(Consorzio Produttori Sardi Piante Officinali e Loro Derivati) がある。インタヴューに先立ってサンナ氏は二枚の名刺を差し出した。一つは

「コムニタ・ディ・ソレミニス」の名刺でこれは肩書きなし。もう一つの名刺には「サルデーニャ薬用植物製造・加工業協会　会長」とあり、彼が、薬用植物の製造・加工に関わる島内の事業体の連合組織（非営利だけでなく営利事業体も含めて）のまとめ役であることを示している。

非営利事業体のみならず営利企業も含む、島内一五の事業体からなる連合で、サンナ氏はその発起人、現在会長を務める。サンナ氏等が「コムニタ」を始めた八〇年代前半は、まだハーブ製品は市場の認知を得ておらず、競合もほとんどなかった。九〇年代に入り市場が成熟するにつれ、技術面でも販売の面でも生産者の結束の必要が生じる。自らのコムニタだけでなく、サルデーニャ全体の薬草植物業界の底上げをはかりながら、量的にも質的にも統合ヨーロッパの市場で通用するハーブ生産が可能となるよう、技術交流と共同販売を目的とした事業連合が生まれた。ＥＲＳＡＴ（サルデーニャ州の農業技術支援機構）主催のハーブ加工技術のセミナーで講師を務めたり、インターネットを利用した販売網づくりのため、コンピュータ教育のセミナーを企画したりと、この「コムニタ」は非営利・営利を越えた事業連合の中心に立って動いている。

②　学校との連携

教育面では、隣町の中学生や教員と「木曜農民」と呼ばれる野外授業を行ってきた。イタリアでも不登校やいじめの問題は深刻化している。教室では居場所を見つけにくいダウン症のアンナを中心に、様々な「生きにくさ」に悩む子供たち九人が、毎週木曜バスに乗って隣町からこの「コムニタ」に通ってくる。自分たち用の長靴や園芸道具一式を買い込み、一年間かけて、土づくりを含む農業のイロハを学んできた。むろん「コムニタ」のメンバーとの共同作業だ。一年後には彼らの学校で学習成果の発表が行われ、立派な冊子もできあがった。農業や自然を学ぶ環境教育の一環であるとともに、「コムニタ」のメンバーとの共同作業を通じて学ぶ意味も極めて大きい。

③ 他の非営利団体との連携

また「コムニタ」の経験に学びつつ、すぐ近くには二〇代半ばの若いメンバーを核に、新しいB型社会的協同組合「ガリガ」(Gariga—この地方の丘陵部に見られる低灌木の名前から取ったという)が誕生。実験的にオリーヴとメロンの栽培を始めたばかりだが、ハーブの事業連合へも参加してきた。「この前、味見をしてみたら、なかなかのものだったの。あと一カ月したら収穫できそう」。いとおしそうにメロンに触れるサブリーナ・マシア(Sablina Mascia)さんは、調査当時二五歳。社会的協同組合「ガリガ」の代表を務める。カリアリ大学で教育心理学を学ぶ一方、地元自治体から委嘱を受け、子供の在宅教育を担当する児童福祉ワーカーでもある。サブリーナさんは、昨年サンナ氏の「コムニタ」で組織運営や農業の研修を積んでいる。「コムニタ」では、こうした非営利・協同組織相互の研修交流も担っている。

以上の三点、すなわち第一に非営利の枠にこだわらない、生産者相互の技術力・事業力の高め合い、第二に地元の子供たちとの時間をかけた密な付き合い、第三に非営利・協同セクターの若い担い手たちへの支援、いずれも「コムニタ」のネットワークづくりの一端を示すものである。

(7) 再び「なぜ農業か」

さて、本節では経済的な条件が不利とされる南部の農村地域で、非営利・協同事業組織の土壌であるアソシエーションの姿を捉えようとしてきた。とりわけ、「農」を中心とした、自治体、市場、そして他の非営利団体との独自色の濃い関係づくりに着目した。

「農」を中心とするのは、第二次、第三次産業の低迷という地域的経済条件も関係はしているが、より積極的な意味もある。第一に、前述のように農業やその関連事業は仕事の裾野が広く多岐にわたるため、誰に対しても開かれた営みであること。これは農業を活動資源とする非営利・協同事業体の誰もが指摘する点だ。逆にいえば、多種多様にわたる仕事を効果的に結び合わせるにはコーディネーターの存在が不可欠となってくる。この結び合わせが有効に機能しないと、結局、事務局が一手に膨大な作業をしょいこみ、「ともに働く」構造が崩れかねない。

第二に、地域に馴染みの農業を手がけることで、地元生産者と技術交換を行ったり、環境教育や多文化教育の試みとして地元学校の子供たちを受け入れたり、あるいは農村観光に訪れる人々との交流を深めたり……と、コムニタに閉塞しない開かれた社会関係が生まれる。むろんこれにも前提が必要だ。農業が生産活動・事業活動として位置付いていてはじめて教育活動や文化活動への応用が意味がなす。

第三に、これが最も基本的なことだが、自給自足を通じた「生活上の自立」と生産活動を通じた「経済的自立」との双方を享受できること。公的支援を否定するかどうかの選択は別として、基本的には自らの仕事や生産活動を軸に社会参加を果たしていくことができる。ただし、第一の点と重なるが、「生産活動」の意味するところは多様だ。一言でいえば、「生きにくさ」を取り除くすべての行為が「仕事」を構成する。その意味では「市場の論理」から認知されない「仕事」も多く含まれようが、「生活の論理」に照らせば、仕事の幅やあり様が変わってくるのは当然である。限られた事業高から労働協約並みの賃金を捻出することには大きな困難が伴うが、「有償」「無償」の仕事の体系をトータルに捉えた上で、「賃金」を構想していく必要があるだろう。

同時に社会の側にも、農業に取り組む非営利事業の動きを促進する追い風がある。第一に有機農業に対する需要が高まっており、特に欧州市場統合にあたって、ＥＵレベルで有機農業や無農薬農業に対する政策的な支援が活発化していること。また第二に流通・販売機構が多様で、小さな組織でも良質のものを生産すれば、市場へのアクセスが容易であることなどが挙げられる。すなわち非営利セクターであれ、農業が経済活動として成り立つ社会環境が存在するのである。

農園を案内してくれたサンナ氏が、一本の、穴だらけになって朽ちかけた樫の木の前で足をとめた。

「この木は、二〇年前、私たちが荒れ地だったこの土地にやってきた時からあるもの。生産には直接必要とされないけれどなんとなく存在感があって、ずっと残してある。コムニタの歴史をすべてみつめてきた木だから。よくみるといろんな虫やら鳥やら生き物が通ってくる。まるでこのコムニタのようでしょう？」

3　社会教育を担う「農村家族協会」

(1)　具体的な要求に応え社会参加を組織するＡＦＲ(7)

本節では、農村部で社会教育的な機能を担うアソシエーションについて報告したい。イタリアのアソシエーション運動が地域の「生きにくさ」(disagio)に対応しようとその存在意義をますます強めきたことは、多言を要しない。

「生きにくさ」は、経済的困窮、失業、社会的排除、孤立、尊厳の喪失、対立・葛藤……と様々な形を取って現れる。通常、現代化・都市化の特徴とされるこれらの「生きにくさ」は、農村部においても皆無というわけではない。やや異なる形ではあれ、確実に存在する「生きにくさ」に、地域の教育機関（高等専門学校や大学）と協同しつつ応えているアソシエーション、ＡＦＲ（Associazione Famiglia Rurale—農村家族協会）があると聞いた。ＡＦＲはイタリア独自のものではない。もともとフランスで発祥した、農家師弟を対象とする教育運動だった。それがイタリアに波及し、イタリアから南米に出ていった移民たちの間にも広がっていったという。北東部を中心にイタリア全土はむろん、南米など全世界に関連組織を持ち、現在では途上国での教育援助NGOとしての活動も活発だ。

本節ではその全容に触れることは不可能なため、課題を限定し、農村の変貌と合わせて対応すべき事柄や、時代の変化に合わせて従来のアプローチを柔軟に切り替えてきた経過、そして農村に関わる教育機関に求められる資質に着目しながら議論を進めていきたい。

(2) 「農業の維持・保全」を核とした運動の積み重ね

ヴェネツィアから北に一〇〇キロ余、列車で約一時間走ったところにある農村地帯、ウンベルト・コッレ(Umberto Colle)を訪ねた。

この一帯、ヴェネト州トレヴィゾ周辺は、イタリア北東部の「経済的躍進」の心臓部として、八〇~九〇年代、中小企業論や地域開発論の研究者たちの国際的な注目を集めた地域である。農業・農村の維持・保全と、小規模ながらイノヴェイティヴな企業の集積との、バランスのとれた組み合わせによって、内発的発展の事例ともされてきた。州別の「生活の質」調査などでは常にトップ五都市に入る。

しかし、こうした地域においても、農業・農村の置かれた状況は決して楽観できるものではない。

駅に迎えに出てくれたヴォルパート氏は、車を発進させるなりすぐにこの地域の概要をレクチャーしてくれた。AFRの活動拠点となっている町、ウンベルト・コッレは、その名に違わずなだらかな丘陵の上に位置する人口三万五〇〇〇人の町。ヴォルパート氏は「ヒューマンスケール」(scala d'uomo)の町であるという。小さいながら、農業、商業のみならず、文化活動においても活気がある。たとえばこの町にはアソシエーションが二五団体、存在する。むろん活動目的も稼働状況も様々だが、実に住民一四〇〇人あたりに一つの割合でアソシエーションが存在することになる。こうした活動が最も盛んなトレントと比較しても遜色ない数値だ（トレントは一〇五〇人に一つ）。

ヴォルパート氏はこの町の国立農業専門学校で農業技術の教員をした後、副市長を一〇年務め、その後一九八〇年から九五年まで、一六年間市長の任に就いたという経歴の持ち主。まだ六〇代半ばだが、五年前、市長を退いてからＡＦＲの事務局長となって、現在は土日もなく、朝から晩までアソシエーションのために奔走する毎日を送る。このＡＦＲの活動の特徴は、ヴォルパート氏の教員歴や行政畑での経験を反映している部分も多い。

ところでイタリアでは一九八〇年代以降、町の中心部に集中する歴史的街区の維持・保全とともに、農村維持のための都市づくりが行われてきた。郊外の、無秩序な開発を規制するために、居住地域、工場団地、そして農業用地域の線引きが徹底されたのである。ヴォルパート氏の市長時代の主要な課題が、この都市計画の遂行であったという。地域の特徴をつかむために高台に登ってみると、確かに手前に歴史的街区、周りに住宅地が並び、それを取り囲む農地にはいっさいよけいな構造物がない。「農業のある生活を守る」という課題が都市計画にも市民活動にも反映されている――ヴォルパート氏は、ＡＦＲという個別の団体について説明する前に、地域政策上の理念としてまずそのことを強調した。

今でこそ北東部イタリアは「豊かな地域」として脚光を浴びているものの、一九六〇年代にさかのぼれば、この地域は移民を送り出す側であった。ＡＦＲの活動が国際的な広がりを持っているのも、南米を中心に各国に渡った移民たちとのつながりがあるためである。六〇年代半ば以降、故郷から異国に出奔をせずとも食べていかれるようにと工場誘致に力を入れた結果、兼業でなんとか暮らしていくことができる状況となった。親は農業を営み、子供たちは地元の製造業に勤めに出たり、自分で企業を興したりして、移民輩出はようやく過去のこととなった。ちなみに近くにはファッションで著名な「ベネトン」発祥の地がある。「ベネトン」に代表されるように、今やこの地域が、家族経営を中心としたイノヴェイティヴな小規模企業の集積地として関心を集めていることは先に記したとおりである。

すなわち、この地域の社会的・経済的特徴を挙げるなら、短期間の経済成長ということになろう。その中で、農業を維持・保全するとなれば、かなり意識的なまた系統的な取り組みが必要であったろう。本節では、地域の農業政策の詳細に触れる余力はないが、少なくとも、ヴォルパート氏個人の生き方を見るだけでも、学校教育、行政、市民活動、社会教育と、アプローチの方法は様々であれ、農を核とした社会基盤づくりにあらゆる資源を活かして力を尽くしてきたことがうかがえる。

(3) AFRとはどのような団体か

AFRの事務局の建物はかつての養蚕試験場だが、今では、AFRの事務局スペースをのぞいて廃屋となっている。二階建ての事務所の一階には、日本でいう公民館的な機能（集会所、教室、調理実習室など）がそろっているが、二階にのぼっていくと蚕繭が無造作に袋詰めされて散乱状態にある。見渡すと、机の上でほこりだらけとなっている一九八〇年のカレンダーに目がとまった。この年に養蚕試験場が閉鎖になったという。かつて農業高専で教鞭をとっていたヴォルパート氏は、大事そうに繭玉を手に取りながら、この「産業遺産」の放置を嘆いた。AFRの仕事が一段落したら、ここを蚕糸博物館にするのだという。

まずはAFRの歴史的な経過から触れたい。設立当初（一九六八年）の目的は、農家の師弟に学びの場を保障することにあった。この小さな町には先述のように国立農業高等専門学校があるが、学校があるだけでは学びの場の保障にはならない。遠方から通わねばならない子には学校近くの寄宿舎を提供する必要があるし、何より農繁期に子供を手放したくない親たち自らが、教育の必要性を認めない限り、子供たちは学びの場を得ない。そのためには親たちが学校運営に参加することが最も有効とされた。こうした考えのもと、親や教員有志が集ってアソシエーションを結成した。子供たちが学校や農業試験場で学んだことを、家業に応用していく、といった学校から家庭への技術伝播の効果も生まれた。

いわゆるPTAと異なるのは、やがてそれが学校組織から独立した団体となり、学校教育の支援と同時に農村社会教育の担い手として独自の機能を発展させていった点である。イタリア国内の活動を見ると、現在では後者が中心的な活動となっており、学校教育支援については、発展途上国に活動の舞台をシフトさせている。

(4) 就業構造の変化とアイデンティティの希薄化

一九七〇年代中頃までは、工場誘致と農業維持といった地域産業政策のもと、地元の農業学校や工業学校出身者たちが地元で学んだことを活かして、この町で職を見つけることが可能だった。しかし大学進学率もあがり、工学部を出てエンジニアをめざすような傾向が強まってくると、都市部へよりよい条件の仕事を求めて若者たちが流出するようになっていく。

農業の条件も変わった。農工両立による兼業経営は減り、大型専業農家と農業を手放す元農家との二極分解が進む。家族の中でも、地域の中でも、農業・農村アイデンティティは希薄となっていった。

当初、農業者およびその家族を構成員としていたＡＦＲも、右のような社会変動の中で、組織のアイデンティティ、組織のあり方、活動内容の変更を迫られる。まず、組織構成員については、「農業に携わっていてもいなくとも、「農村」という価値と、「そこに住む者どうし」という連帯は大事にしよう」との発想で、様々な職業、立場の人々に門戸を開いた。また、各地の「農村」との交流、とりわけ開発途上国の「農村」に対する教育支援を活動の柱の一つとしていく。

(5) AFRの活動

さて、これまでの経過を駆け足で記してきたが、AFRの現在の活動に目をむけよう。

現在の主要な活動は三つの分野にわたる。第一に社会参加への働きかけ。最初は高齢者の社会参加を掲げていたが、参加の途が閉ざされがちなのは、高齢者だけでなく若年層も同様であるとして、多世代交流事業等を企画。また、他の地域における「農村の価値」をめぐる交流事業(彼らはこの事業を、消費的・商業的な観光と対置させて「社会的観光」(turismo sociale)「責任ある観光」(turismo responsabile)と呼んでいる)も活発だ。

第二は、生涯学習の機会提供。現在、夜間学校で一二のコースを開催している。伝統的な郷土の技術(ワイン文化、刺繍芸術、ヴェネト地方の美術と文学、郷土料理など)、IT教育、人との関係づくり(親学級)などで、一コース二〇人前後。三〇時間のコースに対して、受講者は一人二〇万リラを負担する。自治体との共催なので講師代の一部補助はあるが、原則として自分たちで企画し、経費も自分たちで捻出する。

活動の第三は、地域から要求のあったテーマでのセミナーやシンポジウムの開催。たとえば二〇〇〇年には「不平等と闘う―協同による連帯とは」として第三世界への支援や負債帳消しをめぐる議論が、また一九九八年には、設立三〇年ということもあって、「自らのルーツの再発見と現代的な課題に対してAFRは何をなすべきか」といった議論が展開されている。

以上のような事業遂行のための資金調達はすべて自分たちで捻出。ちなみに二〇〇〇年度の年間事業規模は、一〇億三〇〇〇万リラ(日本円で六〇〇〇万円)。剰余は一六〇〇万リラ(九〇万円)。国や自治体からの補助金の導入はいっさいない。

ところで、これらはいずれも生涯学習事業としては特段目新しい試みではない。ヴォルパート氏が強調したのは、むしろ、活動のプロセスにおける「参加」の問題である。たとえばシンポジウムの企画は、AFRの会員のみならず、会員外の地元住民の参加も得て、下から積み上げていく。こうした実行委員会形式は、今でこそ普及した方法であるが、AFRの場合、そもそも親たちが学校運営に積極的に関わり、手弁当でその運営を支えてきたことに端を発している。「参加」の手法は、外から導入した組織マネジメントではなく、すでに内側に備えられていた資質であるという。

自分たちで企画しても、聞きっぱなしの集会では実にならない。そこで集会やシンポジウムの後は、必ずグループワークを設定する。このグループワークでファシリテーターの役割を務めるのが、地元大学で教育学や社会福祉を専攻する学生たちだ。パドヴァ大学やトリエステ大学などとの恒常的な協力関係ができている。

参加重視の仕組みはこの他にもあらゆるところにセットされている。AFRの申し込み用紙には「あなたが特に協力したいと思う分野は？」として、高齢者の社会参加、学習活動、途上国の教育支援などを列挙。入会時に、サブグループに所属する、というやり方も今ではめずらしくはないが、あらゆる機会を捉えて「参加」の契機を張り巡らしていることは、AFRの特徴であろう。一七〇人という少ない会員、かつてとは違い、ひとまとまりと見なすのが難しくアイデンティティも拡散しがちの農村で、密度の濃い活動を重ねてきた背景には、この「参加」(coinvolgimento, responsabilizzazione) への働きかけが存在するといえよう。

(6) 若い世代へのアプローチ

AFRのコアメンバーの年齢構成をたずねると、ヴォルパート氏はさっそく現在の会長と次期会長を紹介してくれた。私は、農村の高齢者、若年層の流出、学校教育から社会教育へのシフト……といった話の流れから察して、若年層の参加は少ないのでないか、という予断を持っていた。ところが、比率からいえば、会員の三分の一弱に相当する五〇名が二五～三五歳であるという。いったいこうした世代がどうしてAFRの活動に関わりを見いだせるのか。ヴォルパート氏は答えた。

「親が六〇～七〇年代、AFRに関わったり……というケースもあるが、そうでない層も多い。AFR主催の集会に顔を出したり、企画の実行委員会に加わったりしながら共感してくれた新規の若手も多い。」

まず現会長のモンテゼッリ氏、七四歳の農場に赴いた。牛舎、豚舎、鶏舎があり、ワイン用のブドウ畑、アスパラのハウス、ラディッシュ畑が広がる典型的な複合経営農家だ。それでも年々経営規模の縮小を迫られ、特に畜産が苦しいという。子供たちは独立して自分の農場を営んでいる。多角経営の農場を高齢の夫婦だけで切り盛りしながら、さらにアソシエーションの長をつとめ、農村・農業の文化とアイデンティティの開拓に力を注いできた。

続いて次期会長、トッフォリ氏、三五歳の勤めるワイナリーを訪ねた。この一帯は、イタリアの中でも有数のワイン産地である。協同組合産のテーブルワインと競合しないよう、トッフォリ氏のワイナリーでは高級ワインを手がける。ワイナリーの技術部長であるトッフォリ氏は一五年前、AFRの主催する集会に顔を出したのがきっかけで、今では若手の中心メンバーとなっている。モーツァルトの歌劇に登場するワインの話をしていたかと思うと、環境問題をテーマとしたシンポジウムの構想を語る……短い時間だったが、自らの仕事に対する愛着と社会的な問題関心の広がりとが交錯しながら会話が進んでいった。

若手の参画は、トップの部分だけではない。理事会構成をみても、一五名の理事のうち、三五歳以下が九名を占める。

(7) 農村の価値を高める

本節では、ウンベルト・コッレ市の小さなアソシエーションの動きをたどってきた。自分たちの目の前に広がる「農村の価値」の発見、豊かな老いが可能となるような地域づくりなどの課題と、世界規模で環境や農村の破壊を危惧する視点――ミクロとマクロの発想が混在する、ダイナミズムに富んだアソシエーションである。

いわゆる歴史的街区の町並み保存はいうまでもないが、農村独特の造りを持った家についても自治体が買い取り、内装だけ改修して次世代に引き継ぐ。広い家を必要としなくなった高齢の人々は、近くの集合住宅に移り住む。その集合住宅には地域の集会センターと図書館を併設し、人々の足がむくような社会環境としてある。家を手放すことには一抹の抵抗感もあるが、自分が慣れ親しんだ「鐘の音」を聞きながら、旧来の人間関係を維持しつつ、新しい目標や交流ともふんだんに接点がある。ＡＦＲはそうした農村づくりの一翼を担っている。

三〇年という活動の歴史が地域への根付きを着実にしている部分はむろん大きいが、若手のイニシアティヴが育っているところを見ると、伝統に依存しない柔軟な発想や思い切った組織見直しに挑む文化を備えているといえる。変化する地域社会の中で、維持すべき資源と柔軟に対応すべき課題とを厳選しながら、農村での暮らしと仕事の場を、より充実したものにしていく、そうした不断の営みとしてこのアソシエーションを位置づけることができよう。

4 社会的資源としてのアソシエーション

(1) アソシエーションの機能

本章では、まず前半で南部イタリア、サルデーニャ州の農園アソシエーションを、そして後半では北部イタリ

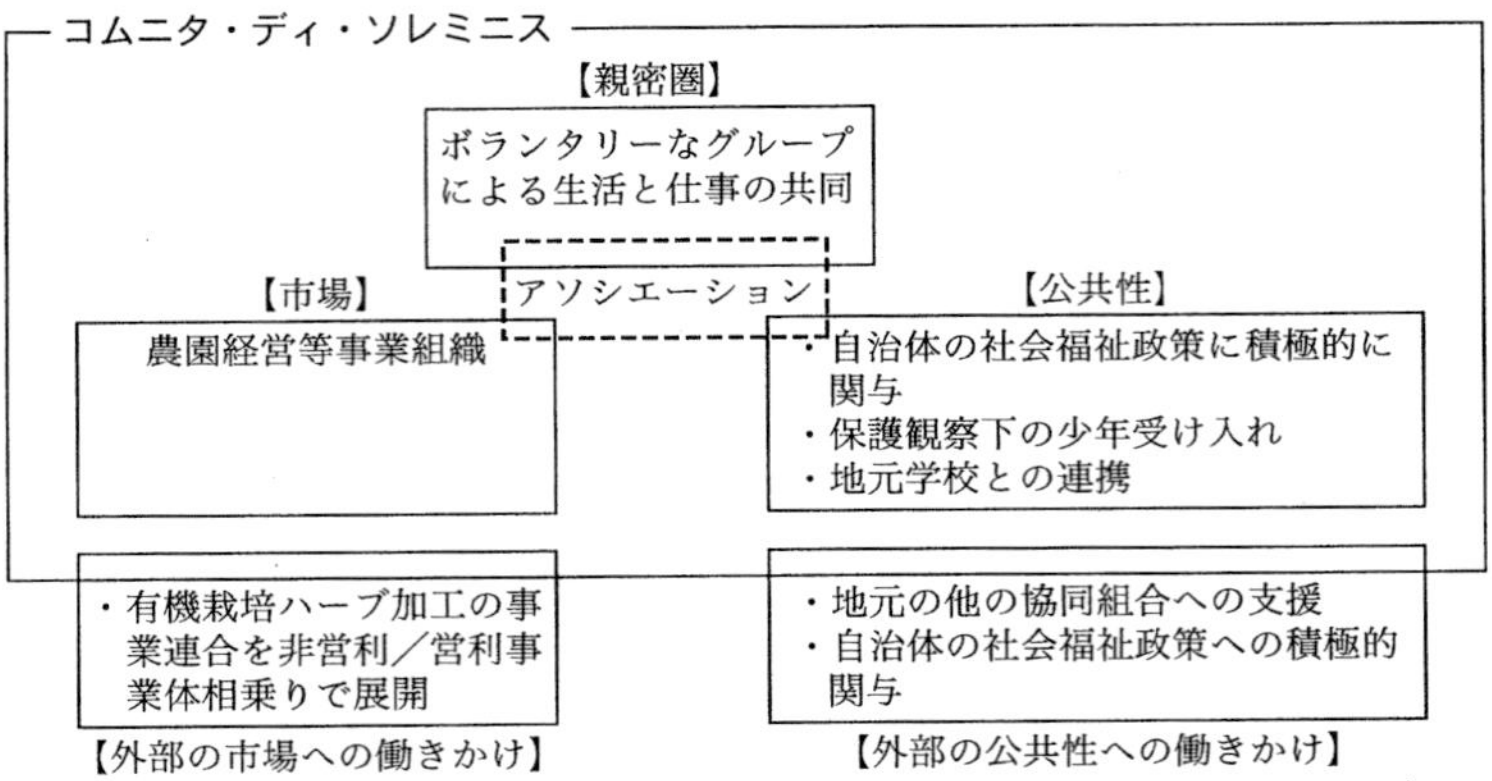

図 5-1　「コムニタ」における「親密圏」「市場」「公共性」と外部への働きかけ

ア、ヴェネト州の農村における社会教育を担うアソシエーションを見てきた。こうしたアソシエーションの厚みというのは、イタリア社会の大きな特徴とされ、住民の参加と自治の象徴としてしばしば参画社会の指標とも考えられてきた。第一章に見たように、パットナムも「市民共同体」の成熟度を表すものとして、アソシエーションの量的な蓄積度合いを指摘している。

社会的協同組合の特徴を見ていくとき、その前提としてアソシエーションが存在することは周知の事実ではあるが、第II部の冒頭であらためてこのことを確認しておきたい。アソシエイティヴな結びつきについては、近年注目が高まっているが、[8]社会的協同組合における「社会性」「公共性」を検討する上で、このアソシエイティヴなものの下支えは次の点で大きい役割を果たしている。

その役割を描き出すために、本章で見てきた二つのアソシエーションの社会関係を図示すると図5-1、2のようになろう。

両者に共通するのは、家族やその延長にある極めて親密なつながりを土台とした支え合いの組織として発足していること（親密圏）、しかし活動を重ねる過程で、自分たちの求めてきたことが、より広い社会にとっても切実な要求であることがわかり、様々な人の合流を認めていくこと（アソシエーション／公共的な広がり）、そしてそこで模索される「生きにくさ」の解消が事業として展開していくこと（事業体組織としての拡充、市場への参加）、さらに市場や地域社会の別のアクターに対して、働きかけや影響力の行使が見られること（外部の市場、外部の公共性への働きかけ）といった、組織内外のダイナミズムである。

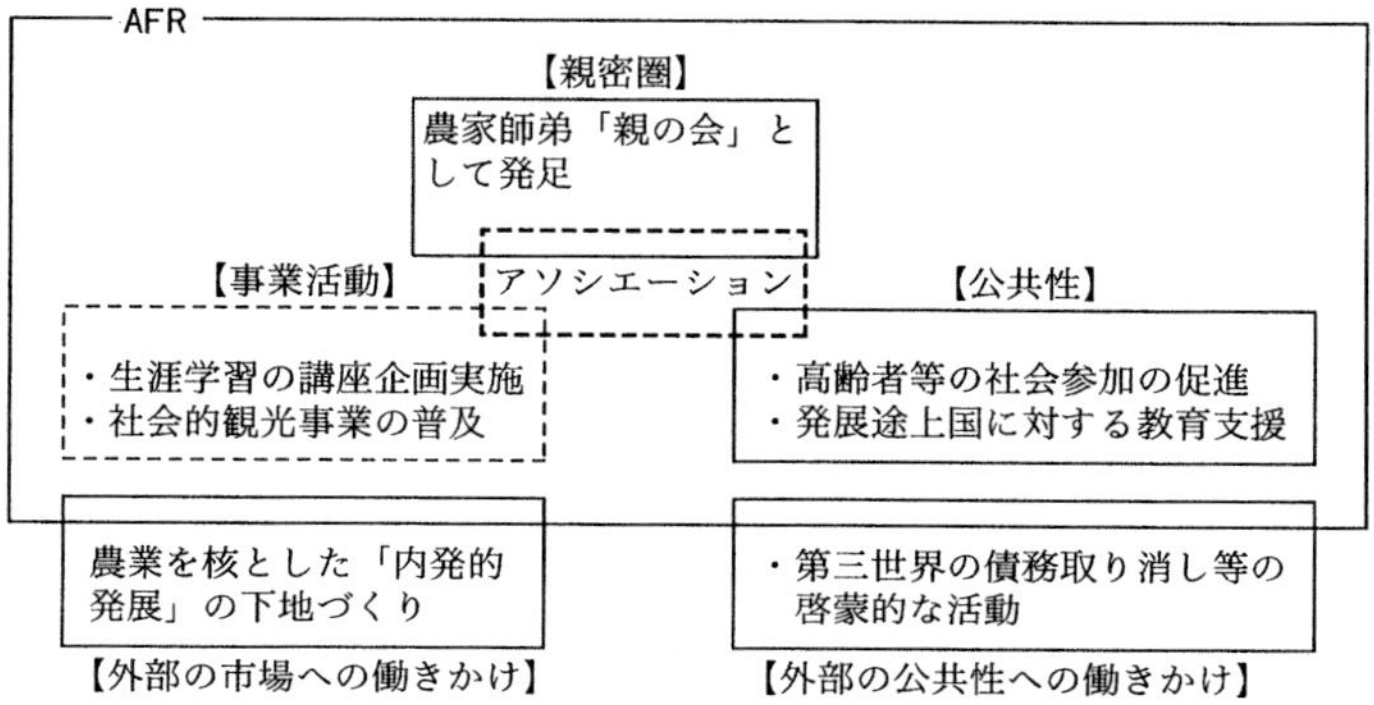

図 5-2　AFR における「親密圏」「市場」「公共性」と外部への働きかけ

以上から、アソシエーション的土壌を持つ組織の性格づけを以下二点によって今一度整理しておきたい。

第一は、その媒介的な性格である。アソシエーションは、身近な仲間とともに自らが抱える問題、「生きにくさ」を協同して解決していこうとする「親密的」な集団に端を発する。それは「家族」や「地縁集団」といった、絆の堅い「共同体的結びつき」と部分的に重なるものの、完全に一致するものではない。自分たちの要求の普遍的な広がりを察知する中で、外の風や異文化を呼び込みながら、自らを作り替えていく空間でもある。言い換えれば、葛藤を含む信頼の領域を、外へとひらいていく媒介的な契機をもつ場がアソシエーションである（内部的なダイナミズム）。

第二は、組織外の社会的資源と意欲的に結びつきながら、自らの組織のあり方や考え方を豊富化していくことに長けている点である。こうした組織が、組織規模はさほど大きくなくとも、強力な発信力を持っているのは、異質なもの（市場や制度化された公共性）と結びつこうとする傾向と無縁ではない。その結びつきの過程で、自己を相対化し、あるときは刷新し、同時に自らが携わってきた社会的課題を市場や自治体とも共有していくといった相互作用が存在する（外部とのダイナミズム）。

(2) 社会的協同組合との関連づけ

次章以降で詳しく見ていくが、社会的協同組合の場合、右のようなアソシエーションの構造を併せ持つ場合が多い。逆にアソシエーション的な土壌をもたない社会的協同組合は、多元的な展開が難しく、また人々の凝集力も希薄とならざるを得ない。例えば、南部の州の中には、この数年で社会的協同組合の数が飛躍的に伸びた地域もあるが、毎年の組織数の変動が大きく、せっかく設立しても継続的な活動が難航している例が見受けられる。アソシエーションの基盤のないところに、例えば「雇用対策」として「官」のイニシアティヴで協同組合を設立しても、(1)に挙げたような信頼関係、異質なものとの葛藤・共存、自己の相対化、より公共的な場との結びつきの回路が不在であれば、社会的協同組合の本領の発揮は困難となる。むろん、協同組合の中には、事業体としての陶冶と、社会運動体としての充実とをある程度機能分担した組織整備を行っていくところもあるが、アソシエイティヴな部分を内側に設定するか外側に設定するかは別として、それが常に事業の傍らに存在している点が重要となる。

以下の章では、社会的協同組合を議論の中心に据えつつも、周りにひろがるアソシエイティヴな要素にも言及しながら、その像を捉えていくこととしたい。

注

(1) イタリアのアソシエーションについては、松田博「イタリアにおけるアソシエーションの歴史的背景と可能性」田畑稔・大藪龍介・白川真澄・松田博編著『アソシエーション革命へ―理論・構想・実践』社会評論社、二〇〇三年参照。また協同組合運動とアソシエーションとの関係に言及したものとして、佐藤一子著『イタリア文化運動通信―ＡＲＣＩ・市民の担う文化プログラム』合同出版、一九八四年がある。

(2) ヒアリングの実施状況は以下の通り。イーゼル・サンナ（Iser Sanna）（「コムニタ・ディ・ソレミニス」の創立メンバー、「サルデーニャ薬用植物製造・加工業協会」（Consorzio Produttori Sardi Piante Officinali e Loro Derivati）会長、ソレミニス自治体の社会政策委員）、ジリオーラ・クワサーダ（「コムニタ」の創立メンバー）一九九九年五月二一日、七月一五日。キッコ（「コムニタ」の初期からのメンバー）七月一五日、フェデリーコ（ソレミニス町の助役）七月一五日。また、地元紙による報道も頻繁で次の特集記事を参考にした。「シンナイからソレミニスへ。アンナとクラス仲間が「木曜農民」」（L'Unione Sarda 一九九八年一一月一九日付）、「コムニタ-ハンディを越えて。自然の力」（L'Unione Sarda 一九九九年三月二七日付）。

(3) 「コムニタ・ディ・ソレミニス」（Comunità di Soleminis）についての記述は、一九九九年五月から八月にかけ、のべ四日間にわたって行った参与観察とメンバーへのインタヴューに基づいている。より詳細なルポについては、田中夏子「イタリア社会的経済の旅（三）サルデーニャの非営利事業体における『農』を中心とした『仕事起こし』」協同総合研究所『協同の発見』九〇号、一九九九年、八一～九三頁を参照。

(4) たとえば、親の事情で家庭での養育が困難な子供たち、集団生活を通じて、麻薬依存やアルコール依存の克服をめざす人々、精神、身体などに障害を抱えながら、仲間とともに生活や仕事の自立を志向する人々、その他、社会から排除の対象とされる様々な社会的困難を持つ人々が、各地でコムニタを形成している。運営主体は、自治体、教会、ボランティア団体、社会的協同組合と様々なケースがある。

(5) イタリアでは、少年刑務所から成人刑務所への移行過程にある青少年拘留者（一八～二五歳）に対し、極めて限られたケースではあるが、刑務所内での拘留に替わる服役の道を開いている（le misure alternative alla detenzione）。具体的には、法務省や少年裁判所との密接な連携のもと、実績のあるコムニタなどでの就労や共同生活が義務づけられる「コムニタ・ディ・ソレミニス」でもこうした青少年の受け入れを、すでに複数行っている。

(6) 緑化や文化事業、社会資本整備に関わる公務労働。「ＬＳＵ（Lavori Socialmente Utili―社会的有用労働）」という呼称で、若年失業者や労働市場で不利益を被る人々を対象とした短期の雇用機会となっている。

(7) ＡＦＲ（Associazione Famiglia Rurale―農村家族協会）についてのヒアリングは、二〇〇一年三月、協会責任者（事務局長）のヴォルパート氏、会長のモンテゼッリ氏（畜産・野菜農業）、次期会長候補のトッフォリ氏（地元ワイナリー技術部長）の三名に協力いただいた。

（8）　アソシエーションの重要性を指摘する最近の著作としては、田畑稔『マルクスとアソシエーション』新泉社、一九九四年、佐藤慶幸『女性と協同組合の社会学―生活クラブからのメッセージ』文真堂、一九九六年、佐藤慶幸『ＮＰＯと市民社会―アソシエーション論の可能性』有斐閣、二〇〇二年、田畑稔・大藪龍介・白川真澄・松田博編著『アソシエーション革命へ―理論・構想・実践』社会評論社、二〇〇三年、菅野仁『ジンメル・つながりの哲学』日本放送出版協会、二〇〇三年。

第六章　「共に生きる」場の創造――「プロジェットH」

1　はじめに――アソシエーションから社会的協同組合へ

前章では、社会的協同組合等「社会的経済」の前提となるアソシエイティヴな諸活動について見てきた。本章では、そうしたアソシエイティヴな諸活動がどのように事業体としての展開につながっていくのかを辿る。サルデーニャ州の内陸部[1]で長年活動する社会的協同組合「プロジェットH」(Progetto H)を題材に、「生きにくさ」を当事者や仲間が共に解決していくことに基盤を持つアソシエーションと、それを事業として展開する社会的協同組合との間の「連続性」と「非連続性」に着目したい。本論に先立って、A型協同組合とB型協同組合との関係について概観しておこう。社会的協同組合の目的は、第三章で述べたように主として二つある。一つは「生きにくさ[2]」(disagio)を抱える人々が必要とする社会的サービスの提供(この中には職能形成のための教育事業も含まれる)。A型協同組合と呼ばれ、従来は主たる組合員はサービス提供者側が占めてきた)。もう一つは人々が自立を志向しながら社会参加を果たすための仕事起こし(B型協同組合と呼ばれ、就労者の三〇%以上は「ハンディを抱えたメンバー」)である。

二つの目的は当然のことながら、密接に関係している。援助やサービス提供を目的として出発したA型の団体が、その活動の過程で「労働を含めた社会参加」、すなわち仕事起こしの必要性を痛感してB型の組織を生み出すケースが多い(3)。また、逆に本章で見るように「B型」を母体として「A型」が生まれる場合もある。いずれのケースであれ、それぞれの協同組合を単体として見ていても事情がつかめない。母体となるボランティア団体やアソシエーション、基本的なサービスと教育機会を提供するA型協同組合、労働を通じた社会参加の場として機能するB型協同組合など、総合的な一つの複合事業体、ネットワーク組織として見ていく必要がある。そしてその複雑化の過程が、アソシエーションから社会的協同組合への発展経過とも重なる。

社会的協同組合の場合、「地域性」「ヒューマンスケール」「専門性」が組織的特徴とされるため、事業拡張には自ずと限界点がある。特に社会的協同組合育成に七〇年代後半から取り組んできた、カトリック系の組織を母体とするコンフコープ（CONFCOOP）系の協同組合では、多くの場合、組合員規模は三〇人前後が最大だ。したがって、新たな社会的ニーズが生じたり、地域的な広がりを求められたりした場合には、一つの組織を拡大せず、別の組織を生み出した上で、従来ある協同組合が新しい協同組合をサポートしたり、事業提携や人的ネットワークを作っていく。

「共に生きる」という素朴な願いに端を発したアソシエーションが、事業体として複雑化していく過程で遭遇する課題はいかなるものか、どのようにしてその解決をはかってきたのか。これらを把握するために本章では社会的協同組合「プロジェットH」の発展経過を紹介していきたい。

2 「プロジェットH」と「人間に合わせた仕事」

「プロジェットH」は、障害を持つ人々の、労働を含めた社会参加を支援する目的で一九八三年に設立された社会的協同組合である。とはいえ八〇年代には法人格としての「社会的協同組合」は制度上存在していないため、生産・労働・サービス協同組合として出発した。当初は一〇名だった組合員も一九九九年時点で三二名。事業分野は三つにわたる。第一に「社会的な排除の対象とされる危険性のある人々の、社会参加を目的とした社会的／教育的サービスの提供」、第二に「皮工芸、宝飾品貴金属細工、陶芸、木工など、手仕事を中心とした製作活動」、第三に「子供たちを対象とした海の家、山の家の運営」。このうち第一、第三の教育サービスは本来、A型協同組合が担うべき分野だが、後に述べるように、同協同組合では、現在、B型からA型が枝分かれする途上にあるため、一つの協同組合にAB両者が混在する形となっている。

この節では、複数の幹部および組合員インタヴューを通じて[4]、アソシエーションから発展した社会的協同組合の内部の複合性、多様性を見ていくこととする。

(1) 創設期——ボランタリーな団体から仕事づくりへ

「プロジェットH」の前進となるアソシエーション創設メンバーの一人で組合代表を六年務めたカテリーナ・ピントゥスさん（四八歳）は、「プロジェットH」の創設を次のように語る。

「プロジェットHはもともとは個人的な事情から生まれた運動です。友人の一人が、突如の病で下肢麻痺となったのをきっかけに、障害を持った人も通常の社会で生活していけるようにと、一九八〇年、ボランティア団体を作りました。マコメール[5]の近くに事務所を設けて、活動するうちに、身体障害に限らず、様々な障害を抱えた人たちが家族ぐるみで関わるようになりました。障害を持った子が学校で他の子どもたちと勉強できるように学校に働きかけたり、公共施設や町内のバリアフリーを求める運動から始まりました。」

しかし学齢期を終えるとボランタリーなアソシエーション活動では対応できない課題が出てきた。

「イタリアにも障害者を一定割合で雇い入れるよう企業に義務づける法律がありますが、有効に機能していませんでした。そのため成人障害者は家に閉じこもりにならざるを得ず、当事者からも親からも、障害者に働く場を拓く運動を展開してほしいという要求が私たちの団体に多く寄せられるようになりました。その要求に答えるための一つの手段として、私たち自身が「企業」を作ろう、ということになったのです。まだ「社会的協同組合」という概念はありませんでしたから、労働・生産・サービス協同組合として「プロジェットH」を設立、一九八三年一月のことでした。(6)」

こうしてボランティア団体は障害者の雇用開拓の必要性に直面した結果、協同組合設立にいたる。当初の組合員数は一〇人、半年後には数名が加わって始動。現在の言葉でいえば「B型社会的協同組合」として出発した。しかし仕事起こしと言っても容易ではない。設立当初は、あらゆる可能性に挑みつつ、徐々に「市場性」と「人間性」とに見合った活動分野を確立させていく。その過程をピントゥスさんは次のように語る。

「最初からあらゆる挑戦をしました。陶器や木工などの製作活動、農業、教育活動、給食事業……。組合員に何をしたいか相談したところ、製作活動を挙げるメンバーが多かったこともあって、まずそれをみんなで勉強することに。いくつかの団体に相談を持ちかけてみましたが、当時から失業者支援の教育活動や労働者の再教育を行っていたENAIP(7)が唯一、私たちの要望に応えてくれました。八四年、皮工芸、陶芸、貴金属、木工の分野でそれぞれ一〇〇〇時間ずつ職業教育のコースが行われました。組合員はもちろん、それ以外のメンバーも受講可能なコースとして、地域にも参加の窓口を広げました。」

ここまで見てきたような障害者の学ぶ権利、働く権利を求める運動については、イタリアも日本も共通する部分が多い。実際に運動に携わる両国の団体関係者は、経験交流を通じてむしろその違いよりも共通性を印象深く受けとめるケースが多い。だが制度的な認知あるいは制度設計過程での障害者運動側のイニシアティヴという点では日本とイタリアの開きは大きいと言えよう。イタリアにおいて運動側が政策面での影響力を持ち得たのは相応の社会的土壌があったからである。とりわけサルデーニャの場合、全国平均に比べて女性と若年層の失業率が一貫して著しく高かった。そのため「欧州経済協力機構」による地域開発政策の中で、女性による伝統工芸を軸とした協同組合づくり等が一九五〇年代末から積極的に推進されていた。プロジェクトHが活動するヌオロ県はそうした政策重点地域でもあった(8)。

「ところが、コースを開催してみると、長時間、工房に閉じこもって細かい作業に集中することを求められるこうした活動には、どうしても馴染めないメンバーが出てきます。そこで自給自足を目的とした農業を取り入れることにしました。ただし、せっかく勉強してきたことも活かそうと、農業の中に木造畜舎づくりを織り込んだり、午後の表現活動に陶芸を取り入れたりして、自分たちの生活充実のために、コースで得たことを反映させるようにしています。」

障害の種類や性格に応じて、必要とされる環境を作りながら、それを「仕事」に結びつけていく。ピントゥスさんはこれを「人間を仕事に合わせるのでなく、仕事を人間に合わせる作業」と称した。試行錯誤をしながら、今では、B型の就労分野として、第一に市場での販売を目的とした「工芸品製作」、第二に自給自足目的から始まって一五年を経た現在、少量ながら販売用作物の生産の検討に入っている「農業」、第三に外部の地元中小企業から「単純だが正確さを求められる作業」を請け負う「委託作業」、第四に建物管理や州立公園の緑化事業の四つが稼働している。

(2) 早期から自治体との関係づくり

しかしながら、「仕事を人間に合わせ」つつ「経済的自立」をはかることはきわめて難しい。そこで早期から、地元の自治体からの委託事業を積極的に受け、新しい事業に取り組むこととなった。子供たちを対象とした臨海学校、林間学校（「コローニア（colonia）」）の運営である。[9]「プロジェットH」のあるマコメールは、西に三〇キロ走れば海に着き、東に三〇キロ走れば山に着くという地の利に恵まれている。そこで、一九八四年から海と山との両方で夏期学校の運営をマコメール市から受託し、現在ではこの分野では実績を誇る存在となっている。夏期学校の運営で数年間実績を作りノウハウを得た後には、各地で開催されているコローニアの教育担当者（animatore）（たいていは教育学部の学生など）を対象としたセミナーを協同組合として主催して、サービス内容の質的向上と財源の多様化を初期の段階からはかってきた。

新規事業開拓の意欲は今日でも衰えない。例えば、九八年度は新たに、地元の保育園の給食事業を受注。調理師の資格を持つ組合員とともに、そのサポート役として障害をもった組合員も従事している。こうした自治体委託事業の場合、国法三八一号により、B型の社会的協同組合に対しては、競争入札なしの随意契約による委託が認められている。また、現在は新たに廃棄物収集・分別のプロジェクトを自治体に提案中だという。

「新しい仕事の開拓は、組合員の抱える問題に応える形でなされます。ですから、必ずしも「市場性」が高いとはいえません。組合員に適合的な仕事を生みだしながら、それを自治体の業務に結びつけていけば、多少は経済的な安定性も得られます。」

ところで、これだけ業務が多様化してくると、一つの組織だけで対応するには困難が生じる。特にコローニアの運営はじめ、様々な教育活動と、障害を持つ人々の就労開拓は、密接に関わる事柄とはいえ、社会的協同組合の法的性格上、分けて考えられている。こうした事情から、A型に従事する新たな協同組合を生みだし、「プロジェットH」の業務の一部を新しい協同組合に委託する必要が生じた。新しい協同組合は「ルオーギ・コムーニ」（Luoghi Comuni）。「プロジェットH」の中心メンバー七人と「プロジェットH」自身が創立メンバーとなって一九九六年に設立された。いわゆるスピンオフ、彼らの言葉で言えば「発芽」（gemmazione）である。

(3) 開かれたコムニタづくり

さて、現在の状況については後述するとして、少し時間を遡り、「コムニタ」（生活共同体）に触れておきたい。「プロジェットH」は障害を抱えたメンバーの就労保障を目的として生まれた組織だが、生活から「仕事」だけ切り離すことは不可能である。就労保障を中心業務としつつも、メンバーが抱える生活問題、家族の問題、ひいては人生の問題すべてと関わらざるを得ない。その過程で、初期の段階から二つの「コムニタ」が拓かれた。ピントゥスさんに二つのコムニタが生まれた背景などを語ってもらった。

「コムニタも「プロジェットH」を運営する過程で必要に迫られて生まれたものです。現在、二つの生活共同体が海の町ボーザ（Bosa）と山の村ボロータナ（Bolotana）にあります。まずボーザの方は、子供たちの臨海学校運営の経験から生まれました。

毎年、夏が終わる時期になると、家族の側の事情で家に帰れない子が出てくるのです。臨海学校の主催者である自治体からは、「あと一〇日預かってくれ」といった要望が出されるのですが、いくら待っても受け入れるはずの家族が見つからない。自治体の福祉担当者も困り果て、結局「臨海学校」の終わった後も、こうした子供たちが共同生活できるコムニタを協同組合が担おう、ということになりました。現在、四名の子供（一三〜一八歳）が、私たちの教育担当者とともに生活しています。もう少し多くの子供たちを受け入れられるよう、新しくできた協同組合が、銀行から六億リラを借入。(10) 新しい施設づくりに取り組んでます。

山の方は、精神障害を持った組合員のコムニタです。家族と暮らすことが困難な組合員が、教育担当者とともに共同生活を営んでいます。農園もここにあります。また、夏場、子供たちが過ごす林間学校の施設も

表 6-1 「プロジェットH」の事業体系

ボーザ (海辺部/人口 8,000 人)	マコメール (市街地/人口 11,400 人)	ボロータナ (山間部/人口 3,600 人)
●一般児童対象の臨海学校の運営（夏） ●家族に問題を抱える児童を対象にコムニタの運営 ○教育担当者セミナー開催	・本部機能 ○工房での製作活動・販売 ○外部企業から請負作業 ●市内保育所で給食事業 ○各種職業セミナー開催 ●公民館の運営	●一般児童対象の林間学校の運営（夏） ●敷地内の研修施設管理 ●精神障害を抱えた人々によるコムニタの運営・農園活動（自給分）

●…自治体からの受託事業，○…協同組合の独自事業（ヒアリング，各種資料から田中作成）

同じ敷地内です。現在はいろいろ整っていますが、当初は、私も、標高一一〇〇メートルの地点に冬場住み込んで、腰まで雪の積もる中、半年間は水も電気もままならない状態で過ごしました。」

「プロジェットH」によるコムニタの運営財源は自治体から支払われる。そこから入居者の生活費と協同組合の教育担当者の人件費が捻出される。しかし、財源上の安定的な条件があっても二〇年来、「仕事」おこしを事業の中心に据えようと試みてきた。生活面での支援制度の充実はむろん必要なことであるが、それが社会参加と齟齬を来さないためには運動体、当事者団体の側からの用心深い制度活用が必要であるとする。そうした考え方が、コムニタに閉塞しない生活と労働の体系を作ってきたといえる。

(4) 「労働を通じた社会参加」と組織運営

事業体系が多岐にわたるので、それらを整理すれば、各地点での活動内容は表6-1のようになる。

表中、●印は自治体からの受託（一部競争入札を経る）、また○印は「プロジェットH」の独自事業、つまり公的財源に頼らない経済活動ということになる。事業高の比率は前者七、後者三。またこのうち、網掛け部分が「プロジェットH」から新しいA型協同組合「ルオーギ・コムーニ」へ移行されつつある事業となる。

例えば「労働への参加」を目的とするコムニタの運営の場合、自治体から対象の組合員一人につき、月額約一五〇万リラ（一一万円）が支給される。これを財源として、一一〇万リラを組合員に給与として支払い、四〇万リラが協同組合の諸経費に充てられる仕組みとなっている。

組合員配置の複雑さも「労働による社会参加」を体現している。山間部ボロータナのコムニタで共同生活を営む四名の組合員のうち、二人は午前中、マコメールの本部で働く。後の二人と、町から通ってくる二人（家族と暮らす）、計四人が、山上で農作業と、敷地内にある別の公共施設も含めた緑化事業や建物管理を行う。午後一時過ぎに仕事を終えたメンバーが山に戻り、山で働いていた組合員の一部が入れかわりに町場に戻る。ざっとこんな動きになる。移動するにも公共交通機関があるわけではなく、三〇キロの道のりを午前中に二往復するために、ワゴン車を調達。後述するように、「プロジェットH」で一〇カ月、兵役に替わる仕事に携わる良心的兵役拒否（Obiettori di coscenze）の青年が運転を引き受けている。ピントゥスさんはこうしたシフトが持つ意味を次のように語る。

「煩雑な仕組みですが、組合員それぞれに適合的な働き方、生活の仕方を組み合わせていくと、こうした配置になります。また、確かに移動には手間がかかりますが、コムニタに暮らしながらも町場に通ったり、適度に人の入れ替わりがあるほうが、社会からの孤立を幾分和らげることができます。」

(5) 世代交代

ピントゥスさんが強調したのは、今日の協同組合の仕組みはすべて、彼女たちが直面した組合員の要求、必要性に一つひとつ応える中から生み出されてきたものである、という点である。一〇年間は「プロジェットH」に没頭してきたという彼女だが、現在では協同組合の幹部としては一線を退き、ＥＮＡＩＰ（職業教育はじめ失業対策に関わる非営利団体）の事務局長を務める。彼女は自ら選択の意図を次のように語る。

「私の場合、夫に定職があって収入が安定しているという条件を活かし、「プロジェットH」に関わる活動は、「ボランティア組合員」としてやってきました。収入のない、あるいは少ない家族を持つメンバーが、まず就労組合員となるべき、と考えるからです。夏場の子供たち相手の臨海学校の期間は、私も自分の子供を連れて、海辺の町に住み込み、冬は山のコムニタに登りますから、家族がよく理解してくれたと感謝しています。

一〇年以上にわたって「プロジェットH」に私の生活のすべてを一体化させてきたので、望むと望まざるとにかかわらず、組合が特定の個人の色合いを強く帯びるようになりました。しかしそれは協同組合の趣旨にもとりますし、いつまでも自分がトップにいたのでは、周りの人間もつい頼ってしまい、次代が育たないという弊害があります。

結局六年間代表者を務めた後、一九九五年の総会では再選を拒否し、少し「プロジェットH」と距離を置くようにしました。たまたま、時同じくして、ENAIPからヌオロ県支部の事務局長をやってくれないか、という話もあったので応じることにしたのです。」

ENAIPは前述のように、「プロジェットH」に早期から理解を示し、職能開拓や就労教育のノウハウを同協同組合に提供してきた非営利団体である。ピントゥスさんは今後、単一の協同組合のみならず、サルデーニャ内陸部の社会的協同組合の政策的な後押しをはかっていきたいとしている。また差し迫った課題として、一九六八年の「暑い秋」等に触れて、セツルメントや社会運動に取り組んだ世代に次いで、協同組合の次代の担い手をどう育てていくかを挙げている。

「サルデーニャも含めて、南部では公務労働に対するあこがれが大きい。起業や協同組合の経営なんてリスクの伴うことに対しては、拒絶反応があるんです。机の前に座って事務処理をこなすホワイトカラーこそ安泰、という意識が親だけでなく、若い世代にも根強いんです。

「協同組合にボランティアとして関わってくれる若い人も多いけれど、しばらくすると雇ってほしいと言ってきます。けれども、私たちは「雇用のポスト」を提供することはできません。自分の給料を捻出できる、何か新しい事業を開拓する気があれば、それに対して協同組合は援助や投資をしていこうという考え方です。しかしこれは、最初から与えられることに慣れてしまっている若者にとってはハードな条件です。」

南部イタリアでは若手を対象とした起業支援策がさかんに展開され、ENAIPも島内各地で起業セミナーを主催してきた。しかし実際起業に至る例はきわめて少ない。たとえば、ENAIPの主導で、九五年以降、島内三三カ所で「社会的観光（グリーンツーリズムや手仕事に着目した観光事業）」に関わる職能形成と起業セミナーが行われたが、受講者が企業を起こし、活動を維持している例は一九九九年までで二つだけという。

「協同組合にしても、最近できたもので純粋に若い世代が一から生みだしたものは少ない。団塊の世代が幹部を務める協同組合から、「発芽」してできた協同組合が大半です。協同組合の世界でも世代交代がうまくいっているとは言えないのです。だから、今は、ENAIPの仕事を通じて、地域の若い層の「仕事に対する考え方」に少しでも風穴が開けられればと思っています。」

(6)　創設世代から次世代へ

ピントゥスさんに替わって現在「プロジェットH」の責任者を務めるのはフランチェスコ・サンナ氏である。一九七三年生まれで調査当時二七歳という若さだが、地域の社会的協同組合の事業連合組織「ソルコ・ヌオロ」(Sol. Co. Nuoro) の副責任者も兼ねる。

サンナ氏は「協同組合で働くこと」をどう捉えているのか。社会的協同組合としての原点を堅持しつつ、「企業性」をも志向して積極的に事業を展開するサンナ氏が、「プロジェットH」に関わりはじめたのは一九歳の時。夏場の子供たちの臨海学校に教育担当者として参加したのがきっかけだった。地元の技術高校で電気の技術を学んだ後、サッサリ大学法学部に通いながら協同組合の仕事も併行。ＥＮＡＩＰのコースに学んだ後、ＣＧＭ（社会的協同組合事業連合）よる協同組合の幹部教育を二年にわたって受講し修了した。本格的に協同組合で働くことを選択した際のことを次のように語る。

「協同組合からのオファーは、「雇用の場」そのものではなく、「「雇用の場」を生み出す機会を提供する」というものでした。私にとっては大学をあきらめるなどの犠牲も伴う選択でした。はじめはわずかな収入。当時は学生だったし、家族と同居していたため何とかなりました。」

前述のピントゥスさんの言葉に対応する内容だ。社会的協同組合に就労する者は、法人格の種類や障害の有無に関わらず労働協約の格付けに基づいて決定された協約最低賃金が適用される。現在は、彼の給与もこの協約に沿ったものとなっており、週四〇時間労働（名目）で月額一五〇万リラ（約十万五千円）を受け取る。

3 「プロジェットH」の担い手の多様性

(1) 複雑な組合員構成

前節の歴史的経過を踏まえて、本節では若手代表者サンナ氏からのヒアリングをもとに「プロジェットH」の組織上・経営上の特徴に触れていくこととする。まず組合員構成についてだが、以下からは社会的協同組合の担い手の多様性を確認することができよう。

組合員総数三二人、うち就労組合員一七人（この中で障害を抱える組合員九名）、ボランティア組合員三名、非参加の組合員一二人（この中で障害を抱える組合員六名）。性別は男性一七人、女性一五人。「非参加」組合員とは、かつて参加していたものの現在は健康上の理由で活動を休止している組合員や、就労待機中の組合員を意味する。また、ここで称する「障害」とは、冒頭に記したように、身体、精神、知的、知覚障害の他、社会参加に困難を抱えるあらゆる種類の「生きにくさ」を意味する。

さらに、「プロジェットH」の場合、組合の外側にも有償、無償で多くの専門職協力者を有する。心理学、作業療法、教育学、社会学、工房技術分野での専門家や職人など、常時協力するメンバーだけでも一九名に及ぶ。彼らはいわば資格を持った独立事業者で、協同組合とは有償の契約をかわして動くが、ボランティア的な要素も濃い（その例は後に見る）。また、州立病院（旧USL、現在は名称変更しASL）からは医療分野の専門家の派遣も受けている。社会的協同組合の場合、組合員名簿のみをながめていても、このわずかな人数で、どのようにバリエーション豊かな事業を支えられるのか理解に苦しむが、こうした半ばボランタリーな専門家集団の存在が下支えをしている。

(2) あらたな協同組合づくりと事業の専門化・多様化

「担い手の多様性」と並ぶ、社会的協同組合のもう一つの特質として「小規模」が挙げられる。特にコンフコープ系の社会的協同組合は「小規模」を堅持する傾向がつよい。

「九三年あたりから事業範囲が広がって組合員数が増えてきたこと、しかし社会的協同組合の性格上、「スモールスケール」のメリットを維持したい、つまり三〇人前後の規模が適正だ、という二つの理由で、新たなA型協同組合「ルオーギ・コムーニ」が生まれました。これによって、「プロジェットH」は障害を持った就労組合員の仕事おこしに、また「ルオーギ・コムーニ」では各種の教育・文化活動に専念することになります（両者の事業分担については表6-1を参照）。B型の「プロジェットH」としては、複雑化し、多様化する就労要求に応えるために、公共団体のみならず、一般市場でも仕事を開拓する可能性が広がります。」

「公共団体のみならず」というのは、一九九九年現在事業高の七割以上が自治体との契約によるものだからだ。一九九八年末の数値で見ると、ほとんどが自治体との契約による教育・文化分野の事業で事業高が五億八千万リラ（約四千万円）、また障害を抱える人々の労働参加に対する自治体からの給付が六億六千万リラ（四千六百万円）（両組合の合計）。これに工房で製作された作品の販売高が加わるが、額としては小規模である。

「プロジェットH」としては、ピントゥスさんたちが当初からこだわっている経済的自立を今も中心課題に据えており、公共団体依存の体質を緩和するべく、彼らの工房で生まれた製品を島外の市場にも送り出し始めた。

「社会的協同組合の全国連合会の呼びかけで、イタリア各地のB型社会的協同組合の工房で作られた作品を市場化するためのプロジェクト「メルカンティ・デル・テンポ」（I mercanti del Tempo）に、昨年から参加しています。宣伝と販売を一本化し、イタリア全土にむけて発信するので、工房分野の売り上げは伸びています。」

むろん屋台骨である自治体からの仕事も拡大をめざして動いている。特に「プロジェットH」の強みは、マコメール市だけでなく、ボロータナを中心とする周辺山間部の小さな一八自治体による広域行政区域（Comunità Montana Marghine-Planargia）との関係が深いことだ。たとえば近年では環境教育の事業を受託し、半年間で八〇〇人の子供たちを受け入れている。

(3) ＥＮＡＩＰとの連携による学習機会

右のように事業の多様化を見る「プロジェットH」であるが、「労働参加」を中心に据えるスタンスは現在も踏襲する。そこで本項ではその本拠地である工房運営に目をむけたい。工房の敷地はマコメール市により無償譲渡。作業に必要な機械・設備も寄贈されたものだ。地域の理解と期待が見て取れる。皮細工の工房では、一人の技術者と四名の障害を持った組合員が作業に従事。

続いて、陶芸の工房。陶芸では二人の障害をもった組合員が働いていたが、指導者が若くして急に亡くなったため、現在、稼働を見合わせている。加工途中の作品が積まれていたので近づくと、町中の通りや広場の名前、番地を記した陶板が並んでいる。この工房での仕事が、町の人たちの日常生活に活かされる様子が見て取れる。奥には写真の現像室。陶板に家族写真などを焼き付ける仕事も需要が増えていて、工房でも新規に取り組むという。

最後に貴金属加工の工房だが、現在ENAIP主催の職能形成のコースも請け負っている。受講者は、精神障害、知的障害を持つ人々で、宝飾品や貴金属の細工・加工を学ぶ。筆者の訪問時には、二年コース（一八〇〇時間）の一年目が終わろうとしているところだった。受講生たちは今のところ協同組合の構成員ではないが、B型の社会的協同組合では、障害を持つ人々のための教育資源が、物理的にも文化的にも整っているため、こうしたコースをENAIPと共催する機会が多い。職能形成事業の受託は協同組合にとって貴重な「経済資源」でもある。

ENAIPから派遣されているこのコースの責任者、シルヴィア・ファッダさんは、「プロジェットH」のボランティア組合員、また「プロジェットH」から「発芽」したA型社会的協同組合「ルオーギ・コムーニ」の副責任者でもある。彼女は時々コースを参観しながら、受講者各自の到達段階を把握し、家族や専門家と相談のうえ、プログラムの調整をはかる。

コースは一日五時間（朝九時～午後二時）、週六日におよぶ。受講者はマコメール市内が一人、周辺の中山間広域行政区域から七名、遠隔地からは二名の計一〇名で、最年少一八歳、他は二〇～二二歳。教育を担当するのは「プロジェットH」の就労組合員ダニエッラ・ピレッドゥさん、貴金属加工技術の専門家だ。彼女の指導で、一同は手動のローラーを使った圧延作業に取り組む。金属の癖をつかみながら、交替で慎重に金属棒を帯状にのす。一巡してなんとか成形し終わると、今度は細い金属線に熱を加えながら、ペンチで引き抜く切削加工の練習。単純な作業をゆっくり何回も繰り返す。受講者のうち、二人の女性は作業に慣れているようで他の受講者をサポートする。

このコースでは、毎月一回、コースの指導者、受講者の家族、自治体の福祉関係者、作業療法や教育学・心理学の外部専門家そしてＥＮＡＩＰの担当者が一堂に集まる機会を持つ。注目すべきなのは、こうした交流が家族や自治体などに対しても重要な刺激となっている点だ。まず家族には、コースの過程で受講者がどのように変化、成長しているかを報告。家族からも家での様子をヒアリングし、作業と家での生活とが有効に作用しあう方途を話しあう。また、自治体の福祉関係者には、こうしたコースの重要性を認識してもらうとともに（自治体は職業教育事業の発注者でもある）、コース終了後の仕事開拓を、長期的な視野で準備してもらうねらいがあるという。つまり職能教育と就職や仕事おこしとの連動性を確保するための会合でもある。むろん協同組合自体が、最も「就職先」として有望なのだが、協同組合のみで担いきれるものでもなく、地域の企業にも広く呼び掛けていく必要がある。

こうした県のＥＮＡＩＰと「プロジェットH」との極めて密接な協力関係は、一般化できるものではない。むしろ他の自治体にはみられない稀なケースだ。協同組合の創設メンバーが、内部的には世代交代をはかる目的で、また外にむけては、自らの経験を少し広い範囲で活かしていこうという目的で、ＥＮＡＩＰに積極的に関わってきた結果と言えよう。

(4) 複合機能的な幹部の役割――ボロータナの「コムニタ」

前項では「労働を通じた参加」の場を見てきたが、本項では共同生活の場である「コムニタ」について触れておきたい。工房のある町中の事務所から毎日、午後一時にワゴン車が山のコムニタに向かう。午前中はマコメールで働き、午後以降はボロータナのコムニタで過ごすIさんとSさんが乗り込む。運転はエマヌエレ、「良心的兵役拒否者」(11)である。彼は兵役に替わる市民サービスとして一〇カ月間、協同組合で働くことを選んだが、本職はミュージシャンという。兵役拒否の権利が認められて以降、社会的協同組合はじめ非営利組織が兵役拒否者の受け入れ先として指定されるようになった。「プロジェットH」にも彼を含め二人の兵役拒否者が働いている。

四〇分後、ワゴン車は三〇キロ離れた山上の村、ボロータナに到着。午前中、ボロータナで農園や緑化の仕事をしていたメンバーが今度は町場に戻っていく。ボロータナに残ったメンバー八人（うち精神障害を抱える組合員五人）は遅めの昼食に取りかかった。日替わりで食事当番が決まっており、今日のメニューはパン、サラダ、豚肉のトマト煮。もう一人の兵役拒否者でボロータナに住み込んでいるニコラが、みんなを笑わせながら食卓を盛り上げる。ニコラは子供の時分から教会でのボランタリーな活動に馴染んでおり、「(兵役で)行進させられるより、ここの方がまし」と話す。

午前中は仕事の時間、午後は自由時間だがその一部を「表現活動」に充てている。一応共通の活動メニューは決まっているものの、コンピュータ・ゲームを始めるメンバー、アニメを模写するメンバー、飼育中の豚の様子が心配だからと畜舎で仕事を再開するメンバー、部屋に閉じこもるメンバーと、過ごし方は様々だ。

夕方になると、八〇キロ離れた別の町からトニーノ・サンナ氏が到着した。トニーノ氏は別の社会的協同組合の代表者だが、「プロジェットH」では心理学の専門家として、農業を取り入れた作業療法に取り組んでいる。午前中は別の協同組合の入札の仕事に追われていたという。独立事業者として自分の仕事をこなしながら、二つの協同組合でも重要な職務を担っているわけだが、こうした形での専門家の協力は、社会的協同組合にとって珍しくはないという。

トニーノ氏を待ち受けていたメンバーは居間に集まって、コムニタで飼育中の家畜の健康状態に対する懸念から、外出の許可やそのための車の手配にいたるまで、それぞれが当面抱えている問題を相談。トニーノ氏は迅速に、かつ相手の納得を確認しながらメンバーの相談や要求に対応していく。

(5) 共同生活、事業展開の場としての環境

ボロータナのコムニタは、一八ヘクタールに及ぶ州立自然公園の敷地内にある。コムニタの向かいには、中山間地対策として建てられた教育施設（セミナールーム、体育館、七〇のベッド、レクリエーションルームなど）があり、林間学校や環境教育、自然観察などに利用されている。九七年にはのべ六三〇〇人の利用があった。この施設管理と敷地内の緑化を「プロジェットH」のコムニタのメンバーが請け負っている。管理責任者のジョゼッペ（障害を持った就労組合員の一人）氏が、管理のポイントや修繕すべき箇所を解説してくれた。いずれにしても、山上とはいえ、社会的に孤立したコムニタではなく、とりわけ夏は子供たちや教育関係者で賑わう。施設見学を終え、屋外に出ると、長靴に履き替えることを薦められた。「聖なる木」を見に行くためだ。何度かの通り雨でぬかるんだ山道を歩いていくと老木と思われる大きな樫の木が一本。トニーノ氏の瞑想の場だという。

トニーノ氏はサルデーニャに戻る以前、ローマのコムニタで一五年間協同組合に関わってきた。彼のこだわりは、狭義のリハビリや作業療法（ergoterapia）をどうやって広義の「仕事」に結びつけ、人生の「方向性」を見

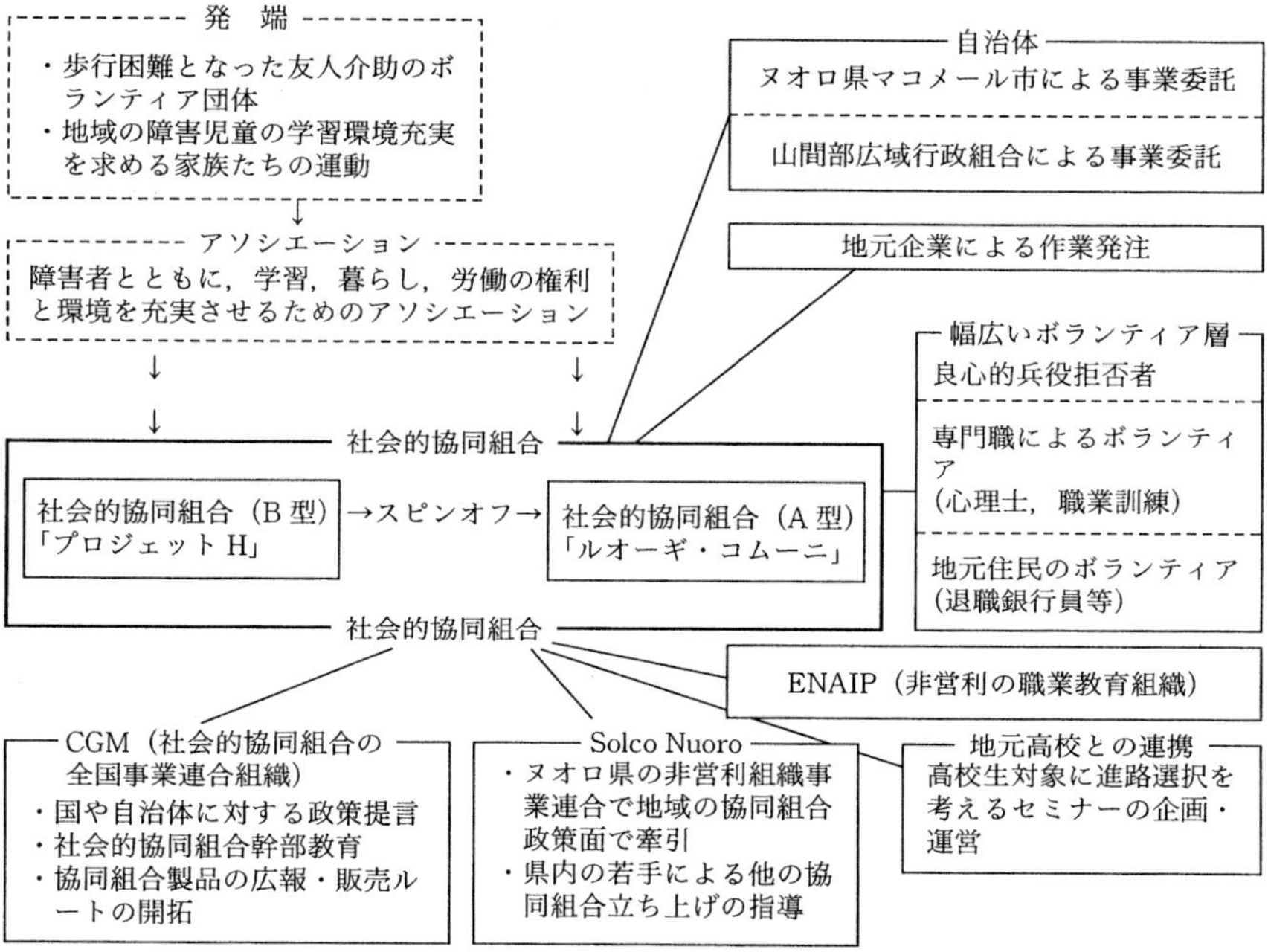

図 6-1　「プロジェット H」を取り巻く「社会的資源」のネットワーク

出す契機とするかにある。彼は「解き放ち（svincolo）」という言葉を使ったが、コムニタでの経験を活かして仕事への「解き放ち」に結びつく作業療法のあり方を探る研究活動に精力的に取り組んでいるという。

農園を歩きながら、トニーノ氏は「社会的協同組合に関わる人間は「複合機能的（polifunzionali）」であることを余儀なくされる」と強調した。それは、彼の今日一日の動きを見るだけでも象徴的だ。午前中の入札は、薬物依存症と闘う人々のためのコムニタづくりに関わるものだという。経営の苦しい別の町の協同組合の生き残りをかけて、地元の自治体と交渉を重ね、無事落札した後、今度はボロータナで組合員とともに「コムニタ」の運営に目配りをし、相談のひとときを持つ。さらに組合員たちとの仕事の創造を通じて「解き放ち」につながる作業療法のヒントを探る。こうして、組合員一人ひとりが複合的な力を投入することにより、小規模な協同組合も大きなネットワークを抱えることとなる。組織どうしの関係というより、そこで活動するメンバー相互のネットワークだ。小さな所帯にもかかわらず、多くのプロジェクトを進行させることができるのは、こうした人々の「複合機能的な」動き方によるところが大きい。

以上が「プロジェットH」の概要である。それは「社会的諸資源」のネットワークによって支えられているといえよう。これまでの記述を図示すれば6-1のようになる。

4　二つの側面の拮抗と対話——アソシエーションと事業体

本章では「プロジェットH」という個別の協同組合に沿って、その設立経過、組織構成メンバーの多様性、自治体や外部団体との関係、中心メンバーの意識と行動などについて見てきた。これらのことは「プロジェットH」固有の経験であると同時に、様々な社会的協同組合が共通して経験してきたことでもある。ここでは以下の四つの特徴を確認しておきたい。

まず第一に、「一人ひとりに合った仕事」を開拓することへの徹底したこだわりが挙げられる。例えば、「プロジェットH」の工房内では、前述のように外部企業の下請け部門がある。家具に使用する樹脂テープを一定の長さに正確に裁断する作業で、単純だが丁寧さと根気を要する。この仕事を受けたのは、これを受け持つ女性組合員に合った作業だからだ。企業からは発注増量のオファーがあるという。オファーに応じれば、財政的にも潤うし、量的には雇用も増加する。が、この仕事を無理やり、他のメンバーにも担当してもらってまでオファーに応じるという選択はしない。「一人ひとりにあった仕事を」という方針の結果、事業の裾野の広い、「少量多種」の仕事の体系が作られてきた。

第二は、自治体との長期的な関係づくりである。新たな社会的サービスを提案し、契約受注の働きかけをすることももちろん重要だが、こうした短期的な事業上の関係強化とならんで、ENAIPと共催の職能形成コースに、自治体の担当者を交えた定例会をセットして、次の事業展開をともに構想するなど、提案段階から自治体の参加を得ることで、相互の実質的な協力関係が強化される。「受注者と発注者」という関係から「共同提案者」となる可能性も含まれていよう。

第三は、組織づくりと関わる。一つは関わる人々の顔ぶれの多様性である。大学や専門学校で社会福祉や教育を専攻する若い人々の実習先に指定されていたり、また良心的兵役拒否者の受け入れ機関として機能することによって、経済的負担（人件費）なしで、長期間、モチベーションの高い労働力を得ることが可能となる（ただしイタリアにおける兵役義務は段階的消失の途にあるため、良心的兵役拒否者という立場での若者の関わりは今後、なくなる）。一方、社会的活動経験が豊かで職業的な知見を実践的に提供する専門家のネットワークも重要な役割を果たす。

組織づくりでもう一つ強調すべきは、世代交代と若手幹部の育成が意識的にはかられている点である。これはピントゥスさんの個人的な経験に依るところが大きい。ピントゥスさんの前の代表者は、「プロジェットH」創設期から長くトップを務めてきた。彼の手腕もあって、ピントゥスさんたちは安心して自分たちの活動に専念してきたが、ある時点で、長期、特定のトップに依存し続ける体質に疑問を感じて、権限の分散を提案したという。元代表者の選択は、代表を降りると同時に協同組合からも去るというものだった。ピントゥスさんが「世代交代」にこだわるのはこうしたいきさつによる。

第四は、何よりも、「生きにくさ」を抱えたメンバーに関わる。彼ら自身が守りたいと思う生活の場と仕事の場を社会的協同組合が着実につくり得ているかどうか、その問い直し作業が重要となろう。サルデーニャでも二〇〇二年度で精神病棟はすべて閉鎖され、それに替わる中間施設やコムニタづくりが各地で進んでいる。しかしその質を問う作業はまだおきざりにされたままだ。制度化の進展が、必ずしも「共に暮らし、働く場を開拓する」というそもそものミッションを具体化していくとは限らない。

「プロジェットH」の場合でいえば、ピントゥスさんの言う「一人ひとりに対応した仕事と生活の構築」、シルヴィアさんの強調した「次の段階を意識した職能コースづくり」（コース受講の段階で、誰にどんな仕事が適しているかの判断が、時間をかけて多角的に行われていた）、トニーノさんの「作業療法を超えた仕事の「解き放ち」」などそれぞれが異なる表現ではあるが、いずれも常に当初の目的に立ち返ろうとするキーワードとして捉えることができよう。

さて「プロジェットH」に以上のような特性（「人を中心に据えた事業展開」「地域の他団体との連携」「複合的な組織構成」「ミッションの問い直しとそれを具体化するプロジェクト能力」）が見られるとして、それらを生み出す原動力は何か。財政的には自治体に依存する中で、自前の事業割合を拡大しようとする志向、しかしだからといって「人に合った働き方」を放棄はしないという原則の踏襲——こうした複合的な価値観の上に「プロジェットH」は成立している。アソシエーションとしての側面と事業体としての側面との拮抗と対話がそれを可能としているのではないか。言い換えれば、アソシエーションとしての側面の維持が、制度化された社会的協同組合が、行政の下請けとなったり、もっぱら市場的価値の体現者となることを制御するために必要な一つの条件となるのではないか。

注

（1）サルデーニャ州の内陸部は生活様式や人間関係が「保守的」とされる一方、政治的には革新政党の支持者も少なくない。たとえば、一九九九年の六月の地方選挙、ヨーロッパ議会選挙の結果から、この地域（ヌオロ県）の政治的な特色を見てみよう。六月二七日の決戦投票では、左翼民主党や共産党などが率いる左派連合が五七・四％の得票率（サルデーニャ全体では四六・二八％）、またフォルツァ・イタリア率いる右派連合が四二・五九％（サルデーニャ全体では五三・七一％）と、サルデーニャの中では唯一、左右の力関係が逆転している地域である。こうした政治的な風土のもと、ヌオロでは住民運動、特に障害者の権利擁護に関わるアソシエーション活動が盛んで、社会的協同組合に対応する組織も島内では早い時期、一九八〇年代初頭から生まれている。

（2）「生きにくさ」を規定し分類するのは容易ではないが、それでも便宜上、無理やり分類すれば、精神障害、身体障害、知的障害、知覚障害を抱える人々、自立的生活が不可能な高齢者、家庭に問題を抱える子供たち、麻薬中毒に苦しむ人々、移民や外国人、一般の子供たち、アルコール依存症に苦しむ人々、亡命者、難民、生活困窮者、ノマド（移動生活者）、不治の病と生きる末期の患者、ホームレスの人々、その他長期失業を含めあらゆる生活困難や病気に悩む人々とされる。さらに、協同組合として働きかける対象は「刑務所の元拘留者」「現役拘留者」にも及ぶ。刑余者の場合、特に政治犯などは、就職に際しての差別が大きく、協同組合がこうした社会問題に対応するケースも増えてきている。

（3）ある協同組合から別の協同組合が生まれる「スピンオフ」を、協同組合関係者は「発芽」(gemmazione)「接ぎ木」(innesto) と称している。

（4）インタヴューは以下のメンバーにおこなった。カテリーナ・ピントゥス「プロジェットH」元代表者、現在理事、ヌオロ県ＥＮＡＩＰの事務局長（一九九九年六月一四日、ヌオロおよびマコメールにて）。フランチェスコ・サンナ（Francesco Sanna）「プロジェットH」代表、ヌオロ県社会的協同組合連合会副会長、五月二二日、シニスコラにて／六月一六日マコメールにて）。シルヴィア・ファッダ（Silvia Fadda）「プロジェットH」ボランティア組合員、「ルオーギ・コムーニ」副代表者、ヌオロ県ＥＮＡＩＰ職員（六月一六日、マコメールにて）。トニーノ・サンナ（Tonino Sanna）「プロジェットH」のボロータナ担当。社会的協同組合「Gnosis Askusorjos」（シニスコラ）代表者。心理学、作業療法の専門家（五月二二日、シニスコラにて／六月一六日、ボロータナにて）。

（5）サルデーニャ州ヌオロ県にある人口一万一五〇〇人の町。

（6）設立後、カトリック系の協同組合連合コンフコープに加盟。「政治的信条とは異なる選択」というカテリーナさんに、なぜＬＥＧＡではないのか、問うと次のような答えが返ってきた。

「最初はＬＥＧＡに加盟しようと考えました。当時、協同組合を作った仲間たちはほとんど左翼支持でしたので。けれども、ＬＥＧＡに赴いて私たちの希望を説明してもＬＥＧＡからの良い反応は得られませんでした。八〇年代初めで、まだ私たちのやろうとしていることの意味が理解されなかったのでしょう。ＬＥＧＡの中で「社会的協同組合」に対する重要性が認識されるのはもう少し後のことです。それに対し、コンフコープでは、すでにブレーシャなどで七〇年代末からこうした動きが活発化していたため、私たちの要望に即座に対応してくれました。」

(7) ＥＮＡＩＰは、ＡＣＬＩ（イタリア・カトリック労働者協会）の関連団体で主として若年失業者を対象に職能形成や起業支援を行う非営利の全国機関（参加者はＡＣＬＩのメンバーである必要はない）。国や地方公共団体との結びつきが強く、ＥＵや国、州の財源を活用して「社会的有用労働」の開拓と職能形成を各地で行う。サルデーニャ島にも一一カ所のセンターが設置されている。例えば、一九九五年には一年間で、島内一五〇〇人の若年層を対象に計九万時間のセミナー（年間予算三七〇億リラ／約二六億円）が開催された。また一九九八年、サッサリ大学、ＡＣＬＩ、ＥＮＡＩＰの三者でＳＩＳ（Consorzio Sviluppo Impresa Sociale）「社会的企業推進協議会」を結成。一九九九年五月から九月にかけて「社会的マーケティングとは」三二時間、「予算の運用テクニック」三二時間、「社会的企業の関連法制」一六時間、「人的資源の活用」一六時間、「資金調達の方法」一六時間、「国際協力活動のあり方」一六時間、「福祉事業のマネジメント」一六時間など、七分野にわたって計一五〇時間のセミナーを組んでいる。講師はボローニャやトレントの研究者を招聘。

イタリアでは社会的協同組合に関わる様々な職業訓練、職能形成組織が存在しているが、おおよその分担を示せば、ＥＮＡＩＰは若手の失業者や障害を抱えた人々を対象としたベーシックな教育、あるいは初学者むけの起業セミナーを開催、またＣＧＭは各地の社会的協同組合の幹部教育、コンフコープ内のＩＲＥＣＯＯＰは、協同組合内の実践的な技能教育や経験者に対する再教育を担っている。「社会的協同組合」の連合組織の教育事業重視の一端がうかがえよう。

(8) 田中夏子「サルデーニャ女性労働者協同組合の展開」日本社会学会『社会学評論』四二号、一九九二年。

(9) 臨海・林間学校（Colonia）は通常、自治体や州が主催。長い夏休みの間、二週間ぐらいの旅程で、子供たちを海や山に「招待」する。予算は自治体持ちで、親の出費はほとんどない。申し込みが殺到した時は、子供の多い家庭、あるいは収入の少ない家庭が優先される。もともとファシズム期の厚生政策の一つだが、現在もイタリア全土で実施されている。多くの協同組合が、こうした夏の合宿の業務委託を受け、教育事業を行っている。

(10) 設立から間もない社会的協同組合が一般の銀行から融資を得るのは難しい。イタリアにも日本でいう「市民事業バンク」に対応する組織（ＣＩＳ：Compagna Inventimenti Sociali）があり、非営利事業団体に融資をおこなっている。とはいえ、新しい協同組合「ルオーギ・コムーニ」はまだ経営実績がないので、「プロジェットＨ」が融資を受ける形で、コムニタの拡張事業に臨んでいる。

(11) 増加する良心的兵役拒否者に対応するため、一九八八年、兵役に替わる市民サービスへの従事の枠を拡大する国法二三〇号が制定。防衛省の管轄を離れ、総理府の新設部局の管轄とされた。期間も、以前は兵役の二倍、二〇カ月が義務づけられていたが、一九八九年以降、兵役と同様の一〇カ月に短縮されている。社会的協同組合は、こうした兵役拒否者の受け入れ機関に指定されており、モチベーションの高い若者を、経済的負担を伴わずに、一年近く確保できる点で、利点となっている。兵役代替として協同組合の経験を積んだ若者が、将来の仕事として協同組合を選ぶケースも少なくない。いわば潜在的な幹部候補教育としての機能も併せ持った制度であった。また、兵役拒否者が市民サービスの従事を選択するにあたって教育機会を提供することが自治体に義務づけられており、その教育提供機関に社会的協同組合が名乗りを挙げるケースも出てきている。ただし二〇〇〇年の法改正で今後、イタリアでは「兵役義務」が段階的に消失することとなっている。そのため、社会的協同組合では良心的兵役拒否者に替わる質の高いボランタリーな若手の協力者をどう確保していくかが大きな課題とされている。

第七章　事業体としての高度化の考え方——「カレイドスコーピオ」

1　はじめに——事業のイノヴェーションとA型社会的協同組合

A型社会的協同組合「カレイドスコーピオ」は、活発とされるトレントの協同組合の中でも、特に多様で広範囲な事業展開を行っている。その「事業」範囲は住宅管理、高齢者むけの各種サービス、移民やノマド（移動民）、子供や青少年に対する働きかけ、そして第三世界への支援に至るまで多岐にわたる。これらの事業は、当初は協同組合側のボランタリーな試行錯誤から始まったものではあるが、やがて「社会にとって必要な事業」であるとの認識が広がり、現在では自治体による財政的な裏付けを得るにいたった。

しかしこうした自治体との安定的な受委託関係にもかかわらず、「カレイドスコーピオ」はイノヴェイティヴな工夫で事業を高度化してきた。その過程でこの組合が重視してきたのはサービスの利用者、すなわち「生きにくさを抱える当事者」の社会参加である。

本章では、社会的協同組合が自治体からの公的財源に支えられつつも、社会的使命を具体化する事業体として、あらたなサービスの開拓とそのサービスの質の高度化に取り組んでいく様相を把握することが目的である。第五章では、社会的協同組合が生まれる素地として地域のアソシエイティヴな関係が存在することを、そして第六章では社会的協同組合が事業体として社会に根を下ろす過程を見てきた。本章では、社会的認知を経て制度化された協同組合が、形骸化、空洞化しないためにどのような組織的工夫を行っているかを把握することが目的である。「カレイドスコーピオ」A型社会的協同組合を調査対象としたのは、この組合が北東部イタリアの経済的条件・社会的条件に恵まれた地域における社会的協同組合として典型的な特徴、すなわち「多岐にわたるイノヴェイティヴな事業展開」と「困難を抱える人々の主体的関与」の二つを追求してきたこと、またここで働いた経験のあるアフリカ・ギニアの友人が「移民」の立場からみても「評価できる協同組合だ」として「是非行ってみるといい」と熱心に薦めてくれたことなどによる。

本章はこうした観点から、同協同組合の代表的な部門である高齢者サービス事業を切り盛りするフランチェスカ・ビアンケッティさん、そしてカレイドスコーピオ協同組合の前身である労働者協同組合ポボコープから「発芽」をし、現在は代表責任者の任にあるミケレ・オドリッツィさんへのインタヴューを中心に構成されている。ビアンケッティさんからは、「カレイドスコーピオ」の理念（イノヴェーションと社会参加）が、実際の事業の中でどのように具体化されているかを、そしてオドリッツィ氏からは、そうした事業の背景となる協同組合の組織改革の歩み、現在の課題についてヒアリングを行った。(1)

2　カレイドスコーピオの歩み

(1)　清掃・緑化事業の労働・生産協同組合から発芽

トレントから郊外にバスで一〇分ほど行ったところに、小さな町、ポボ（Povo）がある。トレント大学の工学部が立地する他は、目立った建物はなく、一周りするのに歩いて五分とかからない。その町の入り口のこじんまりとした建物の中に社会的協同組合「カレイドスコーピオ」がある。すぐ隣には「ポボコープ81」という看板。「カレイドスコーピオ（Kaleidoscopio－「万華鏡」の意）」は一九九六年、「ポボコープ81（Povo coop 81）」から「発芽」（スピンオフ）して生まれたA型社会的協同組合である。母体となった「ポボコープ」は、緑化や清掃・ビルメン事業を手がける労働・生産協同組合だが、同協同組合では、その一部門として子供や移民を対象とした教育サービスや高齢者のデイセンター運営など、いわゆる社会サービス部門も置いてきた。その社会サービス部門を専門的に担うことを目的とし、出資金、組合員、事業の一部を「ポボコープ」から引き継いで出発したのが、「カレイドスコーピオ」である。その命名の由来をコアメンバーの一人オドリッツィ氏はこう説明する。

「万華鏡とこの協同組合は似ています。第一に、多様な諸主体が一つの宇宙を形成しているところ。第二に、現実を様々な視点から想像力をもって映し出しているところ。通常の社会的協同組合は、一つのことに専門化する傾向が強いけれど、「カレイドスコーピオ」では実に色々な事業分野を抱え込んでいます。さらに一度捉えた現実も、固定的なものではなくどんどん変化していきますから、私たちも柔軟な体勢で、新たな展開を盛り込んでいきたいと思っています。」

当初は「ポボコープ」の理事が「カレイドスコーピオ」の理事を兼ねるなどしていたが、徐々に独立をはかり、二年間の引継期間を経て、一九九八年から実質的にも自立した事業体となった（ただし会計、総務部門、給与計算などは二つの協同組合で共有）。組合員数二六名（うち一四名が就労組合員、一〇名がボランティア組合員、そして法人組合員、財政支援組合員がそれぞれ一ずつ）。また就労者は計三五名（うち二一名は雇用就労者、これに五名の組合外協力者がいる）。就労者の職務内容は、ソーシャルワーカー（ＯＳＡ）、教育専門職（有資格者）、アニメーターと呼ばれる教育担当、整髪はじめ衛生サービスの専門職などから成る。その他、地元の社会福祉専門学校（州立）からの実習生の受入先にもなっている。

(2) 事業の軸としての「社会関係の再構築」

一口に社会サービス部門といっても、「カレイドスコーピオ」のそれは多岐にわたる。まず第一に子供や若者はじめ様々な社会的排除の危機にある人々を対象としたデイサービスセンター、第二に高齢者を対象とした居住型、半居住型、在宅サービス。およびデイサービスセンターの運営。第三にノマド（移動生活者）、EU域外からの移民などを対象とした居住用キャンプの運営、第四に社会的排除の対象となっている人々の社会参画を促すための文化事業や地域社会への働きかけ（ただし、第四は独立事業というより、先の三つの事業の中にプログラムとして織り込まれている）。以下で各事業の概要を確認しておこう。

(1) 公営住宅の管理業務――住宅公社（ITEA）からの委託事業で、物的な管理業務も含まれるが、カレイドスコーピオはこれを社会教育事業として位置づけている。「よき隣人関係」をつくることを目的に、比較的低所得層を対象とした公営住宅での社会関係形成に関与していく、という仕事だからである。

(2) ノマド、移民のキャンプ運営――二市（トレント、ロヴェレート）からの委託事業（競争入札あり）。右記と同様、物的なメンテナンスと並んで、移民やノマドの地域社会や職場への参加、地域社会側の、彼らの暮らしや文化に対する理解を促進する教育・文化事業として位置づけられている。いわば移民や移動民と、それを受け入れる地域社会との関係づくりを担う部門である。

(3) 子供たちを対象とした社会センターの運営――三市（ポボ、メッツォロンバルド、ヴァル・ディ・ノン）で開設。機能としては学童保育事業に類似。通ってくる子供たちは二つの層からなる。第一に自治体のソーシャルワーカーや家庭裁判所から依頼のあった「社会生活に困難を抱える子供たち」。第二には自主的に通ってくる地元の子供たちである。学校の勉強の補習や宿題などを一緒にやりながら、最終的な目標は子供たちの社会関係づくりの力を高めることにあるという。

(4) 高齢者を対象としたデイサービスセンターの運営――競争入札あり。トレント市内に二カ所あるが、一つは中央広場に隣接した建物に開設。高齢者によるサークル活動のサポートや衛生サービスの提供。文化・学習事業の、利用者との共同企画、運営。参加のため何らかの資格要件は必要ではなく、誰でも出入り自由。自立的な生活が可能な高齢者を対象とした、公民館活動とも言えよう（後に詳述）。もう一つは、部分的に自立生活が可能とされる高齢層に的をしぼったデイケアセンター。昼食サービスや休息スペースも提供。こちらはソーシャルワーカーを通じ、自治体からの利用者指定がある。後者は日本のデイケアセンターのイメージに近い。その他、高齢者を対象に配食事業も手がける。月～土まで一〇〇食を供給。競争入札だがカレイドスコーピオによる単独事業ではなく、トレント県社会的協同組合事業連合（Con. solida）が事業主体となっての共同受注となっている。高齢者部門だけで二七名の労働者が従事する。

(5) プロジェクト部門――各部門の責任者が寄り合って分野横断的に話し合う。現在進行中のプロジェクトは四つ。第一に社会的弱者の労働参加。第二に若者を対象としたコムニタづくり。第三に自立的生活が困難な高齢者を在宅介護する家族支援を目的とした、高齢者向けの一時宿泊サービス。第四に、サービスの質の評価とその向上に関わるノウハウの確立。これも「カレイドスコーピオ」単独ではなく事業連合単位のプロジェクトである。ちなみにビアンケッティさんは事業連合レベルのこのプロジェクトに四年間、中心的に関わってきた。

特筆すべきは、右に見るように、圧倒的に自治体からの委託業務が多い、比較的安定した事業構造にありながら、常にサービス内容を刷新していこうという志向の強い点である。

以上からも、「カレイドスコーピオ」の事業の特徴は明らかだろう。建物管理などの物的な業務と並んで、そこに「文化・教育事業」的な要素を必ず盛り込んでいく。こうした手法が、どのような形で形成されてきたのか、特に労働・生産協同組合を母体とする歴史の中でそれがどう築かれてきたのか、極めて興味深い点であるが、これらについては、オドリッツィ氏へのインタヴューを交えて本節後半の記述に委ねることとしたい。ここでは、「カレイドスコーピオ」の場合、広範囲の事業を手がけつつ、それを貫く考え方として「社会的関係の再構築」が存在することを確認するにとどめ、次にその一部門で、ビアンケッティさんが責任者を務める「高齢者事業」がどのように「社会的関係の再構築」という課題を具体化しているのか、詳細を見ていくとしよう。

(3) 「カレイドスコーピオ」高齢者事業の特徴

トレント市の高齢者のデイサービスセンターは町の中央広場に隣接した歴史的建造物の地上階に位置する。朝九時頃訪れると、早い時間のためか、女性数人が談笑しているだけだ。一〇時ぐらいから人が寄り始め、一日平均利用者は一五名前後という。ただし、月に一〇回前後の企画ものの内容によって、訪問者数は変動する。通常、自治体の高齢者むけサービスは、ソーシャルワーカーを通じて、自治体からの「利用者指定」が行われるが、このセンターは出入り自由となっている。入館登録も必要としない。衛生サービスだけは所得階層によって料金が異なるなどの理由から、利用にあたってはトレント市民であることが条件となるが、それ以外は利用者を限定しない「広場の原理」で運営している。センターを一歩出れば、そこは、市民、旅行者、ノマド、移民等が行き来する本物の「中央広場」があるという最高の立地も、センターを「開かれた存在」とすることに一役買っているようだ。

ビアンケッティさんに、ここでどんな活動が行われているか問うと「カード遊びなどのレクリエーション、描画などの創作活動、歴史・文化観光、ダンス講習、映画会、フリーマーケットへの参加……」と答えが返ってくるものの、しかし彼女の口調は乗り気でなさそうだ。やがて「活動内容を列挙してもあんまり意味はないわね。私たちの仕事は、利用者たちが自主的に企画、運営をしてもらえるよう、働きかけることなわけだから」と前置きをし、「働きかけ」や「サービスのプロセス」を中心とした話の組立てに切り替えて、センターの活動を語った。

「高齢期というのは、たとえ家族や友人に恵まれていて、健康であっても孤独です。あるいは近しい人にどうしても心を開けないという傾向も出てきます。そこで孤立を感じている人たちが、このセンターに寄り合って、ここでの出会いを基礎に社会関係を新しく作っていくという動きが出てきています。」

「ここの利用者へのサービス提供の他、私たちが外に出かけていくことも必要です。トレントには年金者組合のたまり場（circolo）が二五カ所あります。食堂や教区の集会所に退職者や高齢の主婦たちが集って、おしゃべりをしたりカードを切ったりする場です。自主的な寄り合いで、時々催し物も企画したりしますが、長期的なプロジェクトを伴わないのが普通です。私たちはそうした場に出かけていって、サークル活動の支援をするコーディネートも引き受けています。」

右記のような事業の利用対象者を即座にイメージするのは、おそらく困難が伴おう。通常の考え方では高齢者を「自立的生活に困難を抱える、介助や介護を必要とする層」「健康で自立生活を送ることができ、社会的活動にも比較的積極的な層」とに二分し、前者をケア住宅や介護機能のあるデイサービスセンターの利用者、後者をボランタリーな自助グループやサークル活動の担い手と見る。ところが、「カレイドスコーピオ」の社会活動センターは、その間にあって見おとされがちな層を対象としている。必ずしも当事者や家族から強い要求が出ているわけではない。また明確な介護や支援のニーズが存在するわけでもない。しかしそれでいながら、確実に孤独感を抱える人々が存在する。そこに関与していこうというのがこのセンターの趣旨である。

このような一見「わかりにくいニーズ」の発掘はどのように行われてきたのか、引き続き彼女に問うてみる。

「こうしたセンターの機能は、以前から存在しています。もともと自治体が、高齢者対象の衛生サービスを「カレイドスコーピオ」の前身、「ポボコープ」に委託したのが始まりです。二〇年前に始めた当時は、自治体側はむろん、事業を受ける協同組合の方にも、『衛生』という具体的なサービス以外念頭になかったものの、経験を積む中で、『社会関係』づくりというサービスの重要性が見えてきたのです。」

「今のような事業を公的支出の対象とすることについては、自治体にとっても冒険だったと思います。高齢者の孤立を予防するという、数値化できない、しかも息長く効果を待つような事業に、莫大な家賃（中央広場の歴史的建造物をセンター用に改装するための工事費、および家賃は自治体持ち）とコープへの委託事業費（年間三・五億リラ）を投入するわけですから。けれども私たちは、その効果が大きいことを確信しています。」

「地域社会との関係では、これまでは従来のイメージ、つまり年金者組合のサークル活動と大差ないものと考えられてきました。最高の立地である新しいこのセンターに移ってきたことをきっかけに、市民の人たちにも事業の意義を積極的に打ち出していくつもりです。それによって、理解を得るというだけでなく、新しい機能や事業を発見することにつながると考えているからです。」

高齢者の活動は、先述の年金者組合サークルの他、当事者たちの自主管理に依拠する「高齢者大学」や労働組合を母体とするAUSER(2)、あるいは様々なボランタリーなアソシエーションが多岐にわたって存在する。それらとも棲み分けをしながら、既存の高齢者むけサービスと当事者たちの自主的な活動の間に沈む、高齢者の孤独感に答えていく事業なわけだから、硬直化すればそこで意義は尽きてしまうことになる。歴史ある協同組合でありながら、利用者の「多様性」を意識したサービスの刷新が常に行われていることが、「カレイドスコーピオ」

の大きな特徴である。

これまでの経過によって、協同組合に寄せられている自治体からの信頼に安住せず、サービスの質を問うプロジェクト（ニーズの読みとりに始まり、効果の測定、評価法に至るまで）に不断に取り組んでいる様子からもそのことがうかがえよう。「ただし」とビアンケッティさんが加える。市民への働きかけの過程で「無理して社会活動を押しつけないでほしい。もう十分これまで働いてきたのだから」といった反応にも出会うという。センターの活動が極めて緩やかで、協同組合の側からの企画も控えめなのは、そうした声を汲んだ上で、利用者の内発的な動機を尊重しようとするからかもしれない。

3　自治体との「心地よい関係」に安住しないための取り組み

(1)　社会的協同組合におけるイノヴェーションとは何か

①　エイジズムに抗して

センターの活動の柱は、様々な文化事業・学習事業を通じた利用者の社会関係づくりへの関与にあるが、それではそうした目標をどのように達成するのか。またここに働く三名の教育専門職の若手が、自分たちのサービスをどうやって自己評価し改善していくのだろうか。ビアンケッティさんが関わる、サービスの質を問うプロジェクトから、その特徴を拾っていきたい。

彼らの提案書は、エイジズム（ageism）すなわち高齢者差別への言及から始まっている。ここでは「高齢化の進展↓ニーズの増大↓サービスの必要性」という図式でものを見るのではなく、むしろそうした考え方に批判の目をむける。言い換えれば年を重ねる過程で、誰をも「高齢者」と一括りにラベルを貼って対応しようとする社会への疑問である。それはある意味で、「子供」とか「若者」といったおおざっぱにレッテルで目の前の人と関わるリスクとも相通ずる。したがって「老い」と向きあう新しい社会的態度を、社会の側にも、また「老い」を生きる当事者の側にも、生み出していくことが事業の本質だとしている。

こうした考え方を、実際の事業の中に反映させていくのはむろん容易ではないが、それぞれの活動の中で右の前提を活かそうと工夫している様子が、提案書から伝わってくる。たとえば手仕事を中心とする「創作工房」(描画、陶芸、織物など)事業では、専門家を迎えて、利用者も教育担当者も同じ立場で学ぶ。手作業には、集中する契機とコミュニケーションの契機が適度に混在するため、教育担当者は作業指導よりもむしろ雰囲気づくりを中心課題として動く。また当面の活動を通じ、それと関連する形で次にどんな創作を手がけたいか、利用者側からの提起を促すような働きかけをする。こういった考え方と方法が、担当者間で共有されているようだ。

② 利用者とともに経営検討

さらに今後の課題として挙げられているのが、第一に、センターの事業を企画する際、その内容だけでなく経済的な側面、収支についても利用者とともに考えていくこと、すなわち自分たちの活動を補助金頼みにせず、経済面も含めて自主管理を志向すること。第二に、高齢者関連の情報収集と提供。これは、日々、利用者が協同組合の担当者に向ける疑問や質問を、当事者相互で対応する流れをつくろうというものである。第三に高齢者政策に対するオンブズマン活動。センター内のサービスに対して意見や提案を出してもらうという日常的なやりとりに始まって、地域社会における高齢者の暮らし、自治体の福祉政策などに対しても目を凝らしていこうというものだ。

こうして見てくるとあらゆる局面で「自主管理」がめざされており、その実効性をめぐる疑問も出てこよう。

しかしこれらの提案は「高齢者」という十把一絡げ的な対応を取らないとすれば、どういった方法が可能か、その対案模索の中から結果として出てきた手法としての自主管理である。理念が先行してのスローガンではない。

(2) 心地よい経営環境に安住しないために

「カレイドスコーピオ」への訪問と前後して、地元新聞に以下のような記事が掲載された。「トレント市中心部の高齢者センターの運営を、カレイドスコーピオ協同組合が落札。昨年三月に市議会が、センター運営の外部委託を決定。二億六千万リラから三億五千万リラの範囲で競争入札の公示を行ったところ、唯一の応札者がカレイドスコーピオだった。落札価格は三億二千五百万リラ」。ほどなくして再び「トレント市でデイセンターを落札したカレイドスコーピオが、ヴィッラザーノでも唯一の応札者としてセンター運営事業を落札。落札価格は四億二千二百九十万リラ」。小さな記事だが、明らかに競争入札が必ずしも活発に行われていないことがうかがえる。この点についてビアンケッティさんに意見を求めると、協同組合相互で、特に継続事業をめぐる競争を回避する傾向があることは否めない事実だと、実に率直な答えが返ってきた。

実は、こうした点が、協同組合以外の事業者からの、厳しい批判対象となっている。また、協同組合内部からも、自治体との安定的な契約関係の存在は、快適な経営環境だが、そうした心地よい関係に安住すれば、協同組合が本来持っていた根源的でイノヴェイティヴな力が弱められるのではないかという危惧が出されるようになっている。カレイドスコーピオのように、事実上独占状態にありながら、自らのサービスの質を問い直す作業を恒常的に続けていくことは、容易ではない。

(3) 入札システムの「社会的規制」をめぐって

さて、「自治体とのパートナーシップ」とりわけ、入札の話に至るとビアンケッティさんはいくつか興味深い指摘をした。入札制度の仕組みの概要、とりわけ「最低価格」原則を相対化する形で「社会的パラメーター」が設けられ、自治体と協同組合との関係づくりに大きな影響を及ぼしている点については第十章を参照いただくとして、協同組合の側から見た時、その「社会的パラメーター」方式がどのような問題をもっているのかについて考えさせられる指摘である。

当センターの入札にあたっては、経済性（価格）とプロジェクト内容（社会的指標）とのバランスが、それぞれ四八対五二とされていた。これから推せば、経済的力量よりも社会的力量がわずかであれ重視されていることになる。しかしこの点について、ビアンケッティさんから以下の問題点が挙げられた。まずは価格の影響力が見かけ以上に大きいこと。算出方法には何通りかあるが、かりに応札者の中でマキシマムの価格を提示したとすると評価は〇点となる方式だという。入札に参加する事業者としてはわずかの差で最高額の提示者とならないよう価格を低く落とさざるを得ない。それに対し、プロジェクト性、社会性の方は、説得的な内容を持たせるために、他の先進例を参照すれば容易であること、また過去の事業実績についてそれを重視すれば既存の経験豊かな事業者が優位となって新規参入が難しくなること、かといって「将来構想」に評価が偏れば、実体的な根拠が弱くなるなど、社会的指標をとりいれたとはいえまだまだシステムに問題の多いことがうかがえる。

むろん、こうした入札システムを自治体と事業体が連携してつくり上げていく過程こそが、公共事業の民主的・社会的規制に他ならない。価格で白黒つけられない入札システムを目指す限り、ビアンケッティさんの指摘したこれらの課題が不可避の試行錯誤であることも付け加えておきたい。

(4) 母体である労働者協同組合の限界

① 労働者協同組合メンバーのボランタリーな活動

高齢者事業部門だけみても、「カレイドスコーピオ」協同組合の特徴が鮮明に浮き上がってくる。それらを確認すれば、行政との安定的な関係を保持しつつ、そこに安住せず、協同組合本来の社会的使命を果たそうとする方向性が見えてこよう。それではこうした方向性は「カレイドスコーピオ」のどんな資質から生まれたものなのだろうか。この点を考えていく上で、以下では「カレイドスコーピオ」のこれまでの歩みを、本章の問題意識に沿って今一度着目をしてみたい。

前述のように「カレイドスコーピオ」の歩みを知るには、その前身、「ポボコープ」(労働・生産協同組合)に言及する必要があろう。一九八〇年代初頭、産業構造の転換の中、製造業の空洞化がこの地域でも進み、工場から押し出された失業者たちが緑化事業を柱に設立したのが「ポボコープ」である。当初の就労組合員数一五名前後。しかしこの「ポボコープ」は、失業者の雇用創出にとどまらず、子供たちを対象とした教育・文化活動(たとえば学童保育、学校の勉強についていけない子供たちへの学習支援、地域行事の開催など)も併行して取り組んできた。後者は「事業」の一環というよりも、以前から、地域の人たちが担ってきたボランティア活動をより発展させたものである。これが自治体の資金で保障されるようになるのは一九八七年であるが、それまでの間、協同組合の剰余金をこうした地域での教育活動に投じてきたのだという。つまり、仕事おこしに取り組む失業者と、地域のボランティア活動の担い手が一体となって「ポボコープ」の第一段階を作ってきた。労働者協同組合と社会的協同組合の、両方の性格と機能を併せ持つ協同組合ということになろう。

一九八七年になると全国に先んじて、社会的協同組合を支える州の法律(トレンティーノ・アルト・アディジェ州法三五号)ができ、「ポボコープ」でも高齢者事業を中心に、随意契約での仕事が増え、自治体からの財政的なバックアップが保障された。同時に、それまではポボという小さな地域社会に限定されていた協同組合の活動範囲が、トレント全市および他の近隣市町村まで拡大していくこととなった。オドリッツィ氏によれば、ここに、労働・生産協同組合「ポボコープ」から社会的協同組合「カレイドスコーピオ」が分離するに至る契機の一つがあったという。

これまで顔見知りの地域社会の中で、財政的には自主独立でやってきた事業を、八〇年代後半からは、行政からの委託事業として広域展開する——これは「ポボコープ」にやがて大きな変化をもたらすこととなった。こうしたことは、「ポボコープ」に特殊なことではなく、当時、多くの協同組合が経験した転機であろう。そもそも当事者や協力者たちが、まず自前で問題に立ち向かい、それが一定の社会的認知を獲得し公的サービスの一環に組み入れられていく。オドリッツィ氏はホームレスの人々の支援運動を例に、八〇年代、様々な自助運動が公的支援に取って替わられた経過を示してくれた。

九〇年に入るとポボコープの担い手も急速に増加し、六〇名（うち四六名は緑化・清掃事業部門、一四名は社会的サービス部門）となった。また社会的サービスの事業内容が多様化・複雑化して、九〇年代半ばにはこの事業体を分離しようという意見が出されるようになる。

② なぜ「社会的協同組合」としての組織分割が必要だったのか

さて現在「カレイドスコーピオ」の責任者をつとめるオドリッツィ氏は、右のような「ポボコープ」内での議論を受けて、その組織分割を円滑に行うためにやってきた人物だ。良心的兵役拒否者としてトレント市内の別の社会的協同組合で障害を持つ人々の就労支援に関わった経験を持つオドリッツィ氏は、非営利の組織・経営に関する卒論を書いた後、しばらく大学に残って、協同組合やＮＰＯの専門家養成の仕事を手伝うなど、理論面と実践面で社会的経済に関わる研鑽を蓄積し、一九九五年に「ポボコープ」のメンバーとなった。

オドリッツィ氏は、「ポボコープ」理事会に対し、労働者協同組合の機能と児童教育部門だけ残して、その他の社会的サービス部門を実績ある他の社会的協同組合に移すことを提案した。彼の提案は次のような考えに基づいていた。

「当時、「ポボコープ」の社会的サービス部門は、児童教育だけでなく、高齢者、移民にも広がっていました。しかし正直のところ児童教育を除くと、他の社会的サービスは、協同組合側のイニシアティヴで発展したというよりは、行政から委託の話があって伸びてきた部門でした。つまり協同組合として大きな投資はしてこなかった……。言い換えるとプロジェクト能力が欠けていたのです。それからもう一つ。そもそも労働者協同組合として出発していますから、行動原理においても「雇用確保」が最優先。時として「よいサービス」が二の次とされる傾向も生まれました。」

「雇用確保」と「よいサービス」とが齟齬を来すとはどういうことか。この疑問に答えて、オドリッツィ氏は次のように付け加えた。

「「ポボコープ」の構成メンバーはすべて地元の人間。短期の職業訓練やＯＪＴによる仕事能力の開発は常に行われてきましたが、社会的サービスの分野で本格的な専門教育を受けた人間がいませんでした。雇用に際して、専門的な職能よりも「地元出身」である点が優先されていたこととも関係します。「ポボコープ」における社会的サービスは、組織的に取り組まれたというよりも、コープの中の一部の有志メンバーの個人的、自主的イニシアティヴに多くを依存していたのです。」

「ポボコープ」の設立経過を考えれば、それは当然の結果であろう。この協同組合が、緑化、清掃の労働者協同組合として出発したことは先に述べた通りだが、社会的サービスを手がけるようになったのは、組合員の何人かが地元でボランティア活動に従事していたことによる。協同組合として何らかの方針があって組織的に取り組んだわけではない。行政からの受託事業となった後も、社会的サービスを一部の有志に依存する体質は見直されず、結局「ポボコープ」における社会的サービスは一貫して「弱い環」(オドリッツィ氏)だった。

A型協同組合は福祉や教育等の分野で社会サービスを提供する協同組合である。その限りでは労働者協同組合の「社会サービス部門」というとらえ方もできよう。むろん社会的協同組合の法的な性格づけによれば「地域の普遍的な利益の追求」(三八一号法第一条)、「ボランティア組合員の参加」(同法第二条)等、社会的協同組合に固有の事項もある。しかし従来の労働者協同組合においても、例えばICA(国際協同組合同盟)による「協同組合のアイデンティティに関する原則」の一つ、「コミュニティへの貢献」は以前から重視されてきたし、それぞれの労働者協同組合の成り立ちを見ても「ポボコープ」のようにボランタリーな活動が事業につながっていった例は少なくない。現に、一九九一年の社会的協同組合の法制化以前は、労働者協同組合として社会的協同組合と同様の活動をしている団体が多かった。したがって、制度上の性格付けは両者異なるものの、実践的には連動する部分も多い。

だが「カレイドスコーピオ」の歩みを辿ると、一つの組織として社会的協同組合と労働者協同組合の機能を併せ持つには困難な段階に入ったという判断がなされている。両者の連続性と非連続性を考えていく上で、示唆的である。

③「ポボコープ」改革の経過――栄養失調状態からの脱却

しかしながら、「「ポボコープ」は児童部門を除いて開発能力が低いから、残りの社会的サービスを他の協同組合へ移してはどうか」という先のオドリッツィ氏の提案に、「ポボコープ」の理事会は抵抗を示した。調整の結果、社会的サービス部門について、採用や教育はむろんのこと、意思決定にいたるまで、抜本的にてこ入れをしながらスピンオフ方式で新たな協同組合「カレイドスコーピオ」を「発芽させる」ことで合意。例えば、もし「地元雇用」と「サービスの質」が葛藤を引き起こす場合には、「サービスの質」向上を優先させるわけだから、「ポボコープ」にとっては大きな方針転換だったといえる。こうした一連の改革に対して、「ポボコープ」は資金はじめ物心両面で「投資」を惜しまないという選択をした。

オドリッツィ氏の仕事はここから本格始動する。まず当時、「ポボコープ」が展開していた社会的サービス部門の実態把握と課題の洗い出しが行われた。各セクションがどのような段階にあったのか、そして具体的にどんなてこ入れが行われたのか概観してみよう。

(1) 子供を対象としたサービス――八〇年代当初、小学生を対象に始まった放課後教育センターだが、九〇年代には中学生、高校生や青少年もセンターの門をたたくようになった。高学年になるにつれ悩みの幅が大きくなり、「一緒に遊ぶ、宿題につきあう」といった、これまでのボランティア活動で経験的に蓄積されたやり方だけでは対応できなくなってきた。オドリッツィ氏たちは、三年がかりで二〇〇〇時間近くのカリキュラムを有する、教育担当者の養成に乗り出した。これによって、個々の担当者の仕事の質を高めることはむろんだが、この学習と併行して、外部の団体が提供している職業教育の不足を補う形でこの協同組合独自の教育カリキュラムも整備した。

(2) 移民を対象とした生活・就労支援――この分野では、どのような職業的専門性が必要とされるのか、あらかじめ確定することが難しい。またボランティアや担い手を確保しようと思っても、対子供のサービスなどと異なって、敬遠される傾向が否めない。そこで、同じ分野で活動する隣町の経験豊かな協同組合と共同し、移民当事業者も含めながら、必要とされているサービスの確定、それに見合った職業的専門性、その専門性を満たす教育活動を実地に組み立てていくこととした。

(3) 高齢者を対象としたサービス――前述の移民対象のサービスに比べて、高齢者を対象としたサービスはニーズもそれへの応え方も明解であるかに考えられてきた。しかしオドリッツィ氏たちはこの「自明性」をも相対化して、全体の見直しを行った。その結果、「健康」と「要介護」の狭間にあって見落とされがちな、「孤独の闇」を抱える人々への支援の必要性が浮上。行政サービスからも、市民活動からも接近が難しかった層を対象に、町の中心部に新しいセンターが開所したことは前述の通りである。

これら、いわば自己点検・評価と新たな社会的必要性の探求を経て、「ポボコープ」の「プロジェクト力の不足による栄養失調状態」（オドリッツィ氏）が明らかになったわけだが、同時に改革の方向が定まった。労働者の採用原理の変更についても合意を見て、地元雇用という「労働者協同組合」の発想から、専門性重視を前面に出しての人材開拓が受け入れられるようになる。事業の総点検期間に専門性の観点から一四名の就労者が増えたことも偶然ではない。こうして九六年、新たな体勢のもと、社会的サービス部門のスピンオフが始まった。事業の新機軸は先に見た通りだが、事業高も飛躍的に拡大し、九七年当時七億リラだった事業高は、九九年には三〇億リラとなっている。

4　社会的協同組合と労働者協同組合との関係

(1)　今後の課題

しかしオドリッツィ氏の話はこれで終わらない。さらに先の課題にまで、一気に話を進めていく。

「この三年間は確かに著しい事業成長がありました。しかし問題も多いのです。第一に物理的な拡大がもたらす組織運営面での困難。かつては、ポボという自治体の協同組合としてせいぜい二〇キロの範囲で完結していたものが、いまやトレンティーノ・アルト・アディジェ州の南半分を相手とする広域におよぶ協同組合。私たちの仕事の範囲は実に一〇〇キロにわたるのです。

第二は、第一と関わるのですが、組合員相互の意思疎通の困難。前は一〇日もあれば協同組合の構成メンバー全員となんらかの言葉を交わすことができていました。今は一カ月あってもおぼつかない。構成員相互の親しさが失われ、かつての強固な動機、連帯感が維持しずらくなっています。それだけではなく、各現場の責任者の判断に頼るところが多くなり、各現場がプロジェクトをもちよって集団的に検討する体勢が弱くなってきました。

さらに第三には、公的機関との関係が深まっていくと往々にしてプロジェクトを練るというよりは、コスト減に気を取られるといった傾向も出てきます。」

組織が大きくなれば権限の分散は当然だが、それが集団的に評価・検討され学び合う機会を失えば、蛸壺化して質の向上が阻まれる。オドリッツィ氏らは、サービスのイノヴェーションと規模拡大にともなって噴出したこれらの問題に対応するため、いくつかの試みを開始した。

一つ目は、組合員の構成メンバーが、現実が訴えかける「必要性」と常に向き合える環境を作ること。つまり「日常的な仕事への埋没」が「社会的ニーズ」を見失わせないよう、プロジェクトづくりへの参加、困難を抱える当事者へのヒアリング、仕事を越えた地域との関わりを促すといったことを仕事に織り込んでいくことが強調されている。

二つ目は組織づくりと関わる。独立志向の強いそれぞれの現場を横につなぎ、他のセクションの現状や問題点を把握できるような工夫を凝らす。たとえば、子供の教育を担当しているメンバーが、移民キャンプのセクションの話を聞いて、それなら移民の子供を対象にこんなサービスが新しく必要となるのではないか、といった提案をしたり、やはり子供のところで成功した音楽療法を、高齢者のデイケアで活かすにはどんな形が可能か、検討する。そうした現場相互の付き合いや意見交換が頻繁に行えるよう、「中間的」な組織づくりに取り組み中だという。

オドリッツィ氏が最後に指摘した課題は財源の問題である。よく社会的協同組合の論議で、公的財源への依存が問題視されるが、問題はそう単純ではない。「カレイドスコーピオ」でも事業の性格上、事業高の八割が県、自治体からの受託事業による。かつてはトレント一市とトレント県のみとの契約で、特定の発注者に偏った体勢であったが、現在では、トレントの他にロヴェレート市、住宅公社等がある上、統合ヨーロッパを相手とした事業も手がける。つまり公的財源の内部での多様化が着実に進められている。

同時に事業高に占める割合としては少ないものの、公的財源の対象外となる社会的サービスの発掘も重要視し、いわゆる一般市場で個人の利用者をも開拓してきた。たとえば、要介護者の家族が、日頃の介護の疲れを癒せるようにと「家族の『休息（レスパイト）サービス』」も始めたが、これは今のところ公的資金でカバーすることができない一般市場でのサービスである。

オドリッツィ氏は、「カレイドスコーピオ」の立ち上げに際して、これまでの事業を徹底的に見直し、「教育」と「プロジェクトづくりを通じた参画」に大きな投資をして新しい体勢を固めていった。こうした「地域」を越える成長が、従来の連帯や顔の見える関係に変化をもたらすのは不可避である。その変化を見越して、広域展開という環境の中でも、「連帯」と「動機」を強化するための、「中間組織」づくりに力が注がれるようになる。きわめて速いテンポで事業を広げながら、あわせて拡大に伴う困難を見通しつつ対応策が重ねられてきたといえよう。

(2) 労働者協同組合に内包される社会的協同組合の契機

本節では労働者協同組合から社会的サービス部門が独立する形で生み出された社会的協同組合「カレイドスコーピオ」の歩みと、その主要部門である高齢者事業について見てきた。オドリッツィ氏はたびたび「労働者協同組合の仕事の文化」が必ずしも社会的協同組合のそれとなじまない側面を持つことを指摘していたが、労働者協同組合が本業の傍ら、地域社会の声に耳を傾けながら、未整備の形ではあれ、社会的サービスを位置づけてきた点は、むしろ意義深い。労働者協同組合は、ともすれば「社会的協同組合」と「非連続性的」であると見られがちであるが、歴史的な実態からすれば、「カレイドスコーピオ」を生み出した「ポボコープ」がそうであったように、公益性・社会性を内包する事業体である。

例えば前述のように、最初は高齢者むけの「衛生事業」としてスタートした「ポボコープ」の高齢者サービスだが、経験を重ねるにしたがって別のサービスを誘発していく。ビアンケッティさんによれば、「散髪」や「爪の手入れ」といった具体的で限定的なサービスを注意深くこなす過程で、より深いところで何が求められているかを把握し、それを事業化していった結果、今日の「カレイドスコーピオ」の高齢者事業の土台が作られたという。労働者協同組合といえども「雇用保障」にとどまらないコミュニティ形成への寄与を意識したからこそ生まれた取り組みである。専門性の陶冶が伴わなかったのは、労働者協同組合か社会的協同組合かという協同組合の種別に関わるというよりも、自分たちの取り組みの質を客観的な目で捉え直す機会の欠如によるものではないか。

約四時間にわたるインタヴューにもかかわらず、オドリッツィ氏は「まだほんの前置きぐらいしか話していないんだけど、EUヨーロッパ、それから第三世界との連携についてはホームページを見て……」。第三世界との連携というと意外に受け止められることもあるだろう。イタリアには、特に東欧やアフリカ、あるいは中近東からの移民が多い。自分たちの身近にいる移民に深く関わっていくと、結局はその人々が母国で強いられている経済的困窮や紛争、あるいは先進国との関係で生じている抑圧的な仕組みに考えが行き着かざるを得ないという。つまり「事業の高度化」の過程で出てきた課題なのである。現在では、北部の社会的協同組合が連合して、飢餓や戦争等第三世界の諸問題に関与していくプロジェクトに取り組んでおり、「カレイドスコーピオ」はその中心的存在となっている。

「カレイドスコーピオ」という、トレント市の小さな分村（frazione）を拠点とするこの社会的協同組合が、実に多くの現実と構想を含んでいることが、あらためて確認される。まさに万華鏡のように、多様で広がりのある小宇宙である。

注

（1）フランチェスカ・ビアンケッティ（Francesca Bianchetti）さんには、一九九九年一一月二三日「カレイドスコーピオ」本部事務所、一二月一三日トレント市高齢者デイセンターの二回にわたって、またミケレ・オドリッツィ（Michele Odorizzi）氏からは、二〇〇〇年二月二一日「カレンドスコーピオ」本部事務所にてお話をうかがった。

（2）M・グイドッティ（佐藤三子訳）「AUSER連帯とサービスの自主管理アソシエーション」協同総合研究所『協同の発見』九三号、二〇〇〇年。

第八章　社会的協同組合におけるボランティア――「ラ・レーテ」

1　はじめに――社会的協同組合におけるボランティアの位置づけ

本章では、イタリア社会的協同組合の特質として言及される「ボランティアの質的・量的重要性」について考えていきたい。そもそも社会的協同組合の場合、当事者やその関係者たちによるボランタリーな取り組みが、協同組合づくりの発火点となるケースが多い。多くの協同組合では、創設時代、強固な結束と濃厚なコミットメントのもと、ボランティアの献身的な取り組みが存在する。そうした経過からみると、活動の多くの部分がボランティアによって支えられていることは、社会的協同組合においては自然なことと捉えられよう。このことはすでに第五章、第六章で見た通りである。

しかし、一方で、協同組合が社会的認知を得、また自治体との契約関係もでき、事業体として成熟すればするほど、創設時代のようなコミットメントをボランティアから得ることは困難となってくることも想像に難くない。サービス内容の専門化、高度化に伴って、プロのケアワーカーが中心的な担い手となり、創設に直接関わった理事クラスのボランティア（政策や立案を担うボランティア）を除けば、大部分のボランティアは補佐的な関わりへと後退するのが通常だ。第三章に掲げた表3-8からもわかるように、一九九六年のデータによれば平均して組合員の三割を構成していたボランティアは、二〇〇一年にはB型に限ってみた場合全国平均で一割弱に減少している。このようなボランティアの関わりの減少を、社会的協同組合の、市民や地域社会からの乖離と見て、そのあり方に警告を発する論者もいる。

そうした現状にあって、これまで自明とされていた、しかし現在そこに変化を来している、協同組合におけるボランティアの位置づけを再論しておくことは重要であろう。

議論の題材として、トレント市（一一万人）に活動拠点をおく社会的協同組合「ラ・レーテ（「ネットワーク」の意）」を取り上げる。[1] 北部の協同組合の中でも、ボランティアの参加率が極めて高いことが特徴である。第二節では活動実態の紹介、第三節でその背景となる考え方、さらにその考え方を実践するにあたっての試行錯誤、最後に第四節ではボランティアの関わり方の変化と課題について言及していきたい。

2　社会的協同組合ラ・レーテの取り組み

(1)　演劇療法に取り組むボランティアたち

九九年一二月半ば、雪混じりの小雨降る中、夜七時半になると、三々五々にボランティアが協同組合の事務所に集まってきた。仕事帰りや学校帰りに駆けつけてきたその人々は、主として知的障害を対象としたデイサービス活動を担う社会的協同組合「ラ・レーテ」で、演劇療法を担当するボランティアメンバーである。隔週で定例会を行い、毎週の活動プログラムを練っている。市内の旅行代理店に勤めるステファノさん（ボランティア歴三年）を中心に、二〇代の女性、男性たち数名が、新しく取り組む演劇について、台本を囲みながら打ち合わせを始めた。

「この役、特に言い回しが難しくて、Aさん（障害のある利用者）は苦労するんじゃないかなぁ」「そう思って、台本を書き換えてみたんだ。この前より台詞を短く、単純にした」「書かれた台詞を覚えるのではなくって、まず大きな流れをつかんでもらって、台詞はAさんたちに提案してもらうのがいいんじゃないか」「舞台の方はどうなってる？　役者の動き、混乱なく組み立てられそう？」「一カ所、問題あるんだ。それで舞台セットのミニチュア作ってきたから見てよ。」

半年先に迫った公演まで、どんなスケジュールで練習をしていくか。舞台づくりに必要な資材や予算はどう手配するか。練習を進める上で協同組合のコーディネーターに要求すべきことは何か。最近、顔を見せない利用者への働きかけをどうするか。利用者とボランティアとの人間関係の困難を、どうやって修復するか。出席の安定しないボランティアをどう説得するか。次回の活動日の、利用者送り迎えの分担と車の手配はどうするかなど、話し合いは理念的なことから実務的なことまで多岐にわたり、二時間近く続いた。

この協同組合では、サービス運営の大半をボランティアの自主管理で進めている。演劇療法以外にも、知的障害者を対象に、水中スポーツ、アスレチック、自然観察、映画批評、協同組合ニュースの編集・発行、料理教室など、多彩な活動が営まれているが、活動の最前線はボランティアが担ってきた。たとえば、演劇療法については、一七名の利用者に対し、一二名のボランティアと二名の協同組合の有給スタッフ（教育担当者）で運営。料理教室では六名の利用者に対し、三名のボランティアと二名の協同組合スタッフ、水泳教室では、二五名の利用者に対し計二二名のボランティアと四名のスタッフといった具合だ。

(2) ラ・レーテの概略

「ラ・レーテ」社会的協同組合（A型）では、義務教育を終えた、地域の知的障害者とその家族に対して、レ

表 8-1　社会的協同組合ラ・レーテの活動目的・事業内容

活　動　目　的	事　業　内　容
障害者およびその家族支援	障害学の専門スタッフによる相談業務（随時），同じ悩みを抱える他の家族との交流活動，自助グループの運営サポート（月 2 回），障害者の兄弟姉妹を対象としたグループ活動（年 5 回），障害者の親を対象としたセミナー，障害者によるグループ活動（25 グループがそれぞれ月 2～4 回：冒頭の演劇療法もこの 1 つ），在宅や外出時の付き添い・介助，長期休みの間の小旅行の実施（計 8 週間），合宿旅行（計 4 週間）
地域社会への働きかけ	上記のグループ活動など，極力公共施設で実施することにより，日常的に地域の人々が障害を持った人と交わる機会を創出，地元の小中高大学で障害学セミナーを開催，他の非営利・協同組織への出張セミナー，月刊誌「ラ・レーテ」の発行，障害者を扱った映画の鑑賞会と討論，ボランティア講座の主催，講演会・討論会の実施

出典：ヒアリング及び協同組合パンフより田中作成.

クリエーションや社会参加のための支援活動を提供してきた。同時に、その支援体勢を地域社会の中に構築すべく、地元の教育機関との連携や、ボランティア講座の開催にも力を置いている。一九八八年に設立され、活動歴は一四年、トレント市内ではパイオニア的存在である。九一年の国法三八一号に先立つ、トレンティーノ独立県法三五号（一九八三年）に基づいて、経費の九〇％を県が保障する形で出発できたのも、従来の、公による直営サービスでは対応が困難とされていた三つの点（第一に包括的な働きかけ、すなわち障害者個人でなく、その家族、あるいはそれを取り巻く地域への働きかけを図る点、第二にニーズに機敏に対応できる即時性、そして第三に、困難を抱える人々に対する、イノヴェイティヴな支援を開拓している点）への、長年の取り組みが評価されてのことだった(2)。

一九九九年時点での事業規模は、県によるものが五億六千万リラ、EUの補助金によるものが一億リラで、総額六億六千リラ（四千八百万円）にのぼる。一方、利用者負担は、所得に応じて多少の差はあれ、年間三〇万～四五万リラ（三万二千円）と少額にとどまる。

サービスは、表8-1にあるとおり、右の二つの目的に対応し

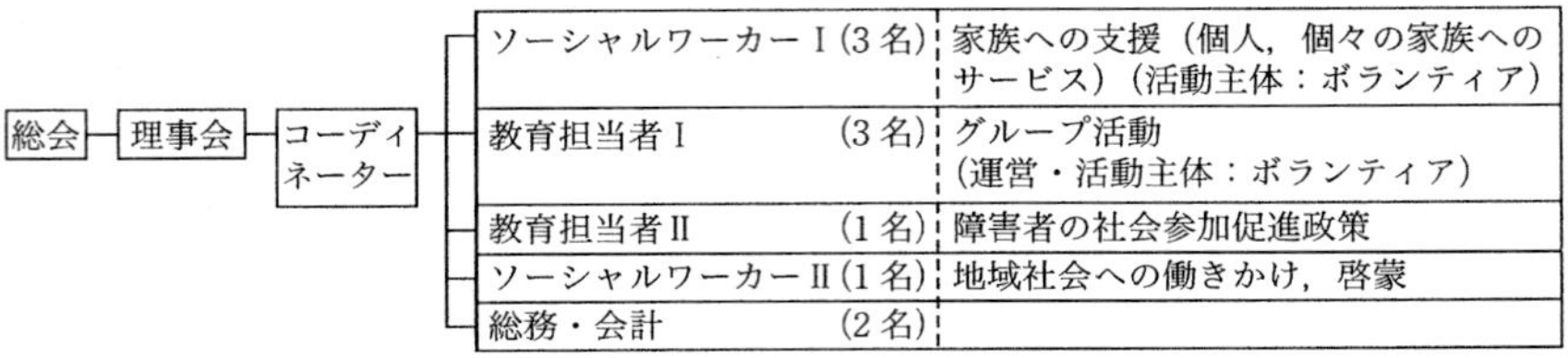

図 8-1　ラ・レーテの組織図

た組み立てとなっている。まずは家族の悩み、危機、困難に随時、すばやく対応することが最も基本的なサービスであり、次いで様々なレベルでの家族へのサポート、また障害を持った人たちの社会参加を目的とした活動がその内容である。地域社会の働きかけは、「ラ・レーテ」の日常的な活動を市民プールなど町中《まちなか》で展開することで、住民に対し、障害者への関心を喚起し、さらに積極的な関わりを持ってもらおうというもので、その実現のために、後述するボランティア養成講座が重要な意味を持ってくる。

(3) 活動に占めるボランティアの重要性

さて、「ラ・レーテ」の独自性は、多岐にわたる充実したサービス内容にあるだけではなく、その提供方法にある。つまり、活動方針として「同じ地域社会に暮らす、困難に直面した家族に対して、連帯と協同の意識を育むこと」を掲げ、これをボランティア養成、市民に対する活動の場の提供、自主運営への誘導、ボランティアに対するイニシアティヴの移譲といった形で実践してきたところが、大きな特徴となっている。例えばそれは組織形態にも如実に反映されている。約一四〇名の利用者に対し、ボランティア一六六名（うち組合員ボランティアは二八名）、有給スタッフが一一名、という数字を見ても、また、協同組合の意思決定機構におけるボランティアの位置づけを見ても、質量ともにボランティアが様々な形で重要な役割を果たしていることがわかる。以下でその詳細をみていきたい。

まず全体の組合員構成は、就労組合員（障害を持つ組合員を含む）、ボランティア、

表 8-2　組合員構成

（単位：人）

	就労組合員	障害を持つ就労組合員	ボランティア組合員	利用者組合員	財政支援組合員	その他組合員利用者家族等	組合員合計
男性	2	0	11	3	0	10	26
女性	3	0	17	1	0	17	38

出典：1998 年発行「ラ・レーテ」協同組合　社会的バランスシートより.

表 8-3　就労者構成

（単位：人）

	就労組合員	雇用労働者	外部協力組合員	外部協力非組合員	ボランティア組合員	ボランティア非組合員	兵役拒否者福祉実習生	就労者合計
男性	2	3	1	5	11	53	4	79
女性	3	4	0	7	17	85	15	131

出典：1998 年発行「ラ・レーテ」協同組合　社会的バランスシートより.

利用者、財政支援組合員、利用者の家族など、六種類の人々からなるが、このうちボランティアの占める割合は、四三・八％。法律では、ボランティア組合員率を五〇％まで認めているが、社会的協同組合の全国平均は約三〇％である現状からすると、「ラ・レーテ」のボランティア参加率は極めて高い（表8-2）。就労者構成も、多岐にわたり七種のカテゴリーが挙げられる。サービス対象となる家族数約一一五（利用者数は男女同数、障害の種別は身体障害が一割、知的障害が九割）に対し、ケアワーカーは九～一〇名、ボランティアは約一七〇名、良心的兵役拒否者四名で、援助の体勢を組んでいる。ここでもボランティアの割合は高く八割を占める（表8-3）。

当然、年間従事時間数もボランティアによるものが高比率となり四六・一％を示す。ボランティア一人当たりの年間従事時間は、組合員ボランティア、非組合員ボランティア合わせて九六時間、つまり一週間平均二時間の参加がなされていることになる（表8-4）。

さらに、理事会構成メンバー（七名）の内訳は、理事長に創立者（教育心理学研究者・ボランティア）、副理事長に障害者の家族代表、その他の理事として家族二名、ボランティア二名、コーディネーターを担当する就労組合員一名となっており、組合員構成、労働者構成、従事時間そして意思決定機構と、多面において、ボランティア

表 8-4　提供されたサービスの時間構成

	就労組合員フルタイム	就労組合員パート	雇用ワーカーフルタイム	雇用ワーカーパート	外部協力組合員
カテゴリー別年間労働時間数	4,853	597	7,231	1,745	192
%	14.0	1.7	20.9	5.0	5.5
1人当たりの年間提供時間数	1,213	597	1,807	872.5	192
	外部協力非組合員	ボランティア組合員	ボランティア非組合員	実習生	合　計
カテゴリー別年間労働時間数	855	1,560	14,368	3,170	34,571
%	2.5	4.5	41.6	9.2	100.0
1人当たりの年間提供時間数	71.3	55.7	104.1	166	165.4

出典：1998 年発行「ラ・レーテ」協同組合　社会的バランスシートより田中作成.
注：ただし，この統計には，冒頭で紹介したような活動のための打ち合わせ時間は算入されていない．これらを入れれば実際の従事時間は上記の数値を相当上回る．

の位置づけの重さが注目されよう。

3　ボランティアへのこだわり

こうしたボランティア重視の背景にある、この協同組合の考え方、理念とはどのようなものか。「ラ・レーテ」では、前述のように次の二つを事業目的として掲げてきた。第一に、障害者のいる家族が、その内側に有している力、資源を高め、自らの置かれた状況に対処することができるよう、支援をすること。第二に、一般の人々が、同じ地域に暮らす、困難に直面した家族に対し、連帯と協同が可能となるよう、地域社会の知恵、情報、働きかけの力を向上させること。

とりわけ第二の事業目的のために、「ラ・レーテ」では、ボランティア養成、活動の場の提供、自主運営への誘導、イニシアティヴの移譲に、設立当初から一貫して意欲的な取り組みを重ねてきた。障害の当事者およびその家族に対するサービスはもとより、そのサービス充実のために「地域社会」に潜在する社会的資源への働きかけを重視する点が、この協同組合の大きな特徴である。そこで以下では、「ラ・レーテ」のベテランボランティアへのインタヴューと、ボランティア養成の経過を追いながら、社会的協同組合と地域社会を結びつけるボランティアの存在意義および課題を考えていきたい。

(1) ボランティアとして協同組合に関わるとは

一六六名のボランティアの、活動へのコミットメントは様々である。まず積極層がボランティアに対してどんな考え方を持っているのか、みてみよう。

セルジョ（五五歳）は近隣の製造関係の企業で設計を担当する男性。

「五年前に、「ラ・レーテ」主催のボランティア講座を受講。受講を終える前から、さっそく市民プールで、障害者を対象とした水泳指導を担当し始めました。それまでは、こうした活動には全然関わってきませんでした。直接の動機は息子が事故で大怪我をしたこと。その時、医療関係者だけでなく、本当に多くの人たちに励ましてもらったことがありがたくて、社会にお返しをしたいと思ったのがきっかけです。プールで一緒に行動するには、信頼関係がないと始まりません。しかしそもそも自分にそんなことができるのか、最初はとても不安でした。水への恐怖を取り除くにはどうしらいいか、いろいろ試すうちに、徐々に安心して身を委ねてもらえるような関係ができてきたように思います。」

ニコラ（二八歳）は水泳と演劇療法のグループ活動を担当する男性。

「僕は一九九二年にこのコースを受講し、その後二年間、良心的兵役拒否者としてボランティアをしました。ところがこの時の経験は二つの問題を僕にもたらしました。一つは燃え尽き症候群。あまり強くコミットした結果、疲れてしまい、一時どうしても距離をおかねばなりませんでした。もう一つは〝ボランティア癖〟による萎縮。障害のある子供たちとうまく関われない、そのこともそうだけど、それを公然と誰かに相談できないのがつらかった。利用者の家族との関係づくりも難しかった。」

ラウラ（二四歳）は地元トレント大学社会学部で社会福祉を学ぶ女性。

「この協同組合でボランティアをはじめて四年です。私の場合、彼氏が身体障害者で車椅子生活。大学の専攻も社会福祉ですから、経験的にも理論的にも最初は全然不安はなかったんです。もうわかっていると思っていました。だけど関わりはじめてみると恐れに直面しました。担当したのは自閉症の子供の在宅サポートで一対一の関係です。誠意を尽くせば誰とでも友達になれるなんて保障はない。うまくいきませんでした。ボランティアが、障害の当事者や家族にとって「資源」になるとは限らないことを痛感しました。協同組合では「人的資源をコーディネートする」ってよく言いますが、そもそも人間関係をコーディネートするなんて、できるわけがないのだと思います。」

参加の動機や取り組み姿勢も様々だが、各自が相当の精神的エネルギーを費やして関わっていることが伝わってくる。セルジョからは初期の不安が、ニコラからはのめり込んだがゆえの困難が、そしてラウラからはいくら熟達したからといって到底解決不可能な難しさが残ることが指摘されているのも興味深い。初対面のインタヴュアーに、ネガティヴなことも前面に出して語ること自体、彼らの、活動に対する関わりの深さを物語る。こうした積極層が全体の何割を占めるのか、数量化は不可能だが、各グループにあたってみるとボランティアはそれぞれ二名は配置されており、手薄なところでは協同組合のスタッフがカバーをするという運営方法のようだ。

右のようなボランティアは、講座を通じた「養成」という手法で育成できるわけではむろんない。しかしボランティア呼びかけの裾野を不断に広げていかないと先細りが懸念される。通算一〇〇〇人近い講座修了者を出しても、「ラ・レーテ」に定着したボランティアが消極層も含め一七〇名弱であることを考えると、ボランティア予備軍の執拗な開拓は「ラ・レーテ」にとって重点課題であることが理解できる。その要となる事業が次に述べ

表 8-5　「ラ・レーテ」のボランティア養成講座のカリキュラム

回数	内　容，テーマ	時間
1	ボランティアとは：「ラ・レーテ」の仕事におけるボランティアの意味	3
2	協同組合のボランティアから実体験を聞く	3
3	ボランティアが社会的・倫理的に負うべき責任とはなにか	3
4	障害者と生きる家族の状況を知る：ボランティアは資源となりうるか	3
5	障害者と生きる家族から実体験を聞く	3
6	障害の当事者から実体験を聞く	3
7	求められる最小限の各種障害の医学的な知識	3
8	障害の当事者との人間関係の構築について（1）	3
9	障害の当事者との人間関係の構築について（2）	3
10	実習（1）	2.5
11	実習（2）	2.5
12	実習の報告とまとめ	3

るボランティア養成講座の開催である。

(2)　ボランティア養成講座を通じて地域参加を模索する市民

例年、秋口になると「ラ・レーテ」主催のボランティア講座が開講される。一九九九年で一二回目を迎えるこの講座は、すっかり地域に定着した感がある。学校や公的機関はもとより、町中の立ち飲みカフェや新聞売り場に至るまで、大判のポスターを貼りめぐらして、宣伝にも相当力を入れている。

ポスターには簡単にカリキュラムが示されているが、三〇時間の座学と五時間の実習という豊かな内容で、時間帯も夜八時～一〇時半、イタリアでは団欒のひとときに当たるため、受講者はそれなりの覚悟が求められよう。そんなふうに考えていたから、初日、ボランティア講座への登録者が四七名と聞いて、その多さに驚いた。しかし聞けば、ここ数年は一〇〇名前後で推移、最高時で一五〇名の登録者を出してきたため、今年は激減だという。激減の背景は、一二年間の講座開催で、地域の受講希望者がほぼ受講をし終えたこと、また、トレント市内だけでなく、近隣の自治体でも同様の講座を開催することにしたこと、などの理由を挙げつつも、協同組合側はそうした楽観論に立たず、人々の関心の薄れに危機感を募らせている。前述の理念と組織構造を

表 8-6　ボランティア養成講座参加者の「動機」「不安」

【なぜ受講を思いたったのか】
他の人と一緒に過ごすことを学ぶため
何ごとかと向き合い，経験を交流するため
自分と向き合うため
自分が役立てることを実感したかったから
人間的成長を望んで
社会の中で何か積極的な役割を担いたかったから
障害を持った人たちの置かれている状況を理解したかったから（2 名）
障害を持った人たちとともに行動するための方法，知識を習得したいから
適切な方法で障害を持った人たちと接するにはどうしたいいかを知るため
外部（社会）に対して，より開かれた視点を獲得するため
未知の世界を知りたかったから
ボランティアというものの実態を知りたかったから
ボランティアの役割についてじっくり考えたかったから
これまで遠巻きにしか見てこなかった事柄を，直接的に体験したかったから
フィールドで実体験をしたかったから
知り合いに薦められて
【この講座で何が不安か】
葛藤との向き合い　能力不足（2 名）　準備不足（2 名）　経験不足
自分が誤った対応をしていることに気づかないこと
自分が感じるであろう息苦しさと当惑の感情
自分の感情のコントロール　健常者としての孤立　見知らぬ人々との出会い
どう行動していいかわからない
障害を持った人々とどう人間関係を構築していいかわからない
同情的な関係に陥ること
多様なニーズ，多様な願いを持った人々ときちんと関係を作れるかどうか
特殊な状態でうまく対応できるかどうか　自分自身のリアクションに自信がない
ちゃんと最後まで参加し，コミットできるか（2 名）
新しい状況の中で自分が対応できるかどうか
自分の期待と異なる自分を知ること　自分の参加の動機が曖昧であること
うわべだけの陳腐な関係，使い古されたフレーズの反復
ボランティア本来の役割から逸脱すること

出典：講座初日のグループワークの記録（田中作成）より．

持つこの協同組合にとって、ボランティアの後退は、即事業の後退につながるからである。

講座に集まってきた人々はどういう層か。性別、年齢構成、そして職業も様々で一定の傾向が出てくるわけではない。受講者アンケートからその動機を探ってみよう。

今まで、ボランティア活動を経験したことのない人々がほとんどであること、また、講座への参加を、自分の殻を破りたい、自ら成長を遂げたいといった、自分を見直す手段として位置づけていることが特徴であろう（表8-6）。さらに、「不安」に思っていることについては、介助の技術はもとより、人間関係の困難を予想して身構える傾向が大きい。イタリアというとカソリックの教会文化が根強いため、子どもの頃から、頻繁にボランティア活動を重ねてきたと考えがちだが、アンケートからは、自分の能力不足への不安感、失敗への恐れ、時にはボランティア活動に対する警戒心や緊張感を抱えながらの参加であることがうかがえる。

アンケートに書かれた言葉を追うと、カトリック文化の色濃い地域とはいえ、ボランティア体験が、地域に生活していく中で自然と巡り会う機会の一つとして存在しているわけでは必ずしもないこと、そして、協同組合ボランティアが、講座に参加しようという積極層にとっても、かなり敷居の高い行為と見られていることなどが伝わってくる。また、参加者が、三〇時間の座学と五時間前後の「実習」を経て、実際ボランティアとして恒常的に協同組合と関わるようになるケースは、受講者の四分の一から五分の一程度に留まる。この協同組合の場合、ボランティアといっても、活動に投入を求められるエネルギーと時間は膨大なものであることが見て取れよう。

4　社会的協同組合におけるボランティアの役割と課題

そもそも、多くの社会的協同組合の成り立ちを見ていくと、市民のボランティア的な活動が母胎となったものも少なくない。その意味では、ことさらボランティアを位置づけずとも、協同組合とボランティアとは分かちがたい存在ではある。ところが事業組織として安定してくると、プロ（協同組合に働く有給スタッフ）に任せた方がサービスの受け手にとっても安心して利用できるし、サービスの担い手にとっても経済的な対価が付いてくる、と一般には考えられていることも否めない。

現に、他の社会的協同組合では、創設に関わった幹部や理事はボランティアとして残るとしても、実際のサービス提供部分は有償の仕事としていく傾向にある。NPOやボランタリーアソシエーションの形ではなく、あえて経済組織である協同組合という法人形態を取る以上、ボランティアは事業化以前の、制度化されていないサービスについて過渡的に活用するもの、といった考え方もできよう。

また、経済組織でありながら、ボランティアの活用を前面に出した場合、競合する小規模事業者からは、人件費ダンピングとして批判の目を向けられもする。現に、社会的協同組合の法制化をめぐって、ボランティアの比率をどう設定するかは一つの大きな争点であった（第三章の法制化の論点参照）。広範な市民の参加によって支えることを目的に「半数以上のボランティア参加」を主張したカトリック系の協同組合連合組織コンフコープと、インフォーマルな労働の温床となりかねないと「最大限半数」を主張してきたLEGAの論争以来、社会的協同組合におけるボランティアのあり方の模索が続いている。

ボランティアの存在意義は多面に及ぶことは自明だが、初期教育、登録者の確保、動機づけ、サービスの質の保障、そのための再教育やコーディネートなど、ボランティアの真価がいかんなく発揮されるよう、協同組合の体勢を整えることは、協同組合にとって相当の負担となる。

それならば、なぜ「ラ・レーテ」では、その負担をあえて引き受けるのか。ねらいは二つある。一つ目は、協同組合の社会的機能と関わる。事業体として運営やサービスの高度化を目指すことは、むろん必要であるが、組織的な成熟に伴って市民の手からサービスが遠のき、いつしか関心が薄れていくとすれば、地域社会における公共性の醸成という、非営利・協同が担うべき役割の一つが欠けてしまうことになりかねない。二つ目は、時として、ボランティアは事業組織としての協同組合に対する監視的役割も担っていることと関わる。経済的な利害関係のない構成員として、組織に対する苦言や提言を出しうる立場にあるからだ。しかしその提言内容も、日常的に実践的な関わりを持ったものでないと、具体性や実効性を持ちにくい。「多様な担い手」の一環としてボランティアの存在を強調する時、とりわけこの二点、つまり「参加とチェック」をめぐる地域社会とのパイプを充実させていくという目標が、どの程度具体的に取り組まれているかが重要な検討事項になる。

社会的協同組合においてボランティアによるコミットメントが徐々に低下していることは、第三章に述べた通りだが、その低下が社会的協同組合のアイデンティティの揺らぎにつながると警鐘するC・ボルザガ等の指摘も、「参加とチェック」の後退という観点から深めていく必要があろう。

注

（1）La Reteとは「ネットワーク」の意。本協同組合に対する調査は、一九九九年一〇〜一二月にかけての幹部ヒアリング、参与観察によって行った。詳細は第四章第三節の「調査手法」を参照。

（2）La Rateの設立の経緯についてはVenturelli, S. e Banal, A., "La Rete : cooperativa di solidarieta' sociale delle famiglie con handicap", in Folgheraiter F. e Donati, P., (a cura di), *Community care ; Teoria e pratica del lavoro sociale di rate*, Edickson, Trento, 1991を参照。

第九章　地域社会に存立する意味──「ステラ・モンティス」

1　はじめに──社会的協同組合と行政との連携・葛藤

社会的協同組合が実態としていかに地元のアソシエイティヴな運動と連動しているか、その結果として事業体になっても「地域志向」という特性を保持していく点については、第五〜七章に見た通りである。また協同組合の制度化に伴って「地域離れ」や「住民側の関心の希薄化」が起きないようにとの発想から、ボランティア組合員の養成を重要視する動きは第八章にみた。ボランティアは事業遂行上の協力者でもあるが、それを通じて協同組合に対し、提案や批判を寄せる役割も期待されている。

前章までで地域住民との連携についてはある程度輪郭を描いてきたものの、地域の行政組織との関連についての検討が積み残されている。そこで本章以下第十一章までは、社会的協同組合と行政との協働と葛藤について触れていくこととする。

ところで自治体と行政の「協働」と言うとき、その様相はいくつか考えられるが、本書で社会的協同組合に特徴的な協働形態として言及するのは、表9-1の範囲である。

このうち本章では表中の「自治体が協同組合の直接的な構成者として関わる」例を紹介し、その利点と課題に

表 9-1　本書でとりあげる行政との協働形態

自治体・協同組合協働の形態	概　　要	章
自治体が協同組合の直接的な構成者（理事会メンバー）として関わる	マルチステークホルダー型の社会的協同組合が，理事構成者として自治体（首長と議会の野党の2名）のメンバーを入れ，公設民営型の施設運営を行う．	9
受注・発注関係において，経済的指標に偏らない新たな契約の文化をつくる	競争入札における選別基準として，経済的指標の比重を減じ，社会的指標にウェイトをおく等，入札方式の改革を行う．	10
自治体と協同組合事業連合が共同して地域政策の立案と遂行に従事する	雇用対策，とりわけ障害を持つ人々へのこれまでの就労支援の手法を全面的に見直し，新たな方法の立案と試行，効果の確認を行う．	11

ついて触れていく。

2　協同組合と地域社会とのつながり

(1)　自治体が協同組合の理事会構成メンバー

フォンド（Fondo）は、トレンティーノ・アルト・アディジェ州の山間部のもっとも奥まったところに位置する、人口一三六二人の小さな町だ。オーストリアとの国境までわずか四〇キロ。ここで公設民営の居住型高齢者ホームを運営するのが「ステラ・モンティス」（Stella Montis＝「山々の星」の意）A型社会的協同組合[1]である。

自治体の肝いりで作られ、自治体自らが協同組合の理事会の構成メンバーとなっている点で、「マルチステークホルダー」型の典型例として、あるいは「ウェルフェア・ミックス」の一形態として研究文献[2]にも紹介されてきた。こうした協同組合に対する評価は肯定的評価と否定的評価との二つに分かれる。肯定的評価としては、自治体が経営参画することで、高い公共性と安定性が維持できるという点である。また否定的評価としては、自治体のイニシアティヴが強力で、民間・非営利組織としての自立性、独立性の保持が難しいという危惧を呼ぶ点である。自治体と協同組合の関係を考える一つの題材として、右のような見方も視野に入れながら、「ステラ・モンティス」の具体的な姿を追っていこう。

(2) 「ステラ・モンティス」協同組合の概要

雪の中、オーストリアとの国境近くの町、フォンドを訪ねた。目的の高齢者ホームは町の中央、三階建ての立派なものだ。翌日に控えた祭の前夜祭で、小さな町はにぎわいを呈していた。その影響か高齢者ホームにも今日は人の出入りが多く、人々が雪泥の混じった靴で建物に上がり込むものだから、清掃担当者がこまめにモップがけをしている。

やがてステラ・モンティスの理事長、フランク・マリアンジェラさんがにこやかに出迎えてくれた。時刻は夜八時近くだが、「まだ朝からの会議の決着がつかないの、職員採用をめぐって議論しているんだけど。でもそろそろ終わりにしないと明日のパンを買い損なうわ」とユーモア交じりの対応。

四〇歳代後半の彼女は、トレント大学経済学部でマーケティングを講じる正教授の一人。小柄な身体からエネルギーをほとばしらせて語る。「理事長に就任してからは、夕方大学の講義が終わると車でここまで飛んでくるの。理事長になってからはホーム一色の生活。」

① 施設の概要と働くスタッフの顔ぶれ

まず施設の利用者およびここで働くスタッフについて概観しよう。収容力六〇人の施設だが、現在は五八人の利用者が暮らす。ほとんどが地元フォンドの出身。他所出身者もいるが周辺自治体に限られる。入居者の状態別構成は、自立的生活の可能な高齢者が一五%、部分的に可能な高齢者四〇%、かなりの部分で介護を要する高齢者が三〇%、全面的に介護を必要とする高齢者が一五%。一五人で一つのグループホームを形成し、基本的には個室が用意されている。

地元の人が通う教会、コミュニティホールも併設され、ホームでの催しものの他、地元の高齢者が自主運営する生涯学習事業の会場としても利用されているため、日常的に地域との交流がはかられる。

スタッフは三二名でうち二三人がフルタイム、九人が短時間の契約労働者。調理担当をのぞいてスタッフはすべて女性。フォンドおよび周辺自治体の出身者からなり、平均年齢は二八歳と若い。医師、看護婦はむろん、その他のスタッフも全員、福祉士、介護士、カウンセラー等の専門職資格を持つ。採用試験の前に、職能形成コースを受講してもらい、このホームで働くにあたって最低限必要とされる介護士資格（ＯＳＡ）を取得してもらった。資格取得のための授業料は自治体と協同組合が負担した。給与は労働協約に基づき、職種による違いはあるものの月額およそ二〇〇万リラ、平均勤続年数は四・二年強。

また、労働組合加入率は五％で、一般に非営利組織で働く福祉ワーカーが、平均二五％という加盟率であることを勘案すると、組織率は低い（ただし加盟の有無を問わず、州レベルの労働協約は適用される）。その理由についてマリアンジェラさんは「ステラ・モンティスの前身は利用者主体の協同組合だったため、ケアワーカーはすべて雇用労働者だった。しかしそうした当時の組織環境と、今日のマルチステーク型組織のもとでの仕事のあり方とは、著しく異なるのです」という。それでは現在、労働者が自分たちの仕事をどう見ているのか。彼女があげたのは、ここのケアワーカー集団の、仕事に対する満足度の高さである。その根拠を問うと彼女はこう答えた。

「入居者およびその家族から、高い評価を得ていること、それがワーカーにも伝わっています。たとえば、このクリスマス休みも、帰宅の条件がそろっているのに『私が過ごすべき我が家はこのホーム』と言って残る利用者がいたり……。そういう反応から、自分たちの仕事が評価されていることを日々感じるのだと思います。他のケアワークの現場と比べ、燃え尽き症候群も少ないです。また月二回の全員会議には、仕事の関係で夜九時からというスケジュールにもかかわらず、毎回ほぼ全員が参加をします。責任と相互信頼の文化がはぐくまれたのでしょう。」

労働者のインセンティヴを上げるために、今年からはQC活動も取り入れた。

「協同組合でQCというと、抵抗感、違和感を持つ人がいるかもしれません。けれども営利企業の手法だって、効果があれば活かしていくべきだと思うんです。」

② 組合員構成の多様性とは

前述のように、この協同組合の特徴は、第一に組合員構成が多様である点、第二に、その中に自治体を位置づけている点である。本章では、この二点を中心にステラ・モンティス協同組合の方針選択とその背景を考えていきたい。

まず協同組合の輪郭を描いておこう。事業内容は、公設高齢者ホームの運営・管理全般。計六〇名の協同組合員構成は、就労組合員一五名、ボランティア組合員一五名、利用者あるいはその家族組合員一五名、財政支援組合員一五名（当該自治体の住民。またそのうちの一名は自治体自身—後に詳述）。それぞれの立場が四分の一ずつ、均衡するような構成となっている。

理事会も各層のバランスを考慮した構成で、計九名のうち、就労組合員二名、利用者あるいはその家族が一名、ボランティア組合員二名、財政支援組合員（住民）二名、自治体の首長一名、自治体の議会少数派一名。自治体が経営陣に関わるといっても、首長と野党の代表がそれぞれ独自の立場で参加をするという仕組みが大きな特徴である。一見してマルチステークホルダーの典型とされる理由が推察できよう。第一にいろいろな顔ぶれの参加がみられる点、第二にその多様な参加主体の力が拮抗するような仕組みとなっている点、第三に自治体の参加といっても、その自治体自体が一枚岩ではなく、二つの相異なる勢力を含んでいる点など、何重もの意味で「マルチステーク型」の組織構成である。

3　マルチステーク性をめぐる議論

(1)　協同組合におけるマルチステーク性とは何か

先述のような構成員の多様性は、社会的協同組合の大きな特徴の一つである。そもそもなぜ社会的協同組合においてマルチステークホルダー型組織が着目されるのか。通常の協同組合の組合員であるために求められる資質は、①出資金の提供、②定款や総会、理事会決定の尊重、さらに③そうした機関決定に沿って活動することにより、協同組合の目的達成に寄与することなどである。しかし「地域の普遍的利益の追求」を掲げる社会的協同組合では、構成員が多様であるか否かが、地域社会の様々な利害を豊かに代表しているか否かの指標とされる。メンバー間に限られた互助組織ではなく、社会に開かれた協同組織機能を確保するための工夫として、マルチステークな構成が重視されてきた。

一般に社会的協同組合における多様性は、組合員に限ってみた場合でも、表9-2のような構造になっている(なお出資組合員や法人組合員が認められるようになったのは一九九二年の改正以降である)。

(2)　利用組合員の組織からマルチステークホルダーへの切り替え

それでは「ステラ・モンティス」協同組合の場合、多様な組合員構成は協同組合自身の選択によるものなのか。

表 9-2　社会的協同組合の構成メンバーの多様性（組合員に限った場合）

就労組合員	・労働力を提供する，社会保険付きの正規労働者	
	・有償で，知識や労働を提供する専門家協力者	
	・当面，無償で労働力を提供する待機労働者．協同組合の発展に伴って正規労働者となることを希望	
	・障害（知覚障害，身体障害，知的障害，精神障害）を抱えた労働者	
	・様々な困難や不利益を抱える労働者	長期失業者
		薬物依存，アルコール依存
		家族に困難を抱える未成年
		拘留の代替措置下にある者
		その他，社会情勢に応じて適宜
利用組合員	サービスの利用者および利用者の保護者（家族等）	
ボランティア組合員	無償で協同組合が必要とする活動を担うボランティア（労働協約による制約はいっさいなし．ただし労災保険はあり）．なおボランティア組合員は組合員総数の 50％を超えてはいけない．	
財政支援組合員	協同組合の活動には直接携わらず，出資のみおこなう．出資に対しては 2％ を上限に利子を支払うことが認められる．	
法人組合員	自治体などが協同組合に対する財政支援や発展の基盤づくりをサポートするケース	

L. Martinelli, S. Lepri *Le cooperative sociali*, Il Sole 24 ore, Milano, 1999, pp. 87–92 より田中作成．

だとすれば、この徹底した多様性を促した要因とは何なのか。まずこの点についてのマリアンジェラさんの考えを見てみよう。

「この協同組合の誕生は一九八三年、トレンティーノ・アルト・アディジェ州の州法で社会的協同組合の存在が認知されたことによります[3]。当時はこの自治体に住む人々が、ほとんどすべての家族から一名ずつの代表者を出して二八〇名の組合員組織を作りました。出資額は一万リラですから微々たるものですが、協同組合の創設に尽力したのは主として利用者の家族たちでした。

しかし、現在は市外からの利用希望も多くなり、施設利用者の数が二倍に増えることとなりました。現在検討されている新たな社会的協同組合に関わる州法の中で、マルチステークホルダー型の方向性が打ち出されるようになって、この二八〇名の利用組合員を、就労者やボランティアも含め、再構成する必要が出てきたのです。利用者家族や就労組合員以外の住民組合員には、五〇万リラという出資をして財政支援組合員になるか、毎週二時間の無償労働を提供してくれるボランティア組合員になるかを検討してもらった結果、これまでの組合員すべてがそのいずれかの条件を満たせるわけではなく、結果として六〇名の組合員が残ることとなったのです」。

「むろん、なぜマルチステークホルダー型にしなければならないのか、については容易に合意をみることはできませんでした。三回にわたる総会を招集してようやく六〇名での再出発となったのです。」

当初、「ステラ・モンティス」協同組合では施設利用者およびその家族はもとより、住民すべてが潜在的な利用者として位置づけられており、その意味では「住民立」の協同組合であった。これに対して変更案は、二八〇名という利用組合員を六〇名に縮小し、また「住民」という普遍的・単一的なカテゴリーから「財政支援組合員」（自治体を含む）「ボランティア組合員」「就労組合員」「利用者あるいはその家族」の四カテゴリーに再編するというものである。こうした量的（組合員規模）・質的（組合員構成）変更は何を意味するのであろうか。

近年、名目的にも実質的にも異なる利害の拮抗をかかえたマルチステーク型組織への注目が広がっているが、「ステラ・モンティス」の場合、その選択は以下のような経過をたどった。

「私たちの協同組合の場合、出資組合員は五〇万リラを組合に貸し付けます。出資金返還の際には、これまで禁じられてきた利子を加えることができます。正直のところ、当初は、（主体的に選択したというより）マルチステーク型への流れについていく、といった感じで、むしろこういう組織がうまくいくものなのか、私たちは懐疑的でした。しかし二年経つうちに、特に理事会で四つの異なる利害を代表する者が、一つの共通認識を持つということが可能であること、そればかりか積極的な意味を持つことがわかってきたのです。」

それではどのような経験を通じて、「積極的な意味」が共有されたのだろうか。

「たとえば人事について一例をお話ししましょう。私たちは事業規模の拡大を急速に進めなければなりませんでした。そのため、新たな人材登用が必要でした。自治体の代表者は、最初理事会で地元雇用を優先するように主張しました。それに対して就労組合員代表と財政支援組合員代表、そして利用組合員代表は、まず、このホームで必要とされる技能の講習会を開催して、その中から優秀な人を採用しようという意見でした。理事会としては、すべての利害代表の要求に配慮しながら、最終的にサービスの質を落とさないような判断を求められるわけです。人事の判断に関していえば、自治体代表もこのことを納得してくれました。」

むろん、採決すれば自治体以外の理事者が数的に上回るわけだが、マリアンジェラさんは短時間で決する多数決に依らず、討議によって合意のプロセスを作っていく必要性を強調した。

(3) 自治体がステークホルダーとなる意味

ここまでは、単一利害の保有者が量的に多く組合員として参加する組織形態から、組合員の数は四分の一に減じたとしても、多様な利害代表者の参加を優先させ、そこで意見の対立と調整を経て運営をはかる組織に転換した経過を見てきた。それでは、マルチステークな組織構成が重要だとして、なぜ自治体をあえてメンバーとするのか。次にこの点を見ていきたい。

「自治体を理事者としてむかえるにあたっては、総会で次のような必要性が指摘されました。まず設立以来約二〇年間、一貫して、自治体がこの協同組合の活動の推進役だったこと、しばしばハード面の整備などで財政的に支えてくれたこと、またホームも公設民営ですから、自治体との協力体制抜きには考えられません。その意味では、この選択は歴史的経過を考えに入れた場合、必然的な結果でした。」

しかし、自治体との協力関係は、たとえば公と民間の共同出資会社（società mista）という形態もあり、かならずしも「ステラ・モンティス」の選択が唯一のものではない。

「私たちが選択をした時、他に思いつかなかったのです。最初は恐怖心すらありました。つまり自治体の決定権が強く作用してしまい、協同組合の独立性が大幅に侵されるのではないか、という意見です。しかし、経験を重ねる中で、もし協同組合側がしっかりと方向性——たとえば、質の高いサービスの提供、一人ひとりに応じた生活の質の向上、サービス提供側への教育的投資など——を持っていれば、特定の利害関係者に引きずられることはない、大丈夫だということを経験的に理解をしていきました。こうした経過の中で協同組合が成長したのはむろんですが、自治体の側にも柔軟な発想が芽生えていきました。」

一口に「自治体」といっても先述のように首長と議会野党側のそれぞれの立場から出ているため、「自治体」という存在自体も複合的な構成になっている。こうした点も想起すれば、意思決定組織を注意深く運営することによって、自治体から建設的なコミットメントを引き出すことは可能である、という判断が働いているようだ。

(4) 経験的帰結としてのマルチステークホルダー

ところで、新しい組織のもとで、以前の協同組合と比べて、大きく異なる点は何か。つまりマルチステーク型となることで、どんな変化があったのだろうか。これはやや乱暴な問いかもしれない。組合員の数、顔ぶれ、リーダー、仕事の内容、規模……すべてが大きく変化したわけで、どの変化が何に起因するかなどたどりようがないからだ。それでもマリアンジェラさんは、この間に集権的な体質から分権的な体質への変化があったとし、それにより構成メンバーの協同組合への関わり方が深まってきた点を指摘した。

「たとえば、以前は、理学療法やレクリエーションの専門的な担当者がいませんでした。私の前任者だった前理事長は元看護婦、それも相当のベテラン。協同組合に対するコミットメントも極めて強く、一人でなんでもこなしていたからです。以前の協同組合はこじんまりした規模のもので、利用者数は最高で二五名。しかもその二五名規模に達するまでに、協同組合は一五年という時間をかけて体勢を整えることが可能だったから、一人で何でもこなすといった仕事のやり方で乗り切ることができたのでしょう。」

しかし、他の周辺自治体にあった高齢者施設が閉鎖されるなどして、これまでの二倍以上の入居者を抱える新体勢が急遽必要とされた。

「最初は恐怖がありました。まず入居者のお年寄りたちが、住み慣れた高齢者ホームを離れたがりませんでした。そして働く側の不安も大きいものでした。この改革を乗り切らなければ、協同組合がつぶれかねないとみんなが理解していたからです。漠然とした恐怖、事柄が明確にならないもどかしさ、能力不足への不安、自信のなさ……、現場にはそういった感情が渦巻いているようでした。ですから、まずは、その担い手たちに自己信頼を持ってもらうことが必要でした。集権的だった責任体勢を変えて、各自に権限を委譲し、教育機会を提供し、月一度話しあいの機会を持ち……といったことを繰り返しながら、今、何が起こっているのかを明らかにし、意見を出してもらい、「共同の担い手」としてこの変更に主体的に関わってもらうよう働きかけをしてきました。」

マリアンジェラさんが強調したのは、マルチステークホルダー型組織に対する評価が、理論的な帰結というより、経験的な帰結である点だった。「多様な価値がぶつかりあえば、いいものが生まれるはず」という理念や一般論では組織運営は難しい。その有効性は、誰かが提唱する性格のものでなく、自分たちの日々の実践の中から、開拓していくもの、そういったニュアンスが彼女の言葉の端々から聞き取れた。

ところで、この敏腕理事長のマリアンジェラと協同組合との出会いはどのようなものだったのか。

「私も実は一九八三年の設立以来、この協同組合の組合員です。ただし、これまでは一度も理事会に入ったことはありませんでした。総会に参加するという最低限の義務は果たしてきたけど、それ以上の関わりを持つことはなかったのです。今の就労組合員とも顔を合わせたことはありませんでした。」

現場との関わりがなかったマリアンジェラさんが、大きな組織転換期に理事長に選任され、面識のない就労組合員との信頼関係を一から作っていく上でどんなことを心がけてきたのか。

「二つあると思います。一つは、施設長の腕前。就労組合員と私との間の橋渡し役を買って出てくれました。彼の専門は心理学で、とても重大な役割を果たしてくれました。私の考えを、ワーカーたちに現場の言葉で伝えてくれるのです。もう一つは、早々に私の方から、自分ができること、できないことを明確に宣言したこと。私は二足の草鞋をはく身で、常駐型の理事長ではないこと、私の専門はマーケティングや企業組織論であって、医療・福祉の面での専門性を持ち合わせていないことなどです。だから、医療・看護のプロをすぐに採用することにしました。また多くの点で、他のメンバーに援助を求めました。最終責任は私がとるけれども、その過程では意見を言ってほしい、助けてほしい、教えてほしいと。今思うと、私の仕事は聞くこと、そして聞いたことをコーディネートすること、だったでしょうか。」

「これから先の協同組合はどんどん複合的な課題を背負うことになります。いくら優秀な幹部でも、一人、あるいは少数ですべての分野をカバーして対応することは到底できません。ですから高質のパートナーを数多く得ていくという方向が一番いいのです。」

4　自治体とのパートナーシップづくりの課題

(1)「ステラ・モンティス」型の自治体参加の利点と危惧

さて、以上紹介してきたようなケースを、自治体とのパートナーシップづくりという観点から見た時、どのような課題が浮上するのだろうか。まず、「ステラ・モンティス」が築いてきた自治体との関係に対する肯定的な見解と否定的な見解を題材に、その評価を複眼的に考えていこう。

これまで小規模の高齢者ホーム運営（ただし入居者は自立的な生活可能な高齢者に限定）に携わってきた「ステラ・モンティス」が、新しい公営施設の運営を委ねられ、短期間で組織の再編を迫られたことについてはすでに述べた通りである。

自治体側は、高齢者ホーム設立にあたって以前から協同組合にその運営を委ねるべく働きかけを行ってきた。施設建設当初から、全体的な事業計画、達成すべき課題、組織形態、サービスの内容、公的機関との関係のあり方などについて、協同組合と自治体が交渉を重ねてきたという。こうした経過もあって、自治体は、施設運営にあたる協同組合理事会のメンバーとなり、意思決定過程に関与することを一貫して求めていた。その結果、議会から任命された二人のメンバー（うち一人は首長）が理事会に加わることとなった。

これによって何がもたらされたか。何よりも、自治体と協同組合の意思疎通が充実する。同時に自治体が、協同組合に対して大きな監視力、影響力を持つようになるわけだが、一方的な影響力の行使というよりも、協同組合の意志と自治体のそれとのすり合わせが容易となった。トレントの社会的協同組合連合組織の政策担当者リバルディ氏とメナパーチェ氏は、これを「ステラ・モンティス」の強みとする。(4)

つけ加えれば、それはどちらかが妥協するという意味での歩み寄りではなく、理念、考え方の共有であり、通常の契約関係よりもより本質的な部分での相互理解とそれに基づく共同プロジェクトが可能となる。これは、マリアンジェラのインタヴューにも呼応する見解といえよう。すなわち、多数決や数の力の論理で結論を左右する以前に、施設運営の目的、理念に照らして何が一番望ましいのかに軸足を置いて決定していけば、意見の相違の調整は可能である、という彼女の意見と一致した見方である。

一方、弱点としては次の点が指摘されている。第一に、自治体が、協同組合に対して大きな監視力、影響力を持つようになったこと。自治体の理事会参入に際しては、理事会メンバー総数の三分の一を超えないとすることで、自治体からの一方的なコントロールを避けるための仕組みを置いてはいるものの、それだけでは、自治体が過度の介入を求めた時、協同組合の自立性を守るのに十分な保障とはならないという。

この点については、論理的にそうした危惧が生ずることは当然としても、次の二点で相対化することは可能ではないか。まず第一に、前述のように「自治体」側の理事者が、首長と議会野党代表といった形で、必ずしも一枚岩の利害関係にないこと、また第二に、ステラ・モンティスの場合、これまで実際に生じた対立については、むしろ右記の「強み」を活かす形で決着させる実績を作ってきたことなどである。

メナパーチェ等は、二番目の弱点として、対立や葛藤が前面に出た場合、理事会がその調整機関となってしまい、方針決定にいたる過程の議論の共有が希薄化することを危惧する。さらに言えば、自治体の論理と協同組合の論理が、それぞれ外部で固められ、理事会に持ち込まれることで、理事会が独自に対立点を再構成し、昇華させる機能が発揮できないとする問題点も示す。

言い換えれば、前述の「強み」は協同組合側にかなり高度な知識と実践力を持った理事者が存在して、初めて機能する「強み」であり、したがって「ステラ・モンティス」型の自治体参加は、それを構成する人々の資質に大きく左右される面を持っているといえる。

ここまで慎重論を展開することは杞憂のようにも思われるかもしれないが、弱点を指摘したリバルディ氏とメナパーチェ氏は両名ともここ十数年の、トレンティーノ・アルト・アディジェ地域の社会的協同組合連合会を先頭にたって牽引してきたリーダーである。行政との「パートナーシップ」に対して楽観を許さない態度は、これまでの試行錯誤の経験に依るものと考えてあえて紹介をした。

(2) 中心的なスタッフとして重視すべきこと

二回目以降のインタヴューはマリアンジェラさんの大学研究室で行った。部屋に入る時も出る時も、卒論や試験の相談で学生たちが廊下に長蛇の列を作っている。その合間に大学事務局のメンバーも入れ替わり立ち替わり訪れては、彼女に相談事を持ちかける。「先生、ゼミの時間です」と学生が呼びに来る。ひっきりなしの人の訪れに彼女は穏やかに対応しながら、「ここが終わったら、夕方からまた山の上で一仕事だわ」と笑った。

内側には明確な方針を持ちつつも、その場にいる人々が、事柄の中枢的な部分に関わることのできる環境（制度的な仕組み、教育機会、そして個人的な接触）を作りつつ、意思決定の過程に多くの人を抱え込んでいく。しかし単に調整役に徹するわけではむろんない。終始穏やかに話していた彼女が、一瞬厳しい表情になった話題があった。前述の、人事政策をめぐる自治体との対立である。地元雇用を優先するか専門性を重視するかで、膠着状態となった時、彼女は「専門性重視」の原則を取らないならば理事長を降りる、という強硬態度で臨んだという。

こうして硬軟自在に組織や一人ひとりの関係者と向き合いながら、二年の設立期を乗り切ってきた彼女の存在なしには、確かに自治体参加型理事会のシステムが、その「強み」を発揮できたかどうかは未知数だ。

最後に、今「ステラ・モンティス」で何を重視しているかを問うと、彼女自身が協同組合を抜けたとき、これまで築き上げてきた理念や手法が、より多くのメンバーに共有されて、維持できるようにすることだと言った。「マルチステークホルダー」をはじめ、共同参画型の制度がいくら形として存在しても、その制度を血肉化するべく人々へ不断に働きかけることなしには、せっかくの強みの発揮がおぼつかないことを示唆するコメントであった。

注

(1) ステラ・モンティス協同組合への見学、インタヴューは、二〇〇〇年一月五日、一八日、二月一五日、三月一日、理事長のフランク・マリアンジェラ(Franc Mariangela)さんの協力で行われた。

(2) Libardi, G.e Menapace, A., "Le società miste", in Fazzi, L.e Messora, E. (a cura di), *Modelli di walfare mix*, Franco Angeli, Milano, 1999, pp. 144-162.

(3) 国のレベルでは社会的協同組合法の制定は一九九一年であるが、それに先だって複数の州で独自に社会福祉サービスを提供する協同組合に対して一定の法的認知を行ってきた。とりわけトレンティーノ・アルト・アディジェ州では一九八三年という極めて早い時期からA型社会的協同組合を制度化してきた経過がある。

(4) Libardi, G.e Menapace, *A., op. cit.*, pp. 144-162.

第十章　社会的協同組合と行政とのパートナーシップ

1　はじめに――事業受委託や入札のあり方をめぐる問題点

社会的協同組合と行政との事業の受委託をめぐっては二つの問題点が想定される。第一に「政治的な権力関係」である。これにより、①実際上水平的な「パートナーシップ」が困難で、受注側は創意工夫を発揮するというよりも下請的な立場となる傾向が強いこと、②発注側の評価基準が曖昧で、専門的な検討に欠け、恣意的な選択が行われやすいこと、さらには不鮮明な選択基準が時として不正の温床にもなり得ること。

また第二の困難として「情報の不均等」がある。受注側と発注側を比較すると、サービスの質や価格の適正度に関する経験と情報が受注した側に多く集積する。発注側に高度な管理能力がない限り、事業が適切に行われているか把握するのは難しい。外部委託は自治体側の合理化の一環で行われるケースが多いため、その業務に熟知したエキスパートが発注側には手薄となるのが常である。

これら二つの困難、「権力的関係」と「情報の不均等」によって、行政による直営事業の外部化は短期的にはコスト安かもしれないが、双方の信頼関係の不在、発注側の管理能力の低下、それに甘んじた受注側の財・サービスの質の低下といった危険が常に存在する。(1)

公的サービスの運営を民間に委ねれば自動的にコストと質が改善されるとする議論は、明らかに短期的な効果にのみ目をむけたものである。にもかかわらず、そもそも、従来自治体が直営でやってきた事業を、外部に委託することの妥当性について、非営利・協同の側が十分吟味してきたとは言い難い。本書との関わりでその理由を推察するなら、社会的協同組合の場合、元から「官」が対処し得なかった「新しい貧困」や「生きにくさ」への対応（「社会的発明」）を出発点とするものが多かったことが挙げられよう。初発の時点では、自助的・共助的な対応だったものが、やがて社会的認知のもと、資金面において公的な保障を得られるようになった。第六章の「プロジェットH」はその典型例である。

しかし逆に、アウトソーシングの受け皿として、「官」が率先して協同組合設立を誘導したケースも少なくはあるまい。本書では、アソシエイティヴなつながりが社会的協同組合を生み出す土壌を形成すると考えてきたが、第四章の表4-8、4-9で見たように、南部イタリアでは「社会的協同組合設立状況」と「ボランティア団体数」が必ずしも相関していない。このデータをもって直ちに「これらの協同組合の中には、アウトソーシングを目的として政策的に上から設立を促されたものが多い」と結論づけるのはむろん性急ではあろうが、特に制度化以降に設立された協同組合には、少なくとも「上」からと「下」からの二つの流れがあることは認めざるを得ない。

この点については、トレントのCGIL（イタリア労働総同盟）の幹部は、無原則なアウトソーシングに非営利・協同の陣営がもっと批判的であることを求めたいとした。確かに現在の社会的協同組合の事業連合の論議を追いかけていると、入札改革や契約関係の高度化等、「受委託」を前提とした上で、いかにそれを対等なものにしていくかについては熱心な検討がなされていることが見て取れる。しかし、なぜある事業が「受委託」の対象となるのか、自治体労働者も非営利・協同組織に働く者も「受委託」の妥当性を問う作業は、相対的に弱い。特に協同組合における労働運動がこの点についての問題提起をしていくべきだというのが、先のCGILトレント支部の幹部の考えであった。

本章では、右記の警告を重視しつつも、大枠としては、受委託関係において、どのようにより対等な形が模索されつつあるのかを中心的な論点として以下の二点を検討していきたい。

まず第一に、イタリアにおける地方公共団体と非営利事業体（ここでは社会的協同組合に限定して論じる）の「受委託」関係の変遷を概観し、法的な枠組みと実例を追うこと、また第二に、そうした受委託関係が、協同組合、行政、さらに市場にどのような影響をもたらすのかを論じるための課題を提示することである。

最初に地方公共団体からの受注が多い現状にあって、その関係がどのように変遷し、いかなる問題を抱えてきたのかを概観する。続いて、そうした変遷の結果、現在どのような到達点にあるのかを、法的な枠組みによって特徴づけ、そうした州法の規定を受けた協働が実務レベルではどのような形をとるのか、ブレーシャ県の高齢者ホームに関わる公示書類を題材に検討したい。最後に、きわめて大ざっぱではあるが、「受委託関係」の見直しが、そこに関わる各主体（協同組合、行政、市場）にどのような影響をもたらすのか、仮説的に述べつつ契約関係の再構成がもつ社会的な意味を探ることとする。

2　事業の受委託からみた地方公共団体との結びつき

(1)　非営利事業体の収入構造にみる「公共」との結びつき

第三章第二節で論じたように、社会的協同組合の事業構造は圧倒的に地方公共団体からの委託によって支えられている。

社会的協同組合の事業構造について「公共団体への過剰な依存」を問題視し、「民間受注の増加」と「公共団体への依存からの脱却」を課題としてきたのは、主としてLEGA系の協同組合である。同協同組合の場合、比較的組織規模が大きく、企業性を重視する傾向が強いため、民間からの受注を重要視する意見が早くから聞かれた。たとえば、A・アルベラーニ氏（一九九七年当時LEGAボローニャ連合の「社会政策」責任者）も「公と民の関係を密にするというウェルフェア・ミックスの考え方を踏襲すると同時に、急を要する新たな必要性を抱える民間の利用者に対して、直接新しい答えを提示する」ことの重要性を訴え、「われわれ社会的協同組合が大幅に公共部門に依存している状況を脱したいと考えている」としている。(2)

一方、自治体との深い結びつきを前提としているのが、CGM系の社会的協同組合である。もともとイタリアの非営利セクター（歴史的にさかのぼれば教会勢力）と国家との関係は密接なものであった。国家が、カトリック勢力に守られて根付いてきた社会的組織（Caritasなど）を積極的に庇護、援助してきた経過から、公的な資金が非営利組織に流れる仕組みが定着している。社会的協同組合は、こうしたカトリック系の組織を母体とするCGM傘下の協同組合が全国的にも発展しており、「公共との密接な関係」が前提となっているケースが少なくない。むろん、社会的協同組合は「新しい貧困」問題を自前で解決するために「社会的発明」として登場してきたことも事実だが、州レベルで独自にそれらを法的に認知し制度化する試みは、例えばカトリック系の運動が強いトレンティーノ・アルト・アディジェ州では一九八〇年代初頭から始まっている。

自治体からの受委託をめぐる考え方としては、①公的財源への依存体質をどう変えていけるのかとする視点と、②公的財源の活用にあたって自治体との関係をどのように生産的なものとすべきかという視点との二つから検討すべきところだが、本章では後者に絞って議論を進めていきたい。

(2) 社会的協同組合と自治体との受委託関係——入札方式を中心に

前項では、歴史的経過や事業分野から、公共との強い結びつきを前提とせざるを得ない現状を受けて、「公共」との関係をどう生産的に再生するかが問われていることを確認した。その一環として、公共サービス事業の受委託関係における「価格以外の指標の導入」やプロジェクト能力を問う「提案型競争入札の方法」が検討されるようになってきている。

そこで始めに、そうした段階にいたるまでの前提的な議論として、受委託関係の経過と方式を概観したい。[3]

M・マイエッロはその経過を「イタリアでは、伝統的に外部委託が根付いているものの、透明性、質の統制、真の競争、共有された基準、それに基づく選択を欠くものだった。これらをめぐる改革は、単に理論的な要請からのみなされたわけではない。自治体と民間の双方を擁護し、またもちろん地域社会を擁護するために両者の関係に介入することが必要とされた」[4]とする。外部委託に際して、①自治体が何を外部委託するべきかの選択基準、②外部の財・サービス提供者の選定方法（不特定多数を対象とした一般入札か、指定業者入札か、特定業者との随意契約かなど）、③契約や協定内容の明確化の三点から、社会的協同組合と公共団体との関係づくりが進んできた。

まず、自治体が公的サービスを委託する際の契約者選定の基準として、EUの政策を受け、一九九五年イタリアでも通達一五七号にて、「a、単に価格が最も低いものを選択する」あるいは「b、経済的に最もアドバンテージが大きい業者を選択する」ことが義務づけられた。「a」と「b」とでは双方とも「経済的メリット」に言及しているため、違いが読みとりにくいが、「経済的に最もアドバンテージが大きい」とは、「事業者の仕事の質、地域への根付き方、企業的能力、当該分野での経験の蓄積などを見極め」た上で、「自治体が定めた枠や公示にある条件や協定内容を満たす」業者に事業を委ねることを意味する。こうした理解が自治体側でも徐々に共通認識となり、各地域の州法への盛り込みが進んでいった（次項参照）。また、多角的な評価基準の導入にあたっては、それぞれの項目を点数化するパラメーター方式が採用された。

なお、右のような「経済的に最もアドバンテージが大きい」事業者の選定にあたっては、入札方法も、従来の一般入札、指定業者入札、随意契約の三種に加え、自治体が大枠を示し、業者が、その枠内で裁量を発揮しつつプロジェクトの起草から価格決定まで総合的に提案するプロポーザル方式（appalto concorso）が採用されるようになっている。

以上を簡潔にまとめれば、次のようになろう。イタリアにおける公と民間の契約関係では、基準のはっきりしない不透明な方法によって政治的腐敗が横行した後、「低価格であること」が主たる基準となった。しかしこれではアングラ労働の温床となったり労働者の権利擁護が崩れ、ひいてはサービスの質が保障されないなどの弊害が出てきた。また、民間委託の効果をめぐってＩＲＳ（Istituto per la Ricerca Sociale＝社会調査機構）が一九九一年に行った調査では、「最低価格原理」のもとでも、民間委託が自治体財源の節減に効を奏していないことが浮き彫りにされた(5)。こうした無原則な委託に対する反省のもとに、価格と質の両者を勘案する選択方式が模索されてきたといえよう。その際、Ａ型社会的協同組合についてはプロポーザル方式の競争入札を、またＢ型社会的協同組合については一部随意契約で行う（三八一号第五条）というのが入札方式の大きな流れとなった。

さて、次の問題は、価格とならんでこの「質」を測定する方法、また、価格と質を点数化した後の、両者の配分方法である。したがって次にこの二点をめぐって、制度上の枠組みの把握と事例の提示を行いたい。

(3)　州法における「委託」の法的な要件

社会的協同組合法三八一号第九条では、自治体と協同組合の受委託をめぐり、各州法で契約方式、入札で検討

表 10-1　自治体と社会協同組合との間の受委託に関わる協約の際，明らかにされるべき要件

受委託にあたって明らかにすべき要件内容	州名			
	ロンバルディア	エミリア・ロマーニャ	トスカーナ	サルデーニャ
サービス対象者の限定，サービスの内容および実施方法	○	○	○	○
期間および延長や更新に関わる規定	○	○	○	○
サービスを提供する者の職業的専門性，特に技能責任者の資格，経歴，専門的資質	○	○	○	○
職業教育への参加方法		○		
ボランティアの関わり方	○	○	○	○
設備の衛生上，安全上の基準	○	○	○	○
委託事業の分野における協同組合の実績	○	○	○	○
とくに標準的な機能と活用すべき人材の指標を重視			○	
適用の労働協約	○	○	○	○
支払額と支払い方法	○	○	○	○
サービスの質，利用者保護に関する評価方法	○	○	○	○
・利用者を対象とした定期的な調査の実施	○			
・QC の実施方法			○	
・利用者団体や協約を結ぶ労働組合の協力による評価		○		
利用者と労働者の保険に関する規定	○	○	○	○
契約の不履行や契約解消に関わる規定	○	○	○	○

表 10-2　B 型協同組合への委託をめぐる規定

受委託にあたって明らかにすべき要件内容	州名			
	ロンバルディア	エミリア・ロマーニャ	トスカーナ	サルデーニャ
91 年法 381 号第 1 条 1 項 b に規定される協同組合と自治体との契約にあたっては，社会的に不利益を被っている人々の労働参加のための雇用創出を目的として明記しなければいけない	○	○	○	○
委託されるサービスの量，生産性，ハンディを抱えた就労者への教育的な効果に言及した上での人数の確定	○			○
必要とされる仕事と関連づけたハンディの種別		○		
中長期的視野にたつ，各利用者に個別化された計画の存在と支援形態の数と種類		○	○	

Olivelli, P. (a cura di), *La disciplina giuridica del volontariato e delle cooperative sociali*, Università degli studi di Macerata, 1995 より田中作成.

するべき事項、契約者選定方法などを定めるよう求めている（ただし州法における取り扱いは様々で、特に規定を設けていない州もあれば、エミリア・ロマーニャ州、バジリカータ州、リグリア州、ピエモンテ州などのように独立の章を設けて詳細を定めている州もある）。

この項では、ロンバルディア州（一九九三年州法第六号）、エミリア・ロマーニャ州（一九九四年州法第七号）、トスカーナ州（一九九四年州法第一三号）、サルデーニャ州（一九九七年州法第一六号）の各州法を参照しながら、[6]州法で規定されている社会的協同組合と自治体との関係を、とりわけ受委託に限ってみていくこととする。いうまでもなく、ロンバルディア州はCGM参加の社会的協同組合の本拠地ブレーシャ市を含む州であり、トスカーナ、エミリア・ロマーニャの両州はLEGA系の協同組合の活動が活発な地域となっている。またサルデーニャ州は、経済条件の厳しい内陸部で社会的協同組合が活発な地域であり、州法ができたのは一九九七年だが、八八年の時点で、社会的協同組合を想定した州法（一九八八年州法四号）を出している。

表10-1、10-2では、委託に際して明らかにすべき点が列挙されている。おおむね共通しているが、サービス提供者の教育方法や、事業評価の手法等については、地域ごとに独自の定めが見られる。これらはサービス・財の分野にかかわらず一般化・抽象化された規定だが、これにそって自治体は公示の中で具体的な要件のリストとその点数を示すことになっている（次項(4)参照）。

(4) 委託の法的な枠組みからみた行政との受委託関係

以下では「契約者選択のための基準」について州法の規定を追ってみよう。これについては、前述の「明らかにされるべき要件」と異なり、表記の有無、表記法のばらつきが大きい。ここでは右の点について独立した条項を有するトスカーナ州の規定を参照する。同法では次の三点を重視するべきとしている。

①サービスを提供する組織のプロジェクト能力
②委託された事業の複合性に応えられるような組織的能力および経済的・資金的能力
③協同組合が、委託された事業の担当者として想定している協同組合メンバーの専門性、経験
また、B型協同組合との受委託については、さらに以下の二点の重視を求めている。
①ハンディを抱えた人々の労働参加という目的に照らしてプロジェクトが有効であるか
②委託事業が行われる地域との結びつきが深いか
エミリア・ロマーニャ州とサルデーニャ州はほぼ同様の記述となっており、以下の五点が挙げられている。
①当該部門における、国や州の定めで求められる標準的機能を持ち合わせていること
②当該部門の各種契約や規定の尊重
③プロジェクト能力、組織能力、イノヴェーション能力
④担当者の職業的専門性
⑤同一の部門を担う公的機関、民間組織によって作り出されている価格―質のバランスに照らした評価
⑥企業的安定性
その他、受委託関係をめぐる興味深い点として、
①トスカーナ州法(第九条第四項)では、受委託関係の性格づけをあらわす次の一文が置かれている。
「地方公共団体と協同組合の受委託関係は、双方の、組織面でのオートノミーによって特徴づけられている。地方公共団体はサービスの給付を委託し、協同組合は、委託された事業を遂行するため、諸々のファクターを結びつけながら複合的な組織として機能する」。
②エミリア・ロマーニャ州法(第一〇条第一項)では、価格と質のバランスに言及した次の一文が見られる。

「福祉・医療・教育サービス運営の評価を目的として契約相手を選択する際は、単に、通常の選択基準とされる最低価格と異なる客観的な基準についても言及しつつ、提起されたサービスが評価されなければならない。」

③さらにピエモンテの州法（一九九四年州法一八号、第一二条第一項）では、社会的サービスの委託決定の際の基準として「いずれの場合でも、最低価格であることのみをもって決定することは禁じられる」とし、一般の公共事業における「最低価格」重視の申し合わせを、社会的協同組合との契約関係においてははっきりと排除した形となっている。

以上、州法の受委託関連の規定を概観してきた。むろん、州法の規定の、現実場面での運用がどのようになっているかについては別途検討が必要だろう。たとえば、エミリア・ロマーニャ州法一〇条「契約者選定のための評価基準」は、一九九七年三月および四月の改正で、その第五項に「契約者選定に際して、価格的要因は総合的評価点の五〇ポイントを越えてはならない」という条項が加えられた。ところが九七年六月の時点で筆者がＬＥＧＡの政策担当者アルベラーニ氏からおこなったヒアリングによれば、ボローニャ市では、引き続き、価格に六〇ポイント、提供されるサービスの質に四〇ポイントの配分で契約者の選定を行うとしており、協同組合の側からは、自治体のパートナーシップの捉え方に対する強い疑問の声が挙がっていた。(7)

逆に、ロンバルディア州法では、ポイントの具体的な指示がないものの、次の例にみるように、先進的な試みに対しては、「価格最高三〇、サービス内容他最高七〇」あるいは「価格最高二〇、サービス内容他最高八〇」といった公示も見られる。州法の規定と現実とのズレを含めた対応関係の分析は、筆者の能力をはるかに越える課題なので、本項では以上の言及にとどめ、次に高齢者施設運営委託の公示例を通して、「社会的指標」と「経済的指標」がどのように具体的な項目に落しこまれているのかを見てみよう。

表 10-3　「ティルデ・エ・ルイジ・コロージオ」の運営委託先選定の評価項目と点数配分

A.	高齢者を対象とした社会・医療サービスの分野での能力と実績（最高 15 点）
(1)	高齢者を対象とした居住型施設の運営経験
(2)	高齢者を対象とした他の形態のサービス供給の経験
(3)	高齢者を対象とした政策上，あるいは業務上の実験的な取り組みの経験
(4)	高齢者を対象とした社会的援助に関わる研究調査，出版物
(5)	その他
B.	社会的企業としての職業的専門性と組織機構（最高 15 点）
(1)	高齢者施設を運営するための特殊な専門性を有するスタッフがそろっているか
(2)	専門性の高い補助スタッフがそろっているか
(3)	基本的な職能形成および現在の能力の向上をはかる教育の運営経験
(4)	その他
C.	この自治体に住むボランティアおよび利用者がもつ，専門的な資源の価値を認めそれを活性化するための能力・実績（最高 10 点）
(1)	サービスの供給にあたる恒常的なボランティア
(2)	恒常的な関わりをもつボランティア団体
(3)	社会的協同組合による新しいイニシアティヴ
(4)	社会的協同組合，ボランティア団体による，この地域への実践的な参加
(5)	利用者の側からのコントロールを活性化するような経験
(6)	その他
D.	施設運営のプロジェクト（サービスの複合性，特徴，質）（最高 30 点）
(1)	サービス供給の全体像
(2)	技術的な特徴
(3)	サービスの総合的な質とその評価方法（自己評価および第三者評価の両者によるもの）
(4)	サービス担当者の職業的な質
(5)	利用者本人とその家族の，施設への関わり・参加の方式
(6)	統合的サービスの特徴
(7)	市が関係する他の高齢者サービスとの関連づけの方式，特徴
E.	価格（最高 30 点）

$$X=\frac{B}{A}\times 30$$

ただし A＝評価すべき価格，B＝オファーの中の最低価格，X＝点数

3　実践的な事例――公示書類を題材に

(1)　ブレーシャにおける居住型高齢者施設の委託公募の要件

ここでは、ロンバルディア州ブレーシャ県の自治体ロデンゴ・サイアノ市（人口七千五百人）における、公設民営型の居住型高齢者ホーム「ティルデ・エ・ルイジ・コロージオ」（Tilde e Luigi Colosio）[8]の運営委託にあたって行われた「プロポーザル方式による入札」の概要を、入札公示書類から見てみよう。

同施設は、九九年夏開所した高齢者ホームである。自立的生活が全く不可能とされる九割の高齢者と部分的に自立的な生活が可能とされる一割の入居者から構成される一〇〇床の施設だが、建物の構造はもとより、生活の組み立て方をはじめ介護や医療の体制も利用者二〇人ずつを基本単位としているため、グループホームの集合体の感が強い。公設民営による同様の試みは、ボローニャはじめ、国内でもいくつか例があるものの、全体的にはまだ少なく、新しい試みである。

この施設運営委託にあたって、市が公示した入札に関わる協定内容（capitolato）第七条「選定の基準」[9]によると、選定は以下五つの基準を一五～三〇点の点数づけを伴っておこなわれる（表10-3）。

また、入札の資格者は社会的協同組合もしくは社会的協同組合連合とされている。

同表からは以下の特徴が見られるといえよう。

①価格とサービスの特質の勘案の割合

価格とその他のパラメーターのバランスが三〇対七〇とされ、通常の五〇対五〇、あるいは六〇対四〇という設定と比較すると異例の配分となっている。[10]

②サービスの「質」把握のための多角的な検討

提案されたサービス内容やその遂行能力はむろん、その前後、すなわち教育（熟練者の再研修も含む）と複数の評価（自己・第三者による複眼的な評価）のシステムが確立されているかが問われている。

③地域的要素の重視

比重自体はそれほど高くないにしても、CおよびD-(7)にみられるように、協同組合として地域的な関わりをどの程度重視しているかが、問われている。また、その一環として、ボランティアや家族など、地域資源のネットワーク形成や活用が促されている。

(2) 協同組合側の対応

さて、こうした行政側の要求に対して、協同組合の側はどう対応しているのだろうか。

「小規模」「特定の専門分野」「地域性」の三つをモットーとするコンフコープ系のブレーシャ社会的協同組合連合（Sol. Co. Brescia）傘下の協同組合が、右のような複合的・統合的な施設運営の要請に単体として応えるのは難しい。そこでブレーシャ社会的協同組合連合の内部に、分野別六つの単協（福祉サービス、ビルメンテナンス、レストラン、衛生管理、清掃など）からなる事業協同組合GENESISを結成し、連合組織が契約主体となった。入札にあたっては、ピエモンテやトスカーナ、シチリアなど他地域からの協同組合の参加が数件あったという。「地域的要素の重視」の点からみれば、GENESISが州外の事業体と比べて有利ではあるが、しかし他のパラメーターの比重を考慮すれば、競争原理は機能していると考えられる。

同事業協同組合の代表で施設の責任者でもあるエレナ・ヴァレンティーニさん(11)によると、例えばサービスの内容や方法におけるGENESISのイノヴェイティヴな部分として、以下の例を挙げられた。

①利用者グループのヘテロな構成——重度、中度、軽度の利用者を組み合わせたグループ構成により、利用者が必要とするサービスを効率的に配分し、また十分な時間的ゆとりをもってサービスを行える[12]。

②家庭的な規模を基本単位——拡大家族の規模を念頭に二〇人を基本的な単位として生活、介護、医療サービスを構成。診察室、食堂、居間も二〇人ごとの居住空間にそれぞれ設置。

③チームによる統合的サービス体制——介護士、看護婦、医師、理学療法士、アニマトーレ(レクリエーションや学習活動を担当)等に、異なる専門職でチームを構成し、各「拡大家族」を担当して、生活・医療・福祉の統合的サービスを供給。

たとえばこうした事柄は、公示書類中D-(6)として考慮されることになる。

さて前節では州の規定を、また本節では公示例および協同組合側の対応のアウトラインを見てきた。そこで次節では、結論というよりも、こうした委託関係の変遷が、非営利セクターと行政にどのような刷新をもたらしたのか、以下の三点を仮説的に提示し、より詳細な検証については今後にゆだねたい。

4 契約関係の再構成がもつ社会的な意味

行政と社会的協同組合との委託関係の明確化と再構成は、まず第一に社会的協同組合の運営において、公共性と事業性を理念レベルでなく実践的レベルでどう両立させていくかを問うものであった。すなわち、非営利組織の側の、組織づくりや仕事のあり方に関わる刷新の促進である。入札書類づくりというプラクティカルなレベルでなく、専門性、合理的な仕事の遂行、組織内・組織間のネットワーク能力、利用者との関係、地域とのつながりなどをめぐって、日常的に自己評価、外部評価を重ねるプロセスは、おのずと組織自体に大小のイノヴェーションをもたらす。

第二に、市場との関係である。そもそも、両者の契約関係は、これまで市場の中で当然視されていた契約関係(低価格の最大重視)を相対化し、他の評価項目を導入した上で、その比率を変更していくという流れの中から形成されてきた。つまり契約関係の再構成は本書の第一章で述べた「市場の社会的構築」(A・バニャスコ)(13)の一端として位置づくのではないか。

また、労働市場に対する影響についても言及の必要があろう。イタリアにおける非営利・協同組織の位置づけは、福祉の供給主体というばかりでなく、雇用創出の担い手としての期待も強い。次章に見るように地域の労働政策との連携も地域によっては密に行われている。(14)契約関係の再構成との関連づけからはやや離れると受け取られるかもしれないが、量的な雇用創出に留まらず、契約のための協定づくりでは、誰がどのように働くかを掘り下げて検討することを求められるため、特にB型協同組合に働く人々の労働との関わりを質的に保障する可能性が増すと考えられる。

第三に、行政と事業体の関係の見直しは、行政側にも刷新をせまることとなる。C・ランチによれば、契約関係の再構成によって以下二点の「新たな、契約の文化」が生まれつつあるという。(15)

①パートナーシップ形成を前提としたルールづくり

州法では、公的な財源にアクセスするため、協同組合に対して拘束力の強い規定(専門的力量のレベル、働く人々の資質、労働協約の遵守など表10-1、10-2に見た様々な要件)を設けて、協同組合を統制下に置いているともとれるが、これは逆に見れば、行政が潜在的なパートナーを見出すための行為であり、管理の対象というよりも、政策決定の分野でも非営利セクターに市民権を与えようとする意図につながるともいえる。

②地域社会における実験としての契約関係づくり

低価格を重要視する公共事業一般の入札方法の限界が明らかになった段階で、契約者決定のための基準づくりと契約内容の明確化が強く求められた。一九九一年の社会的協同組合法三八一号は契約者選定のために、経済的合理性とならんで、サービスの質や事業者の社会的な信頼性に触れた基準づくりを志向した初めての法だった。それに基づいて各州法では契約関係のあり方を定式化していくわけだが、C・ランチによれば「新しさ」は定式自体にあるのではなく、そのプロセス――必要とされるサービスの質を見極めて、契約内容を確定していくという行政側の仕事のプロセスにあるという。

新しい契約システムづくりを通じて、行政がどう変わったかについての議論は、実証的な段階ではイタリアでもあまり展開されていないが、非営利・協同セクター台頭に対する評価、意味づけともかかわる重要な研究分野であろう。非営利・協同セクターは、「政府の失敗」の補完物、つまり公では機能不全をかかえざるを得ない福祉システムのほころびをカバーする道具の一つなのか、あるいは「失敗」を重ねてきた行政に、市民社会からの働きかけによって再生を促す「社会的発明」（ホワイト）の一端なのか。また、後者に転じていくにはどうすればいいのか。その問いに答えるために、右の三点にかかわる実証的な研究が、今後は不可避の課題ではないだろうか。

注

（1）Hansmann, H., *The ownership of enterprise*, The Belknap Press of Harvard University Press, 1996, pp. 24-34.

（2）「社会的協同組合—理念、提言、見直し」（一九九七年五月一六日ボローニャにて開催された集会記録より）。

（3）「概略の把握」については、Maiello, M., "Italia" in Borzaga e Santuari (a cura di), *Servizi sociali e nuova occupazione: l'esperienza delle nuove forme di imprenditorialità sociale in Europa*, Regione autonoma Trentino-Alto Adige,

Trento, 1998, pp. 341-372（マイエッロ「イタリア」（中川雄一郎訳）協同総合研究所編『欧州ワーカーズコープ最新事情—社会的連帯・就労支援への協同の広がり』、一九九九年）、および Lepri, S., 'Cooperazione sociale ed enti pubblici', in CGM (a cura di), *Imprenditori sociali : Secondo rapporto sulla cooperazione sociale in Italia*, Fondazione Giovanni Agnelli, Torino, 1997, pp. 219-234 ; Lepri, S., 'Alcune linee operative nella contrattazione', in *Impresa Sociale*, genn./febb. 1996, CGM, Brescia に依拠している。

（4） Maiello, *op. cit.*, p. 365.

（5） Barbetta, G.P., "Sul contracting out nei servizi sociali", in Borzaga, C. (a cura di), *Non profit e sistemi di welfare : il contributo dell'analisi economia*, La nuova Italia Scientifica, 1996, pp. 127-129.

（6） 州法の原文は、Olivelli, P. (a cura di), *La disciplina giuridica del volontariato e delle cooperative sociali*, Università degli studi di Macerata, 1995 を参照した。したがって本稿では一九九五年以後の改正が反映されていない。また、エミリア・ロマーニャ州法の全訳として、「社会的協同組合促進州法」（菅野正純訳）協同総合研究所編『欧州ワーカーズコープ最新事情—社会的連帯・就労支援への協同の広がり』、一九九九年を参照した。

（7） 一九九七年六月、LEGAボローニャ本部にてアルベラーニ氏からのヒアリングによる。

（8） 高齢者ホーム「ティルデ・エ・ルイジ・コロージオ」は、同施設発行の概要によれば以下の通り。「医療・福祉居住施設「ティルデ・エ・ルイジ・コロージオ」は高齢者介護の先進的な試みとして構想され建設された。ここでは医療面・社会面双方の高度な統合を目的として、ケアと居住サービスが一体的に織り込まれている。家庭的な環境に類似の仕組みとするため、居住空間は二人部屋、二〇床を一つのまとまりとして（施設全体では一〇三床）、そのまとまりごとに厨房、食堂、居間、介助浴室、医務室を配置している。リハビリや医療的サービスに加え、レストラン（各コア別のものの他、施設外の人も出入りできるレストランが一階に設置されている）、バール、多目的ルーム、運動室を完備。サービスにあたるのは、高度な専門性を持った医師、看護婦、介護士、理学療法士、レクリエーションなどを担当するアニメーター、ソーシャルワーカーである。（中略）この施設の斬新性は、右記のみならず、運営面でも見られる。運営にはブレーシャ社会的協同組合連合によって設立された社会的協同組合GENESISがあたり、社会的協同組合の本質的な要素、すなわち人間性、連帯性、互恵性、支援、透明性、共有性、民主的参加を発揮するべく、活動に携わる。目標は、家庭的で快い、利用者にとって等身大の環境を再生し、それによってすべての人が自己実現の場を見出すことにある。」

なお、入居の条件は地域居住者優先。また料金体系（一九九九年八月一日現在）は、自立的生活が全く不可能な利用者の場合一日あたり一三万五四一五リラ（うち利用者負担は六万五四一五リラ）、部分的に自立的生活が可能な利用者の場合一日あたり九万五七〇七リラ（うち利用者負担は五万八七〇七リラ）。

（9） Comune di Rodengo Saiano, "Capitolato speciale per l'affidamento del servizio di gestione della residenza sanitaria assistenzale casa di riposo".

（10） ロンバルディアの州法では割合についての明記がない。州法の中でこの割合を明記しているのは、準備中、改定中のものも入れ少数であり、多くは通達などで規定されている。CGM研究センターのザンドナイ（Zandonai）氏（九月二一日ヒアリング）によれば、この「価格三〇、サービス内容他七〇」という重みづけは例外的なものであるとのことだが、一九九六年、ミラノ市における「障害を持った人、およびその家族に対する在宅サービスの委託」事業にも、「価格二〇、サービス内容他八〇」という点数配分による公示例が見られるなど、同州においては、社会的指標の重視が広がりつつあるといえよう。

（11） ヴァレンティーニ（Valentini, E.）さんには一九九九年九月一一日にヒアリングと施設見学に応じていただいた。

（12） 例えば二〇人の利用者に対し介護士は九人態勢。これで一日のべ三五時間のサービスを保障。その他のサービスについては、利用者一人当たりで換算すると、一週間当たりリハビリ二八分、医療行為四二分、看護婦によるサービス一四〇分、アニマトーレによるサービス一七分となっている。

（13） 田中夏子「地域社会における社会的耐久力をめぐって―A・バニャスコの概念『インフォーマル・エコノミー』および『市場の社会的形成』を手がかりとして」『地域社会学年報 第七集 地域社会学の新争点』日本地域社会学会、一九九五年。

（14） Maiello, M., "Agenzia del lavoro di Trento : un progetto per le cooperative di inserimento lavorativo", in *Impresa Sociale*, magg./giu. 1997, CGM, Brescia.

（15） 社会的協同組合を規定する三八一号の副産物として、行政文化の刷新が生じたとする議論の例として Ranci, C., *Oltre il welfare state : Terzo settore, nuove solidarietà e trasformazioni del welfare*, Il Mulino, Bologna, 1999, pp. 260-262.

第十一章　労働市場の社会的構築——障害者就労支援を例として

1　はじめに——ワークフェアを担う非営利・協同事業組織

第九章、十章に続き、自治体と社会的協同組合の連携の三つ目として本章では、障害者の就労支援政策の事例に目をむけていきたい。周知のように近年では、ILOはもとより世界銀行の一部においても、またオランダ、イギリス、北欧諸国をはじめとするEU各国でも、社会的排除の対象となる人々の「労働を通じた社会参加（ワークフェア）」が重視されるようになってきた。(1) もちろん「ワークフェア」といってもその意味するところは多義的である。「福祉の後退」か「社会的排除の克服か」、「ワークフェア」という呼称のもとに展開される諸政策がいずれの文脈に属するものか、見極めていく必要がある。

イタリアは、EU全体から見ると障害者を対象とした「積極的労働政策」の面で特に際立った存在ではない（OECD報告）。しかし非営利・協同組織は、一九五〇年以降、女性や南部イタリアといった条件不利地等で雇用創出の営みにも深く関わってきたし、産業構造転換の中で合理化の危機に直面した労働者が工場生産を引き継ぐその受け皿としても協同組合が注目された（マルコーラ法）。さらには若年失業の問題や、七〇年代以降社会的な課題として認識されるようになった「新しい貧困」の解決を「労働参加」を含む形で志向してきたのも、非営利・協同組織であった。

イタリアの場合、そうした下からの、あるいは基礎自治体や州を含めた地域からの試行錯誤の蓄積については多くの参照すべき点があると考えられる。(2) 本章ではその一例として、北東イタリア、トレントの社会的協同組合の事業連合組織「コンソリダ」(Consolida) とトレント県の労働公社との一〇年にわたる息の長い協同プロジェクト(「プロジェット11」)について言及していきたい。それに先だってまず次節では、社会的協同組合と雇用政策との関連を見ていきたい。

2 社会的協同組合がもたらした雇用政策上の効果

(1) B型社会的協同組合による雇用創出の量的把握

社会的協同組合とは「生きにくさ」に直面した当事者とその仲間が「ともに生きよう」という意図のもと、アソシエーションや生活共同体の形をとって出発した組織であり、政策上の「道具」でないことは言うまでもない。しかしながら近年では、雇用政策における社会的協同組合の積極的な位置づけがなされるようになってきている。もっとも端的に指摘されるのは、協同組合自身が多くの雇用の場をつくり出してきた点である。とりわけB型協同組合においては、身体、知覚、知的、精神等の障害はもとより社会的排除の対象となる人々とともに働く場を開拓してきた。まずその量的実態を把握しておこう。

表11-3に見るように、B型社会的協同組合はこの一〇年の間六・七倍の増加を見せた。表11-1からはB型協同組合における就労者数(組合員就労者+雇用労働者)が三万三〇〇〇人に上ること、またそのうちの約四割にあたる一万三五〇〇人強が障害を抱える労働者であることが確認できる。また社会的協同組合における全就労者

表 11-1　社会的協同組合に働く人々の数と，全就労者中社会的に不利益を被っている人の占める割合（2000 年）

	B 型社会的協同組合数	B 型コープで働く障害者	B 型コープで働く就労者	全就労者中の障害者割合%
北部イタリア	1,146	8,522	21,086	40.4
中部イタリア	421	3,452	7,644	45.2
南部イタリア	276	1,279	3,479	36.8
島嶼部	72	316	730	43.3
イタリア合計	1,915	13,569	32,939	41.2

出典：Centro Studi CGM (a cura di) *Comunità cooperativa : Terzo rapporto sulla cooperazione sociale in Italia,* Fondazione Giovanni Agnelli, Torino, 2002, pp. 86-87, 89 より．

表 11-2　社会的協同組合の地域別分布と住民 10 万人当たりの協同組合数（2000 年）

（構成割合は%）

	社会的協同組合の合計数	10 万人当の組合数	A 型社会的協同組合数	構成割合	B 型社会的協同組合数	構成割合	混合型協同組合数	構成割合
北部イタリア	2,867	11.1	1,741	61	1,064	37	62	2
中部イタリア	1,324	11.9	583	44	576	44	165	12
南部イタリア	1,490	10.5	957	64	450	30	83	6
島嶼部	1,271	18.5	745	59	459	36	67	5
イタリア合計	6,952	13.1	4,026	58	2,549	33	377	5

出典：Centro Studi CGM (a cura di), *op. cit.,* p. 33 より．

表 11-3　B 型社会的協同組合の設立経過と推移

	1993	1994	1995	1996	1997	1998	1999	2000
B 型協同組合数	287	518	705	754	—	1,463	1,787	1,915
就労者数(就労組合員＋雇用者)(人)	4,501	7,115	9,837	11,165	—	23,104	28,079	32,939
就労者のうち障害を持つ者(人)	1,675	3,204	4,686	5,414	—	11,319	12,310	13,569
全就労者中の障害者の割合(%)	37	45	48	48	—	49	44	41

出典：Centro Studi CGM (a cura di), *op. cit.,* p. 90 より．

に占める障害を持つ就労者の割合も地域差なく四割程度で安定している。個々の仕事の現場に置き換えて考えてみると、一つの協同組合の規模はおおよそ一五~二〇名程度であるから、そのうち七~八名が障害を持つ就労者であると考えられよう。障害者が圧倒多数で、少数の指導者がつくというイメージでもなく、逆に一般企業のように、多数の障害のない労働者の中に一人二人の障害者を受け入れるといったイメージとも異なる、独自の仕事空間が構成されている。そのことの質的な意味についても今後研究課題としていく必要があろう。こうした人員構成によって、新しい協同的な仕事組織、仕事文化が生まれることも想定できるのではないか。

なお、社会的協同組合の分布状況は、表11-2に見るように島嶼部のサルデーニャ、シチリア州を除いてほぼ横並びとなっており、南北に著しい格差はない。またA型とB型との割合についても、島嶼部を含めてAが六、Bが四となっおり、地域的に著しい違いは認められない。ただし中部イタリアでは、両者が四割強ずつで拮抗し、残りの一割が「混合」となっている。これはラツィオ州において、AB分割の組織は実態にそぐわないとする「統合協同組合」が盛んであることによる。

ここまでで主としてB型社会的協同組合が雇用情勢の改善にどのように関わってきたかを「量的」に把握した(その「量的」把握の中には、先述の仕事組織や仕事文化の変化を示唆する「質的」作用も想定できる)。しかし、社会的協同組合の雇用政策への関わりは右にとどまるものではない。むしろこうした「量的成果」を可能とする仕組みや土台がどのように作られているのか、そのことに着目する必要があろう。言い換えれば、協同組合自身が雇用開拓と職業教育に主導権を発揮しつつ、労働市場における価値意識や一般企業の行動基準に切り替えを求めている点に留意していこうというものである。

表 11-4　雇用開拓と関わる社会的協同組合の事業

A 型協同組合	窓口相談業務，広義の職業教育，中学・高校生むけの就職指導，現場研修，ジョブコーチの派遣
B 型協同組合	仕事の創出，就労環境の向上のための働きかけ，一般企業で就労を望む者を実習生として受け入れ
協同組合事業連合	地域労働政策への提言，プロジェクト（EU，自治体，事業連合単独等様々なレベルで立案，実施，効果の検証），就労支援モデルの確立

1999 年に実施したトレントの協同組合事業連合、コンソリダでのヒアリングから田中作成.

(2)　量的効果の土台となる社会的協同組合の試行錯誤

社会的協同組合が仕事や働く場の創造に、直接的にあるいは間接的にどのように関与しているか、A型協同組合のケースから見ていきたい（表11-4）。

A型協同組合の場合、雇用創出に関わる事業分野として、第一に若年の失業者に対する相談業務や職業紹介が挙げられる。職業安定所機能の一部を担うわけだが、通常の公共職業安定所と異なるのは、機械上で求人と求職をマッチングさせるのではなく、適職探しのためのカウンセリングや仕事への動機付けなど、相談者に対する個別的で時間をかけた働きかけが求められる点である（日本の場合、初職を探す青年層は通常、高校や大学の就職相談室、キャリアセンターを利用するが、イタリアの場合、たとえ職業高校であっても就職指導はほとんどしないため、若年層むけの就職相談の需要は極めて大きい）。A型に見られる第二の事業として、広い意味での職業教育、職能形成が挙げられる。これも例えば社会参加に困難を抱える若者に「仕事の世界への誘い」を行うものから、障害をもつ人々の職業能力向上をはかるコース、あるいは地元の中学校や高校での職業に関わる総合学習の企画・実施など多岐にわたる。また第三の事業としては、実際に実習生を受け入れて本格就労につなぐまでの様々な教育サービス、さらに第四にはジョブコーチの派遣等が挙げられる。

これに対しB型は、前項で述べたように実際の就労という直接的効果がある他、障害や困難を抱えて働く人々が、B型協同組合であれ一般企業であれそこで働き続けることができるための対応を、当事者はもとより職場の仲間や経営者に対しても促していく。またA型協同組合で職業教育を終了した者を、一般企業での就労にむけてB型で一時実習生として受け入れる等も行っている。総じて障害者の働く場の「量」的確保と「質」的充実の二つを担っていると言えよう。

さらにA型、B型の事業は、サービスの利用者からみれば一貫性や総合性が必要であるため、複数の協同組合をコーディネートする事業連合組織の存在が極めて重要となる。一人の人間が職業人として自立していくために、複数の協同組合が関わることはごく自然なことだからである。この点は次項で述べたい。事業連合組織はまた、これに加え、地域の労働政策への提言、それを具体化するための自治体との共同プロジェクトあるいは事業連合単独のプロジェクト、EUの社会政策基金の導入、プロジェクト効果の検証調査等、多岐の活動をこなす。

したがって、協同組合の雇用政策上の重要性は、単にその協同組合に何人の就労者（組合員・非組合員にかかわらず）を受け入れたかに留まるものではない。社会全体のワークフェアの可能性を押し上げるものと見ることができよう。協同組合が雇用政策の上で需要な意味を持つとすれば、それは量的に雇用ポストを用意するからでは決してない。第一に、協同組合自身が、人の成長によりそった仕事と学びの場を生み出す努力をしてきたこと、第二にそれを協同組合運動の内部だけでなく、他の社会的存在である行政や企業をも巻き込む形で社会化してきたからに他ならない。その結果として「雇用の量的成果」が存在するのではないか。

(3) 雇用政策をめぐるイノヴェーションとは何か

① 人の成長に寄り添った協同組合間の連携

本項では、前項に触れた社会的協同組合相互の連携と、その結果生み出されたイノヴェイティヴな試みが自治体や企業にも波及していく点について社会的協同組合「グルッポ78」の事例とともに確認をしておきたい。

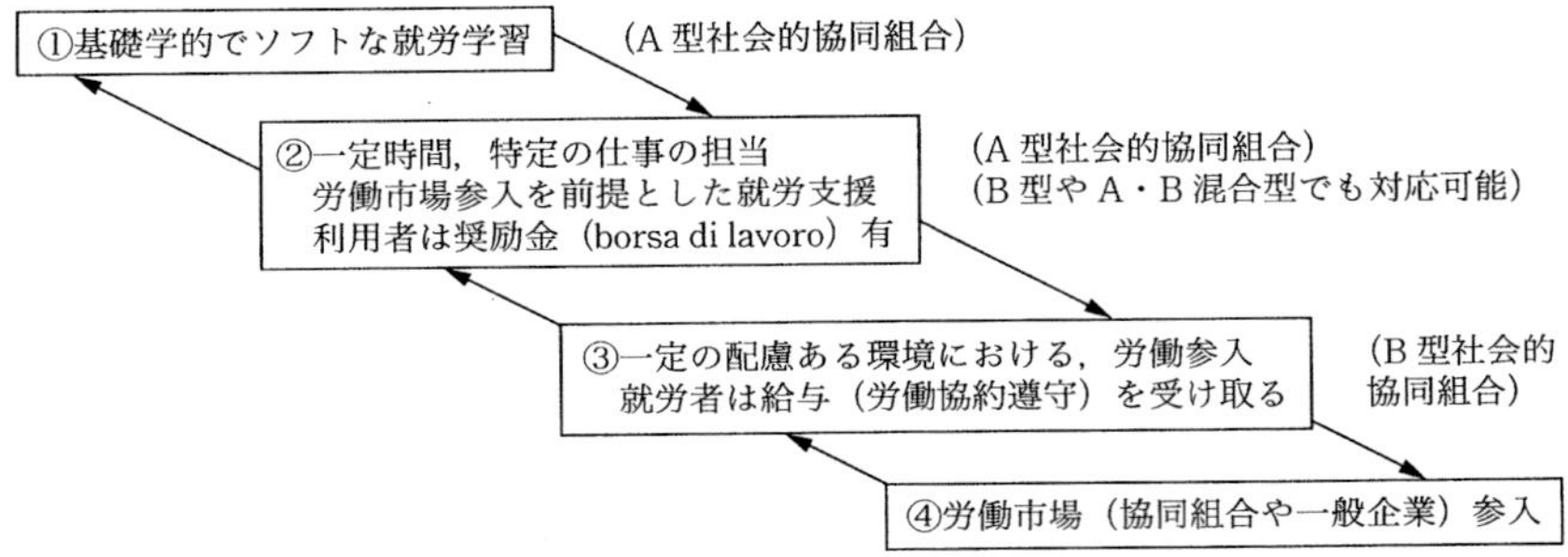

社会的協同組合「グルッポ 78」責任者ボリオーニ氏からのヒアリングから田中作成.

図 11-1　就労支援をめぐる複数協同組合の連携

例えば図11-1はトレントの四つの協同組合が、当事者の学びのニーズや心身の状態に細やかに配慮しながら段階を追って、就労の可能性を高める様子を図式化したものである。最初からこのような定式があったわけではない。「共にあること」を出発点として一九七八年に発足したコムニタが、精神障害を抱える当事者たちと二〇年間活動をしてくる中で辿り着いた支援モデルである。この協同組合の詳細は別稿[3]にゆだね、本稿では就労支援をめぐる協同組合相互の連携の必要性、さらには自治体、企業、病院等との連携といった論点に絞って議論をすすめたい。

例えば図11-1における①や②のA型協同組合では精神を病む一〇名の利用者が、月曜から金曜日まで就労準備のための学習と作業（電気製品の組立作業、印刷（シルクスクリーン）、製本など）に取り組む。コーディネーター一名、教育担当者二名、シルクスクリーン技術のエキスパートが一名の計四名（うち組合員は二名）が指導にあたるが、コーディネーターは現場に張り付けないため、三名のスタッフと食事準備の手伝いに来るボランティア等、数名で一〇名の利用者に対応する。いわゆる「福祉的就労学習」の場である。ただしそれは次の段階を意識した就労学習である。このことは、連携の仕組みを作ってきた「グルッポ78」の責任者、ボリオーニ氏の次の言葉から明らかである。彼は技術専門スタッフの採用にあたってこう話す。

「ここの段階で技術指導にあたるスタッフは、まず専門的な技能を持っていることが優先されます。当初は、協同組合に近い人々の中から探す方が、モチベーションの点で重要と思ったのです。が、技術の伴う人がなかなか見つかりませんでした。しかし、技術面の専門家を公募したのはそうした現実的な理由だけではありません。福祉を学んで来た人は、ある意味で「用意が整いすぎている」傾向が強いのです。しかしここでは（保護的な関係だけでなく―筆者補足）一歩外に出れば出会うであろう「普通の関係」を作ることも重要だからです。」

ボリオーニ氏は、腕も優れ、彼らの仕事の社会的意味を理解してくれる技術者に新聞公募の結果「半年かけてやっと巡りあった」ことは極めて「幸運」だったとし、さらにこう付け加えた。

「厳密に言えば、技術的に優れ、かつこうした仕事の意義も主観的には了解している、というだけでは不十分なのです。かつて技術の勉強をする傍ら、私たちの運動にもボランティアとして関わってきた一人の仲間がいました。理想的な組み合わせでしたが、何年か後、どうしても馴染めないとして去っていきました。自らの「技術者」としての本質を取り去ることはできないというのが、彼が去った理由でした。」

「ここで求められるのは、「聴く力」そして、相手の仕事を注意深く観察する力なのです。」

「技術者」として精度の高い仕事を求めるのは当然のことだ。しかしそれを、相手のペースで、相手の論理で再構成しながら追求していくのは極めて難しい。一方で「普通の関係」を結びながら、他方で相手に寄り添い、しかもそれが保護的なものにならないような独特の関係の構築が求められるようだ。

この点を見ただけでも、社会的協同組合で求められている「福祉的就労学習」の複合的な様相が見て取れよう。こうした密度の高い支援を①から④に至るまですべて、小規模な単位協同組合で抱え込むのは不可能である。そこで協同組合相互の連携が必要となる。だが今見たような細やかな支援を具体化していくためには、相当内容の濃いやりとりが当事者間で必要となる。また③や④を担うB型協同組合が地域に存在しない場合には、それを別組織として生み出していくことも求められる。事業連合組織の存在はこのような場合に大きな意味を持つ。

こうして徐々に就労支援のための複数のステージが整っていったわけだが、これを考案したトレントの協同組合の責任者ボリオーニ氏は次のように語る。

「しかし、これだけでは十分とは言えません。人は必ずしも直線的に発達を遂げるわけではありません。特に私たちがともに活動する精神を病む人々の場合には、変化に敏感で頻繁に危機に陥ることがあり得ます。そこで、こうした事態に対応するため、各段階を直線的にではなく、円環させることが重要と考えるようになりました。前の段階に戻ることができる、「戻ること」も発達の過程です。重要なのは、この円環の中で、就労者が常に見守られているということです。こうした申し合わせが連携に関わる協同組合、就労支援策をはかる労働公社（Agenzia di Lavoro）、受け入れる企業の間で話し合われました。

最初に労働公社が、障害者の就労支援に着手したときは、いきなり企業に就労させ、その結果ほとんどすべての障害就労者が家から出られない生活に戻るといった事態が発生しました。中間的な段階もなければ、円環の中で支援を継続するという考え方もなかったためです。」

② 他機関との協働の必然化

こうした試みは、そこに関わる複数の協同組合の連携を促すのみならず、自治体、労働公社、精神保健に関わる医療機関、一般企業等との間の連携も形成していく。協同組合事業連合組織の役割はここでも重要である。例えば図11-1の①②の現場には、協同組合側の教育担当者の他、ASL（元地域保健機構USL）からも一名教育担当者の派遣を受けている。協同組合の幹部によれば、これは公の専門機関による管理上の派遣というよりも、医療専門機関と社会的協同組合がたがいに経験を学び合う人事交流として位置づけられているという。プロジェクトやサービスの評価活動においては、様々な機関の専門家やワーキンググループが存在し、サービス提供の場面においては、公・民の共同作業が織り込まれている。さらに、地域住民の、精神病に対する理解を促す「心病む人々による祭り」の開催や、地元高校での講演も慣例となった。

サービス内容を、合議によってプロジェクト化していく点、その評価活動を徹底させている点などに、協同組合の仕事をネットワークの中でイノヴェイトしていこうという強い志向が読みとれる。

以上によって、社会的協同組合の「雇用力」が、表11-3に示した量的効果のみを意味するのでなく、「雇用の質」を最大限重視した事業展開の結果であることが確認できよう。

3　労働市場の概況と「不利益を被る人々」への就労支援政策

前節では、社会的協同組合が雇用に対してどのような量的・質的力を有しているかを見てきた。本節以降ではやや視点を広げ、地域の労働市場の動向を把握した上で、前節のような非営利・協同組織の動きが地域の労働政策の中でどのように位置づくのか、また、社会的協同組合の事業連合が、単協のイノヴェイティヴな試みをどのように面へと広げていこうとしているのかを見ていくこととしたい。それに先だって本節ではまず、労働市場の概況とそれに対する一般的な労働政策について確認しておきたい。

(1)　トレント地域の労働市場の特質

トレントの労働市場における非営利組織の「質的」位置づけを見る前段階として、この地域の雇用問題を、ト

表 11-5　年齢別の就労・失業状況（1998 年）

（単位：%）

年齢層	トレント県		北東部		イタリア	
	就労率	失業率	就労率	失業率	就労率	失業率
15～29	54.5	8.4	54.6	10.0	36.8	26.1
30～49	79.0	3.0	79.8	3.7	70.8	8.0
50 歳以上	19.0	2.3	20.9	2.6	21.4	4.5
計（15 歳以上）	48.6	4.5	48.5	5.3	41.8	12.3

出典：トレント県労働公社「労働市場の傾向」1999 年版より.

表 11-6　男女別の就労・失業状況（1998 年）

単位：%

年齢層	トレント県		北東部		イタリア	
	就労率	失業率	就労率	失業率	就労率	失業率
男　性	61.6	3.3	60.7	3.3	55.2	9.5
女　性	36.5	6.3	37.2	8.2	29.4	16.8

出典：表 11-5 に同じ.

レント県労働公社による調査から概観しておきたい[4]。

イタリア北部、トレント自治県（人口四六万七〇〇〇人）は、他の地域に比して、失業率は著しく少なく、全国平均の約三分の一、また一般に経済的発展を遂げているとされる北東部イタリアと比べてもさらに若干低い失業率となっている（表11-5）。また、男女別でみれば、女性の失業率は約二倍となっており、格差歴然ではあるが、他の地域と比べればその開きは小さい（表11-6）。また、過去五年の、同地域の女性雇用の増加は六二〇〇ポストとされ、男性の新規雇用ポスト一七〇〇を三・五倍上回るものとなっている。

こうした数値を見ると、雇用問題についてはもともと失業率が低い上、格差是正の努力も成果を挙げ順調であるかのように考えられよう。しかしこの数値は、必ずしも雇用問題が深刻でないことを意味しない、というのが県の労働政策を担う労働公社の見解である。なぜだろうか。第一に若年層の失業が少ないのは、少子化傾向や学齢期の長期化などで、表面上労働力の供給が減じてきているためだが、その実態は、短期の暫定的な仕事探しが普及していること、したがって就労形態が不安定・不規則である上、不本意就職も多いこと、第二に企業側が求める資質を備えた人材が必ずしも市場に潤沢ではなく、雇用主の不満も少なくないことなどが、若年雇用の「質的問題」として指摘されている[5]。

以上の問題を受け、政策上の課題とされているのが、第一に、就労準備の基本的な方向づけと企業インターンシップ（通常三カ月）の機会提供（高校生、大学生対象）、およびそのための段階的な支援（主として職能形成）、第二に若年層による起業への援助（事業コンサルタント、所得保障、職能形成など）などである。(6)

第一の点を見れば、若年側は、これまで少ない情報の中でステレオタイプ化していた「仕事のイメージ」を再構成することが可能となり、また一定の座学を経て実習となるので短期ではあるが企業活動に対する理解を効率的に深めることができる。実習先の企業で本格就労につながるケースが多く、若年労働者、企業双方にとって不本意な結果を回避することができるという。また第二の点については、小企業、とりわけ協同組合という形態での仕事起こしを想定している。(7)

さらに、若年雇用の問題と並び、「就労面で社会的な困難を抱える層」として政策の対象とされているのが、「女性」および「不利益を被る人々」(soggetti svantaggiati) である。いずれも、職能形成や、受け入れ側が雇用環境を整えるための補助金支出、起業支援とならんで、協同組合が有力な雇用源、あるいは雇用創出の手だてとして位置づけられていることは、若年雇用の場合と同様である。興味深いのは、単に数量的な雇用源として重視されているだけではなく、「雇用の質」を考える際に、非営利・協同事業組織、とりわけ協同組合への言及が多い点である。

(2) 非営利・協同組織との関係

第一節で触れたように、若年層や女性に関わる労働政策を含め、地域開発政策における協同組合の重要性はイタリアにおいては特に南部問題との関連で、一九五〇年代から指摘されてきた。(8) その後も青年起業家奨励法（一九九四年）等に代表されるように、南部政策をイノヴェイトしていく点で、非営利・協同事業組織の活用がますます有効視されている。(9) また、一九八五年のマルコーラ法では、倒産企業が協同組合として再生する道を開き、その結果、八〇年代後半から九〇年代はじめにかけて、九〇〇〇人の雇用を生みだした。現在では新マルコーラ法制定が検討され、協同組合の側も意欲的に南部への関わりを政策化している。(10)

したがって雇用政策における非営利・協同事業組織の位置づけはイタリアでは戦後長い時間をかけて浸透してきたものといえよう。

しかしこうした政策的位置づけの中に「不利な条件を抱えるために労働市場から周辺化される人々」というカテゴリーが明示的に設定されたのは比較的最近であった。トレントの場合、一九九一年の社会的協同組合法を受ける形で登場している。この場合「不利」とは次の三つのサブカテゴリーから成る。第一に、身体、精神、知覚、知的発達に障害を持つ場合。第二に家族からの適切な支えを欠くため、青年が社会的排除の対象となっている場合。第三に社会への不適応を生じている場合。第二、第三は極めて抽象的な表現だが、個別に定義を確定することが難しく、また時代によってもその適用範囲が異なってくるためだ。なお、ＥＵ域外からの移民に関わる労働政策は別に独立した扱いになっている。

政策内容は、次項と重なる部分が多いので、詳細は後に見るとして、ここではその特徴を三点記すに留めたい。すなわち、第一に、オリエンテーションに始まり、就労に向けた学習や実習、就職活動、就職後の物理的・社会的・経済的環境の整備に至るまで、個々の対象者を長期にわたってフォローする態勢にあること、第二に、労働関係だけでなく、福祉、教育、医療の公的・民間各機関、運動団体そして家族との連携のもとで対象者一人ひとり、個別に就労支援プログラムが組まれること、第三に、就労する側と企業の側の双方に、経済的インセンティヴが及ぶよう考慮されていること、などである。

しかしこれだけ条件が整ったとしても、必ずしも一般企業から十分な参加が得られるわけではない。そこで、次項に見るように右の政策的特徴をより徹底させた形で、社会的協同組合を媒介とした就労支援政策が試みられるようになった。

(3) 協同組合と行政の協働「プロジェット11」

トレント労働公社と協同組合運動の協力関係は、先述の通り、協同組合が雇用創出源として重視される社会的土壌の中で、密接なものとなってきた。以下では、トレント労働公社が一九九二年から取り組んできた「プロジェット11」と呼ばれる、障害者の就労支援策、特に実際の労働参加前後のサポート態勢を取り上げたい。雇用政策における協同組合の位置づけの具体例を示すためである。

① 就労支援政策の概要

トレント労働公社が、社会的協同組合事業連合とともに一九九二年から取り組む「プロジェット11」のねらいは、その企画・遂行・評価に一環して関わっているM・マイエッロ[11]によると、以下の五点にあるという[12]。第一に協同組合の責任者・幹部、および直接の担当者（チューター）を対象とした教育機会の提供、あるいはそのための財政的支援、第二に、障害を持った人が労働参加をする際、協同組合側の組織上、あるいは生産技術面での課題と対処をさぐるためのコンサルタント支援（コンサルタントコストの九〇％までを補助金で手当て）、第三に、障害を持った人々を協同組合が本格雇用した際の人件費補助（通常二年間、例外的に三年間継続。初年度は人件費の七〇％、二年目五〇％、三年目四〇％を補助）、第四に、チューターとして付添指導にあたる担当者の人件費（五〇％を補助）、第五に、協同組合からさらに別の一般企業に就職をした際には、その一般企業に対し、二年間にわたって年額八〇〇万リラ補助。

以上の五点を見ると、まず、障害を持った人々を受け入れる協同組合や企業の側の態勢づくりに重点をおいた支援策を設けていることが明らかである。

次に支援のプロセスを確認しよう。プロセスは単純化すると以下三つの過程から構成される。

ⓐ準備段階として労働公社と協同組合幹部によるプロジェクトの肉づけ（理念と手段の対応づけ）、障害を持った人々のニーズの理解、具体的な仕事内容の検討。

ⓑ以下の内容を盛り込んだ実施計画書を協同組合側で作成（当該協同組合の歴史／活動分野／就労者の職能・資格／組織機構／社会的有用性から見た成果／経済面から見た成果／関係する財・サービスの市場分析／協同組合の将来発展計画／経済性と障害者の労働参加事業をどう両立させるかについての見解／個々の対象者別の労働参加計画／当面必要とされる教育機会、コンサルタントの内容）

ⓒ労働公社の技術専門委員会で、同公社の理事会の意見も参考の上、協同組合から提出されたプロジェクトを検討。

プロジェクト確定後は、一人につき数年にわたる長期支援となるため、一年ごとに協同組合、労働公社の技術専門委員会で、プロジェクトの進行を評価・修正しながら、途中の変更についても柔軟に対応することが求められる。この試みは、常に自分たちのサービスの質を問い直すという意味で、社会的協同組合自身のキャパシティを広げることにもつながるが、同時に、補助金支出を伴う公的支援の枠で、「人の発達」を中心として計画変更に対処することを迫られる行政にとっても、公的サービスの硬直的体質の転換をはかる機会となり得る。

② 就労支援政策の効果と評価

さて、以上のような政策概略を踏まえた上で、その効果と評価に移りたい。

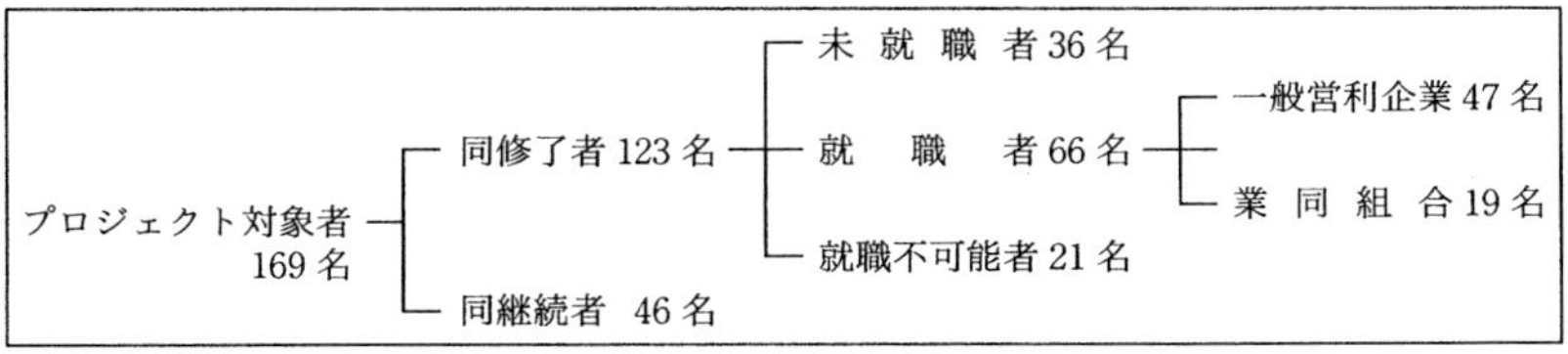

注：就職不可能者とは、コース終了後、健康状態の悪化等で就職が不可能な者をさす。

図11-2 「プロジェット11」の政策効果

それに先だって、障害者や社会的弱者の就労支援事業が、トレント県の雇用政策全体の中で重要な位置を占めていることを確認しよう。例えば一九九七年のトレント県労働公社データによれば失業者や給与補塡基金受給者（潜在的失業者）を含めた就労支援政策対象者一七二五人のうち六八五人、すなわち約四〇％が「障害者や社会的不利を被っている人々」で占められていた。実際に何らかの政策的な働きかけを行った二七三人のうち一三二人、すなわち約五〇％が同カテゴリーに属する人々であった。

それでは次に「プロジェット11」の対象者となった人々についてその結果を確認したい。なお、このプロジェクトの政策効果の詳細なデータと分析も行われている[13]。労働公社が算出した政策効果を挙げよう。一九九二年から一九九七年の間のプロジェクトの対象者の就労状況は図11-2の通りである。

(4) 政策の質的効果とそれが社会に対して持つ意味

以上は、「量的」に把握できる効果であるが、マイエッロはこれに優先して、以下、政策の「質的」な効果を重視する。「プロジェット11」は、社会的協同組合を規定した三八一号法（一九九一年）を受けて導入されたプログラムである。トレント県では、三八一号法に先だって、すでに一九八三年の時点で、実質的にはA型社会的協同組合への委託事業を認める県レベルの法律三五号[14]が定められており、トレントの協同組合は、この三五号をフルに活用して、自治体からの委託という比較的安定した事業基盤の下、様々な「社会的排除」の除去に努めてきた経過がある。

しかし、この三五号法には、教育活動としての就労支援はあっても、障害を持った人、社会的排除に直面する人々が、実際就労の場を得る局面への関心が少なかった、というのがマイエッロの評価である。確かにB型社会的協同組合は、トレント県全体の社会的協同組合の中で一割強に過ぎず、これは全国的なB型協同組合の構成比、四割と照らしてもかなり低い。早期からの三五号法の存在という相対的に恵まれた条件のもとでA型協同組合が伸びてきたのに対し、B型に対する公的な支えが少ないという認識から、労働公社の「プロジェット11」が生まれたといえよう。(15)

もともとB型社会的協同組合は、三つの矛盾した使命、すなわち第一に、教育／社会サービスの提供では保護的対応を、第二に、就労支援では、保護的であると同時に自立を促進する対応を、そして第三に実際の就労では、経済性への一定の配慮が求められる、極めて多様なアイデンティティの集合体でマネジメントも難しい。その点は、前節の「グルッポ78」の多段階の事業展開にも現れている。また優先的に随意契約できる条件があるとはいえ、「経営困難」に陥ることも、一般に行政との受委託関係が安定しているA型社会的協同組合に比して多いという。

それでは右の宿命的な困難を、行政が、「事業委託」という形でなく、プロジェクト方式で支援する意味は何か。マイエッロによれば、それは社会的協同組合の「企業性」を高めるものであるという。しかし、従来の「企業性」の発想では、短期的な視点でコストの削減をはかるなどの手法が中心となって、社会的目的が侵害される恐れがある。したがって、企業が、短期的な手法を相対化するような経済的インセンティヴと同時に、注意深く多くの参加を経て取り組まれた就労支援が、企業側のイノヴェーションという面からも様々なプラス効果をもたらすことを、身をもって確認できる機会を提供する必要がある。「社会的目的」か「企業的成功」かという二分法ではなく、「企業性」の意味そのものを、「社会的目的」の観点から読み替えて肉づけしていくプロセスが読みとれよう。

さらに、トレント県で社会的協同組合の事業連合活動をリードするメナパーチェは、「プロジェット11」における協同組合の位置づけを以下のように見ている。彼は、「プロジェット11」のような、息の長い総合的な働きかけが存在しなければ、今日の協同組合による労働参加は「断片的なもの」にすぎず、また労働政策の中で固有の役割を担うこともなかっただろうとして、次のように述べる。

「われわれの経験は、ここにきて力を蓄えた。トレントの社会的協同組合事業連合とその加盟協同組合は、社会的弱者による、労働市場へのアクセスのチャンスを評価し増大させた。職能形成、資格取得、仕事への着手と支援、労働参加・社会参加などの様々な制度を可能な限り駆使しつつ、われわれは、一つのプロジェクト内部における、これら制度的道具の完備性（complementarietà）を強く要求した。こうしたネットワーク的な統合能力が、労働政策と社会政策の主人公であるために必要な資質だった[16]。」

以上をまとめれば「プロジェット11」の質的効果は以下のようになろう。第一に、何よりも、労働市場から周辺化されていた人々が、プロジェクト参加により、高い確率で安定的な就労に至ることが可能となる。第二に、雇用源として期待されるB型社会的協同組合に、「委託」とは異なる方式の支援形態を適用でき、それによってB型協同組合のイノヴェーション（社会的目的の発揮および、企業としての高度化の両面において）をはかることも不可能ではない。第三に、自治体と民間非営利（場合によっては一般企業も含め）の、あらたな連携のあり方に道を開く。

むろん、個々の労働参加の現場でどのような課題があるのかは、別途議論の余地があろう。しかしこの支援策を通じて、労働市場のあり方を長期的に社会的な目的に沿ったものへと転じていく志向は読みとれよう。このことは、社会から飛び出した「市場的な発想」を再び社会に「埋め戻す」ことに他ならない。

ところで、協同組合運動の側では、自らの意義づけを「あらたな福祉供給の担い手」とする位置づけとともに「雇用創出源」あるいはもう一歩進めて「労働市場再構成への契機」とする見方が定着しているが、研究テーマとなると前者に集中する傾向が大きく、非営利による労働市場の再構成に焦点をあてた研究は、その重要性にもかかわらず相対的に少ない。

そこでここでは、これまで述べてきたことの理論化にむけて、「労働市場再構成」の観点から非営利の分析を試みるC・ボルザガの見解を紹介しながら、今後の研究課題を整理したい。

4 労働政策の転換における非営利の役割

(1) 「労働市場の失敗」に介入する社会的協同組合

ボルザガは、これまでの労働政策を批判しその転換を求める考えを以下のように述べる。

「なぜ障害を持った人の雇用が困難か。それは企業の志の低さや障害の持った人の生産性に関わるものではない。障害を持った人の生産性の見極めをする力が、企業に備わっていないことが問題とされるべきだ。企業は、一般的に、従業員の雇用の際の選択と、その後の教育活動に投資を惜しむ。したがってコストのかからない安易なレッテルによる選別方法（性別や学歴）を踏襲し、教育の投資と効果も短期的観点でのみ判断する。[17]」

こうした企業行動を、ボルザガは「市場の失敗」「政府の失敗」の議論になぞらえて「労働市場の失敗」と称する。

すなわち、障害を持った人の雇用が困難を極めるのは、労働市場の機能不全に起因するものだとして、そこに政策的介入の必要性を訴え、「プロジェット11」もこうした政策の一環として捉えられている。

また、これまでの労働政策について言えば、労働市場の機能不全そのものを是正することなく、それを放置しながら、市場の外に障害者雇用枠という「特別席」を設けることで切り抜けようとしてきた。その政策は限界を来している。それでは市場の欠陥そのものに挑む政策介入とは何か。本来その人に備わっている力を読みとり、その発揮を容易にするための環境整備をすることが、労働市場の正常な機能回復には欠かせない。その際、企業がコスト回避をする、採用時の選別と職能形成において、公的な投資が必要となってくるというのが彼の論理である。[18]前節で見たように、「プロジェット11」では、障害を持った人々を受け入れる側の態勢づくりに力点が置かれていたことと対応する。これは、保護策ではなく、むしろ市場機能の正常化をめざすことこそ、障害を持った人々の雇用問題を解決する策であるという、エコノミストの見地からの発言であり、市場そのものの概念を再構成しながら、企業が「企業の論理」を犠牲にせず、就労支援に参加できる土壌を探ろうとするものである。

(2) 「市場の社会的構築」論をめぐる今後の研究課題

本稿の目的は、労働公社の政策を一つの例として、トレント地域での「労働市場の社会的構築」の一端を見ることにあった。今一度流れを整理して以下の三点を確認しよう。第一に、トレントという、量的な経済指標では相対的に恵まれている地域で、しかし質的な雇用問題が存在すること。第二に、その中で労働市場からの排除に苦しむ人々を対象としたプロジェクトが、自治体と協同組合の連携で取り組まれてきたこと。第三に、そのプロジェクトは既存の諸政策と異なる発想に基づくこと。すなわち受け入れ企業が、長期的に自らのイノヴェーション（組織上・生産技術上）を考えた時、就労支援への取り組みが企業にとって現実的な選択肢となるよう、社会関係を作り直していこうという発想である。

しかし同時に、一般企業への本格就労のみが唯一の目標ではない。実際の現場では、「プロジェット11」は単独的な政策として存在するのではなく、人の発達要求に添った「円環」の一つとして位置づけられている。「社会サービスとしての就労学習」と「本格就労にむけた就労支援」とは、制度的には明確に異なるものとされているが、生身の人間はその両者を、行きつ戻りつしながら、徐々に労働市場に接近をしていく。図11-2において未就職やプロジェクト継続中（つまりA型社会的協同組合で初期段階の就労教育を継続中）の人数が多いことも右のような見方（「円環」の保障）をすれば否定的な数値とは言えない。

本書全体を通じて言及してきた「市場の社会的構築」（A・バニャスコ）が、現実のダイナミズムの中でどう生成、発展しつつあるのか。その具体的姿をつかむために本章では障害者の就労支援政策を見てきた。「プロジェット11」への言及としては極めて一面的でしかない。何より利用者（プログラム参加者）や協同組合から見た「プロジェクト」の効果の検討に及んでいないからである。この点は今後の研究課題としていきたい。

その上で、各地域で取り組まれつつある非営利組織と公的組織との連携が、企業をも巻き込みながら「市場」を社会的に制御していく方向性を、局部的な成功のエピソードにとどまることなく、普遍化していくためには何が求められるのか、その社会的条件を探っていくことが、筆者の当面の課題である。

注

（1） 宮本太郎編著『福祉国家再編の政治』ミネルヴァ書房、二〇〇二年。

（2） 理論的にはA・バニャスコの「市場の社会的構築」論（Bagnasco, A., *Costruzione del mercato sociale*, il Mulino, Bologna, 1985）に依拠しているが、イタリアの非営利・協同事業組織にそれを応用していく際には、以下の諸理論にも負うところが大きい。

Borzaga. C., "Il ruolo economico e sociale della cooperazione sociale", in Con. Solida (a cura di), *Lavoro e disabilità : Riflessione e proposte per l'inserimento lavorativo nel sistema produttivo*, (atti del Seminario), Trento, 1998.

Fazzi, L., *Il welfare mix in Italia primi passi*, Milano, Franco Angeli, 1998.

Ranci, C., *Oltre il welfare state : Terzo settore, nuovo solidarietà e trasformazioni del welfare*, il Mulino, Bologna, 1999.

（3） この協同組合の全体像や歴史的経過については別稿を参照いただきたい。田中夏子「イタリア社会的経済への旅（7）人の発達要求に添ってサービスを「円環」させる工夫―グルッポ78の試み」協同総合研究所『協同の発見』九五号、二〇〇〇年。

（4） なお、地域の雇用問題、雇用政策を担当するかつての労政局（労働省管轄）は一九八三年、県の公社（Agenzia del Lavoro）となり、独自の理事会（工業会、職人協会、労働組合団体、県、研究者などから構成）の運営で、二〇〇名のスタッフを擁する調査・研究・教育機関となっている。本稿では「労働公社」という訳語を充てた。

（5） Varesi, P., 'Giovani, occupazione e cooperazione : Le peculiarità trentine', in *Cooperazione No. 11,* Confcoope Trentino, Trento, 1999.

（6） Agenzia del Lavoro, *Interventi di Politica del Lavoro per il Triennio 1998-2000*, Provincia Autonoma di Trento, 1999.

（7） 援助の内容は、①開業に際しての市場調査（最高四〇〇〇万リラまで援助）、②職能形成（マネジメント部門と技術部門の双方にわたって）、③所得支援（障害の有無、失業期間などによりカテゴリー別となっているが、およそ男性労働者一人につき年間二〇〇〇万リラ、女性労働者一人につき年間二四〇〇万リラ）、④様々な企業活動に関するコンサルのための資金援助（年間三〇〇〇万リラ）、外部専門家（チューター）の活用に関わる費用負担（七〇%まで）、④自営労働促進のための資金提供（低利・長期返済型の融資、あるいは補助金）など。

（8） 田中夏子「サルデーニャ女性労働者協同組合の展開」日本社会学会『社会学評論』一六八号、一九九二年。

（9） 吉田省三「イタリアの失業問題と中小企業・非営利部門」『法の科学』二六号、一九九七年。

（10） 吉田省三「イタリアの青年起業家奨励法―協同組合、中小企業による失業対策・地域開発」長崎大学『経営と経済』七六巻四号、一九九七年。吉田省三「イタリア・レガコープ第三五回大会　協同組合法制の改革を中心に」協同総合研究所『協同の発見』九二号、一九九九年。

（11） M・マイエッロ（Maiello）はトレント自治県の労働公社で、政策立案に関わり、ブレーシャのCGM研究センターの所長でもある。公社の政策スタッフとして非営利・協同事業組織の研究メンバーの関わりが深いことも、トレントの労働行政の一つの特徴であろう。

(12) Maiello, M., "Agenzia del lavoro di Trento : Un progetto per le cooperative di inserimento lavorativo", in *Impresa Sociale* 33, CGM, 1997, Brescia.

(13) Marocchi, G., *Intergrazione lavorativa, impresa sociale, sviluppo locale—l'inserimento avorativo in ooperative sociali di lavoratori scantggiati come fattore di crescita dell'economia locale*, Milano, Franco Angel, 1999.

(14) この法律は、「自治体から非営利組織への委託事業を通じて、社会的排除の防止・除去を行うための働きかけを規定」するものである。

(15) 前述のように障害を持つ人々の就労支援には、A型の協同組合も関わっている。しかし同じ「就労支援」でもAとBとでは、それぞれが担う課題が異なる。A型の場合は、支援的・教育的性格のサービスであり、当事者と労働の関係においては、仕事との出会い方、付き合い方などの基礎的な学習と初歩的な職能形成が目的とされ、労働の前提となる要件の獲得を、ソフトな保護的環境の中で行うものである。B型協同組合は、事業活動を通じて市場で存立することが必要とされ、仕事の習得と生産活動への参加（作業のみならず人間関係においても）を果たすことが求められる。二つの社会的企業には、異なる課題があり、それにしたがって、当事者に対して異なる働きかけ、異なる発達プログラムが存在する。現在の課題は、その両者を、人の発達という流れにどう効果的に配置するか、である。なお、実際の障害を持った人々に対する利用プログラムは、「プロジェット11」だけでは不十分なため、EUの様々な補助事業を組み合わせた利用となる。

(16) Menapace, A., 'Il progetto di Con. Solida per lo sviluppo della cooperatzione sociale di inserimento lavorativo e di offerta di servizi di mediazione', in Con. Solida (a cura di), *Lavoro e disabilità : Riflessione e proposte per l'inserimento lavorativo nel sistema produttivo*, (atti del Seminario), Trento, 1998, p. 45.

(17) Borzaga, C., Fiorentini, G. and Matacna, A. (a cura di), *Non -profit e sistemi di welfare il contributo dell'analisi economica*, Roma, La nuova Italia Scientifica 1996.
Borzaga. C., 'Il ruolo economico e sociale della cooperazione sociale', in Con. Solida (a cura di), *Lavoro e disabilità : Riflessione e proposte per l'inserimento lavorativo nel sistema produttivo*, (atti del Seminario), Trento. 1998.

(18) *Ibid*., pp. 38-39.

引用・参考文献

Agenzia del Lavoro, *Osservatorio del mercato del lavoro, XIV rapporto sull'occupazione in Provincia di Trento*, Provincia Autonoma di Trento, 1998.

Agenzia del Lavoro, I*nterventi di Politica del Lavoro per il Triennio 1998-2000*, Provincia Autonoma di Trento, 1999.

Bagnasco, A., *Tre Italie : La prblematica territoriale dello sviluppo italiano*, il Mulino, Bologna, 1977.

Bagnasco, A., "Una prospettiva sociologica", in Becattini, G. (a cura di), *Modelli Locali di Sviluppo*, Il Mulino, Bologna, 1984.

Bagnasco, A., *La costruzione sociale del mercato*, il Mulino, Bologna, 1988.

Bagnasco, A. e Trigilia, C. (a cura di), *Società e politica nelle aree di piccola impresa : il caso di Bassano*, Venezia, 1984. (調査報告書／非売品)

Bagnasco, A. (a cura di), *Tracce di comunità, Il Mulino*, Bologna, 1999.

Bagnasco, A., Società fuori squadra : come cambia l'organizzazione sociale, Il Mulino, Bologna, 2003.

Bologna, S., "Problematiche del lavoro auonomo in Italia (I)", in *Altre ragioni* 1/92, Milano, 1992.

Barbetta, G. P. (a cura di), *Senza scopo di lucro : Dimensioni economiche, legislazione e politiche del settore non profit in Italia*, Il Mulino, Bologna, 1996.

Barbetta, G. P., "Sul contracting out nei servizi sociali", in Borzaga, C. (a cura di), *Non profit e sistemi di welfare : il contributo dell'analisi economia*, La nuova Italia Scientifica, 1996.

Barbetta, G. P. (ed.), *The nonpogit sectorin Italy - Johns Hopkins Nonproit Sector Series*, Manchester Universiy Press, Mancheser, 1997.

Becattini, G., *Flexible specialization and Industrial Districts : the Italian Experience in the Economic Basis of EC Market Integration*, at the 15th International Symposium, Hosei Univ., Nov. 20-22, 1992.

Borzaga, C., Fiorentini, G. e Matacena, A. (a cura di), *Non -profit e sistemi di welfare il contributo dell'analisi economica,*

Roma, La nuova Italia Scientifica, 1996.

Borzaga, C., 'Il ruolo economico e sociale della cooperazione sociale', in Con. Solida (a cura di), *Lavoro e disabilità : Riflessione e proposte per l'inserimento lavorativo nel sistema produttivo*, (atti del Seminario), Trento, 1999.

Borzaga, C. & Defourny, J. (eds.), *The Emergence of Social Enterprise*, Routledge, 2001.（C・ボルザガ／J・ドゥフルニ編（内山哲朗・石塚秀雄・柳沢敏勝訳）『社会的企業―雇用・福祉のEUサードセクター―』日本経済評論社、二〇〇四年）

Carboni C., *Lavoro e culture del lavoro*, Laterza, 1991.

CENSIS, 33 Rapporto sulla situazione sociale del paese 1999, Franco Angeli, Roma, 1995.

CENSIS, 36 Rapporto sulla situazione sociale del paese 2002, Franco Angeli, Roma, 2002.

CGM (a cura di), *Imprenditori sociali : Secondo rapporto sulla cooperazione sociale in Italia*, Fondazione Giovanni Agnelli, Torino, 1996.

CGM (a cura di), *Comunità cooperativa : Terzo rapporto sulla cooperatzione soiale Italia*, Fondazione Giovanni Agnelli, Torino, 2002.

Coleman, J. S., *Foundation of Social Theory*, The Belknap Press of Harvard University Press, 1990.

Colozzi, I. (a cura di), *Terzo Settore e Sviluppo Civile : verso una Regolazione Promozionale*, Franco Angeli, Milano, 1997.

Colozzi, I. e Bassi, A. (a cura di), Una solidarietà efficiente : Il terzo settore e le organizzazioni di voloutariato, La Nuova Scientifica, Roma, 1995.

Donati, P. (a cura di), *Sociologia del Terzo Settore*, La Nuova Italia Scientifica, Roma, 1996.

Donati, P., Maccarini, A. e Stanzani, S., *L'associazionismo sociale oltre il welfare state : Quale regolazione ?*, Franco Angeli Milano, 1997.

Defourny, J. and Monzón Campos, J. L. (eds.), Économie Sociale - The Third Sector, De Boecj, Brussels, 1992.（J・ドゥフルニ／J・L・モンソン編（富沢賢治他訳）『社会的経済―近未来の社会経済システム―』日本経済評論社、一九九五年）

Earle, J., *The Italian Cooperative Movement*, Allen & Unwin, London, 1986, p. 52.（J・アール（川口清史・佐藤誠監訳）『イタリア協同組合物語』リベルタ出版、一九九二年）

Ekins, P. (ed.), *The Living Economy*, Routledge & Kegan Paul, London, 1986.（P・エキンズ編（石見尚・中村尚司・丸山茂樹・森田邦彦訳）『生命系の経済学』御茶の水書房，一九八七年）
Fazzi, L., *Il welfare mix in Italia primi passi*, Franco Angeli, Milano, 1998.
Fukuyama, F., *The Great Disruption : Human naue and the reconstitution of soial order*, Simon & Shuster, 1999.（F・フクヤマ（鈴木主税訳）『大崩壊の時代―人間の本質と社会秩序の再構築（上・下）』早川書房，二〇〇〇年）
Gruppo Abele (a cura di), "*Annuario Sociale 2001*", Milano, Feltrinelli, 2001.
IREF, *l'imprenditorialità sociale prospettive occupazionali e potenzialità di sviluppo dell'economia civile in Italia*, Roma, editoriale Aesse, 1998.
Hansmann, H., *The ownership of enterprise*, The Belknap Press of Harvard University Press, 1996.
Lepri, S., "Cooperazione sociale ed enti pubblici", in CGM (a cura di), *Imprenditori sociali : Secondo rapporto sulla cooperazione sociale in Italia*, Fondazione Giovanni Agnelli, Torino, 1997.
Lepri, S., 'Alcune linee operative nella contrattazione', in CGM (a cura di), *Impresa Sociale*, genn./febb., 1996, Brescia.
Libardi, G. e Menapae, A., "Le società miste", in L. Fazzi e E. Messora (a cura di), *Modelli di welfare mix*, Franco Angeli, Milano, 1999.
Maiello, M., "Italia", in Borzaga, C. e Santuari, A. (a cura di), *Servizi sociali e nuova occupazione : l'esperienza delle nuove forme di imprenditorialità sociale in Europa*, Regione autonoma Trentino - Alto Adige, Trento, 1998.（M・マイエッロ（中川雄一郎訳）「イタリア」協同総合研究所編『欧州ワーカーズコープ最新事情―社会的連帯・就労支援への協同の広がり―』，一九九九年）
Maiello, M., "Agenzia del lavoro di Trento : un progetto per le cooperative di inserimento lavorativo", in CGM (a cura di), *Impresa Sociale*, magg./giu., 1997, Brescia.
Marocchi, G., "Sviluppo e intergrazione delle cooperative sociali", in CGM (a cura di), *Imprenditori sociali : Secondo rapporto sulla cooperazione sociale in Italia*, Fondazione G. Agnelli, Torino, 1997.
Marocchi, G., *Integrazione Lavorativa, Impresa Sociale, Sviluppo Locale : L'inserimneto lavorativo in cooperative sociali di lavoratori svantaggiati come fattore di crescita dell'economia locale*, Franco Angeli, Milano, 1999.
Merler, A. (a cura di), *Dentro il Terzo settore : Alcuni perchè dell'impresa sociale*, Franco Angeli, Milano, 2000.

Merler, A., Cocco, M. e Piga, M. L., *Il fare delle imprese solidali : Rapporto SIS sull'economia sociale in Sardegna*, Franco Angeli, Milano, 2003.

Menapace, A., "Il progetto di Con. Solida per lo sviluppo della cooperatzione sociale di inserimento lavorativo e di offerta di servizi di mediazione", in Con. Solida (a cura di), *Lavoro e disabilità : Riflessione e proposte per l'inserimento lavorativo nel sistema produttivo* (atti del Seminario), Trento, 1998.

Pink, D. H., *Free Agent Nation : The future of working for yourself*, New York, 2002.

Piga, M. L., *Imprenditori per profitto e imprenditori per solidarietà*, Franco Angeli, Milano, 2002.

Putnam, R. D., *Making Democracy Work : Civic Traditions in Modern Italy*, Princeton University Press, Princeton, 1992.（R・パットナム（河田潤一訳）『哲学する民主主義—伝統と革新の市民的構造—』NTT出版、二〇〇一年）

Piore, M. & Sabel, C. F., *The Second Industrial Devide : Possibilites for Prosperity*, Basic Books, New York, 1984.（ピオリ＆セーブル（山之内靖・永易浩一・石田あつみ訳）『第二の産業分水嶺』筑摩書房、一九九三年）

Ranci, C., "Le politiche pubblichè", in Barbetta (a cura di), *Senza Scopo di lucro*, il Mulino, Bologna, 1996.

Ranci, C., *Oltre il welfare state : Terzo settore, nuove solaritеà e trasformazioni del welfare*, Il Mulino, Bologna, 1999.

Varesi, P., "Giovani, occupazione e cooperazione : Le peculiarità trentine", in *Cooperazione*, No. 11, Confcoope Trentino, Trento, 1999.

Venturelli, S. e Banal, A., "La Rete : cooperativa di solidarieā sociale delle famiglie con handicap", in Folgheraiter F. e Donati, P., (a cura di), *Community care ; Teoria e pratica del lavoro sociale di rete*, Erickson, Trento, 1991.

Vinay, P., "Il seconodo lovoro", in Paci, M. (a cura di), *Famiglia e mercato di lavoro in un'economia periferica*, Franco Angeli, Milano, 1980.

Whyte, W. F., "Social Inventions for Solving Human Problems : Amerian Sociologial Association, 1981/Presidental Adress", *American Sociological Review*, no. 147, 1982.（W・F・ホワイト（今防人訳）「人間の諸問題を解決するための社会的発見」『社会と社会学1 世界社会学をめざして』新評論、一九八三年）

Zornitta, G., "Provincia di montagna ma industializata", in *Gazzetta della piccola industria*, n. 211, Roma, 1992.

Zamagni, S., (a cura di), *Economia solidale*, Caritas Piemme, Alessandria, 1996.

アタリ、J／近藤健彦・瀬藤澄彦訳『反グローバリズム―新しいユートピアとしての博愛―』彩流社、二〇〇一年。

石川信義『心病める人たち―開かれた精神医療へ―』岩波書店、一九九〇年。

稲葉陽二・松山健士『日本経済と信頼の経済学』東洋経済新報社、二〇〇二年。

大内伸哉『イタリアの労働と法』日本労働研究機構、二〇〇三年。

金子勝『セーフティネットの政治経済学』筑摩書房、一九九九年。

グイドッティ、M／佐藤三子訳「AUSER―連帯とサービスの自主管理アソシエーション―」協同総合研究所『協同の発見』九三号、二〇〇〇年。

斉藤縣三「障害者の労働とB型社会的協同組合」市民セクター研究機構編『社会運動』二八五号、二〇〇三年。

佐藤一子『イタリア文化運動通信―ARCI・市民の担う文化プログラム』合同出版、一九八四年。

佐藤慶幸『NPOと市民社会―アソシエーション論の可能性―』有斐閣、二〇〇二年。

佐藤慶幸『女性と協同組合の社会学―生活クラブからのメッセージ―』文真堂、一九九六年。

佐藤紘毅「イタリア社会的協同組合B型の意義」市民セクター研究機構編『社会運動』二八一号、二〇〇三年。

佐々木雅幸『創造都市の経済学』勁草書房、一九九七年。

佐々木雅幸『創造都市への挑戦―産業と文化の息づく街へ―』岩波書店、二〇〇一年。

島村博「協同の思想と戦略の研究―EU雇用戦略ノート(2) 協同組合または第三システムの地位を軸として」協同総合研究所『協同の発見』一〇五号、二〇〇一年。

生活問題研究所編『イタリア協同組合レポート　暮らしを変え、地域を変えるプログラム』合同出版、一九八五年。

第一勧銀総合研究所編『調査リポート　イタリアの経済・財政改革とEU通貨統合』第一勧業銀行、二〇〇〇年一〇月。

田中夏子「イタリアサルデーニャ島の労働者協同組合報告」中高年雇用・福祉事業団（労働者協同組合）全国連合会『仕事の発見』一一号、一九八九年。

田中夏子「イタリアサルデーニャ島の福祉協同組合報告」生活ジャーナル社『生活ジャーナル』一三六号、一九九〇年。

田中夏子「サルデーニャ女性労働者協同組合の展開―地域経済の新しい担い手づくり試論」日本社会学会『社会学評論』一六八号、一九九二年。

田中夏子「地域社会における社会的耐久力をめぐって―A・バニャスコの概念『インフォーマル・エコノミー』および『市場の社会的形成』を手がかりとして」『地域社会学年報　第7集　地域社会学の新争点』日本地域社会学会、一九九五年。

田中夏子「イタリア社会的経済への旅3　サルデーニャの非営利事業体における『農』を中心とした仕事起こし」協同総合研究所『協同の発見』九〇号、一九九九年。

田中夏子「イタリア社会的経済への旅5　学校と家庭を結ぶ地域の研究調査・教育協同組合―ラリゾ」協同総合研究所『協同の発見』九二号、一九九九年。

田中夏子「社会的協同組合と行政のパートナーシップ形成に関する研究ノート」協同総合研究所『協同の発見』九三号、二〇〇〇年。

田中夏子「イタリア社会的経済への旅7　人の発達要求に添ってサービスを「円環」させる工夫―グルッポ78の試み」協同総合研究所『協同の発見』九五号、二〇〇〇年。

田中夏子「イタリア社会的経済への旅8　自分の足で立つ事業の開拓が生んだ、学校現場の協働―社会的協同組合『ハンディクレア』のバリアフリーガイドづくりを通じて」協同総合研究所『協同の発見』九六号、二〇〇〇年。

田中夏子「農村アイデンティティを核に社会教育を担うアソシエーションAFR」協同総合研究所『協同の発見』一〇七号、二〇〇一年。

田畑稔『マルクスとアソシエーション』新泉社、一九九四年。

田畑稔・大藪龍介・白川真澄・松田博『アソシエーション革命へ』社会評論社、二〇〇三年。

中川雄一郎監修・農林中金総合研究所編『協同で再生する地域と暮らし』日本経済評論社、二〇〇二年。

福士正博『市民と新しい経済学―環境・コミュニティ』日本経済評論社、二〇〇一年。

宮本太郎編著『福祉国家再編の政治』ミネルヴァ書房、二〇〇二年。

吉田省三「イタリアの失業問題と中小企業・非営利部門」『法の科学』二六号、一九九七年。

吉田省三「イタリアの青年起業家奨励法―協同組合、中小企業による失業対策・地域開発」長崎大学『経営と経済』七六巻四号、一九九七年。

吉田省三「イタリア・レガコープ第三五回大会　協同組合法制の改革を中心に」協同総合研究所『協同の発見』九二号、一九九九年。

J・ロバートソン（石見尚・森田邦彦訳）『二一世紀の経済システム展望』日本経済評論社、一九九九年。

J・ロバートソン（小池和子訳）『未来の仕事』勁草書房、一九八八年。

あとがき――イタリアの社会的経済への旅を終えて

本稿は、イタリアの社会的経済をめぐって、著者のフィールドワークを中心に構成したものである。構成にあたっては以下の三点を意識してきた。

まず第一点目。これまで社会的経済への着目は、人間らしい働き方（やりがいや仲間との信頼関係、仕事の社会性・公共性等）の実現や、市場の論理に対する規制を求める立場から成されてきた。本稿でも、その点に力を置いて前半の議論を展開してきた。当たり前と思われる部分に力点を置いたのは、「市場の失敗」「政府の失敗」を補う形での「第三の道」論とは異なる文脈として「社会的経済」を捉える必要があると考えるからである。非営利事業組織は「市場」や「政府」を肩代わり、補完するべき存在ではない。コストや技術などの理由から市場サービスや公的サービスが参入しない部分を肩代わりするものとして構想されるなら、非営利部門は市場や政府に従属的な存在となり、両者に対する規制というそもそもの固有の社会的役割を放棄することにつながりかねない。

第二に、したがって非営利事業組織は、自らの実践を通して、市場や政府に視点と行為の変容を迫るべき存在であること。近年では、「パートナーシップ」が強調されているが、その場合も緊張や葛藤をはらんだ上での連携であることが求められよう。それならば、本来自治体や企業の労働組合との連携があるべきところだが、現実的にはイタリアにおいても両者の結びつきは部分的なものにとどまっている。非営利陣営にしてみれば、特に制度化の過程で、自治体サービスの外部化を既成事実として受け止める傾向がつよまってきた。一方、自治体労働組合はどうか。一九八〇年代後半、社会的協同組合の胎動期には、自治体合理化の中で自治体労働者が地元の若年失業者たちとともに、直営ではないながらも新しい公共事業のあり方を模索し、その実験的試みの一つとして社会的協同組合が位置づけられるケースも少なくはなかった。しかし現在では、本当にその事業の外部化、民営化が妥当なのかが精査される機会は少ないというのがトレントのCGIL幹部の危惧であった。この危惧を日本に敷衍して考えてみよう。折しも日本においては指定管理者制度をめぐる議論が高まり、保育、環境、医療、福祉、文化のあらゆる分野で、営利・非営利を問わない、コスト議論を前面に出した「民間」参入が始まろうとしている。非営利組織の研究では、コストやサービス面で指摘される「直営の限界」を、非営利台頭の一つの背景と見る傾向が否めないが、本来ならば、非営利・協同の陣営は、自治体労働者やサービス利用者とともに、何が一番問題なのか、それが官↓民という流れによって本当に解決しうるものなのかを、見極める作業を行う立場にあるのではないか。

また第三に、前述の、市場や政府に対する批判の契機も含んだ連携を構築するためには、非営利事業側に高度な政策提言能力が必要とされる。さらにそうした政策づくりを可能とするために、学習機会の整備、実験的取り組みの奨励、社会的バランスシートに代表される評価活動の実施等をめぐって、単協としての組織づくりはもとより、複数の事業体の連合のあり方が問われている。イタリアにおいては、連合組織は必ずしも固定的なナショナルセンターのみではない。地域、事業内容、運動方針等によって重層的で柔軟な連携が模索されている点が、特徴である。

以上のような、市場に対する規制力、行政との緊張を伴う協働、そして小規模事業組織相互の柔軟な連携は、しかし非営利・協同陣営が独力で切り開いた価値というよりも、イタリアの地域社会が有してきた社会的・文化的土壌に支えられる部分も大きい。地域から離陸しない職人工房や中小企業群の存在、アソシエーションの伝統、文化をないがしろにしないものづくりの伝統、公共性への媒介物の豊かさ等に支えられて、非営利・協同事業体がその独自性を伸ばしてきた、というのが本書の立場である。

本書の構想から発刊まで四年近くの年月が経ってしまった。イタリアのフィールドワークを細々と始めたのはもう一五年前のことである。その間、自分の感じたことを報告やルポの形で書き留めてはきたものの、それを貫くバックボーンが著者の中で深まらなかったこと、また、対応する日本国内の動きを把握しておく必要があったこと、とりわけ本書のキーワードとなっている「地域の論理」なるものが、具体的な暮らしと仕事の場でどうなっているのか、日本の中山間地を含めての実態調査およびそれらと理論的考察とのむすびつけに時間を要したことなどが原因である。本書では日本についてはいっさい言及していないものの、今後、日本における非営利・協同的な営みが検討を迫られるであろう課題を念頭に議論を組み立てたいとの願いがあって書かれたものである。

本書の事例やデータには、筆者の別の論文等で既出のものも一部含まれているが、今回これらを使用するにあたっては、以下のような、大幅な再構成と加筆を行った。

第一章「地域社会におけるインフォーマルエコノミーの概念の有効性（上・下）」長野大学産業社会学部『長野大学紀要』第一五巻第二、三号、一九九三年、三五七〜三六九頁、および「地域社会における社会的耐久力をめぐって―バニャスコの諸概年、『インフォーマル・エコノミー』および『市場の社会的形成』を手掛かりとして―」日本地域社会学会『地域社会学会年報』第七集、一九九五年、三〜五頁を再構成し、大幅に加筆。

第二章「イタリア職人を訪ねる旅―地域産業の社会的・文化的土壌を探る―」長野大学産業社会部編『グローバル時代の地域と文化』郷土出版社、一九九九年、一八一〜二〇二頁、および「工業高校生及び工業高等専門学校生の、職業教育観と職業指向に関する国際（日本／イタリア）比較研究」長野大学産業社会学部『長野大学紀要』第一八巻第三号、一九九六年、六五〜八三頁を再構成し、大幅に加筆。

第三章　書き下ろし

第四章　書き下ろし

第五章「イタリア社会的経済の旅─農村アイデンティティを核に、社会教育を担うアソシエーションＡＦＲ」協同総合研究所『協同の発見』一〇七号、二〇〇一年、四六～五一頁、および「イタリア社会的経済の旅(3)　サルデーニャの非営利事業における『農』を中心とした『仕事起こし』」協同総合研究所『協同の発見』九〇号、一九九九年、八一～九三頁を再構成し、加筆。

第六章「イタリア社会的経済の旅(2)　生きにくさから発した複合事業体社会的協同組合『プロジェットＨ』の歩みと課題」協同総合研究所『協同の発見』八八号、一九九九年、六二から七八頁に加筆。

第七章「イタリア社会的経済の旅(9)　高齢者、青少年、移民─様々な人々と社会をつなぐ事業〝カレイドスコピオ〟」協同総合研究所『協同の発見』九七号、二〇〇〇年、六六～七七頁に加筆。

第八章　書き下ろし

第九章　書き下ろし

第十章「社会的協同組合と行政のパートナーシップをめぐる研究ノート─委託契約を例として─」協同総合研究所『協同の発見』九三号、二〇〇〇年、四三～五五頁に加筆。

第十一章「労働市場の社会的構築に関する研究ノート─イタリア・トレントにおける、自治体および非営利組織による、障害者就労支援を例として─」長野大学産業社会学部編『長野大学紀要』第二一巻第四号、二〇〇〇年、四七～五六頁、および「イタリア社会的経済の旅(7)　人の発達要求にそってサービスを円環させる工夫〝グルッポ78〟」協同総合研究所『協同の発見』九五号、二〇〇〇年、五二～六二頁を再構成し、大幅に加筆。

当初の目標を達成するには準備不足を痛感しながらの作業で、多くの点で不十分さを残す結果となった。調査に協力をいただき、また執筆を励ましてくださった多くの方々に深く感謝を申し上げるとともに、今回断念せざるを得なかった論点については、あらたな調査を加えて引き続きの挑戦としていきたい。

最後に、日本経済評論社の栗原哲也社長、編集部の宮野芳一さん、清達二さんには、著者の執筆が大幅に行き詰まる中、忍耐強いご対応と、ありがたいご助言をいただき、厚く御礼申し上げたい。

一〇年にわたってサルデーニャでの調査研究を物心両面から支えてくださり、一九九九年六月に急逝されたミケラ・クグージ（Michela Cugusi）さんの五年目の命日に。

二〇〇四年六月

【サ行】

【タ行】

索　引

[著者紹介]

田《た》中《なか》夏《なつ》子《こ》

都留文科大学教員．1960 年東京生まれ．慶應義塾大学大学院社会学研究科修士課程修了．労働者協同組合全国連合会，イタリア貿易振興会，長野大学産業社会学部教員を経て現職．専攻は労働社会学，地域社会学．

主著・論文

『現場発　スローな働き方と出会う』（杉村和美と共著．岩波書店，2004 年），

「イタリアの社会的経済と市場及び自治体の相互作用について」（中川雄一郎監修・農林中金総合研究所編『協同で再生する地域と暮らし』日本経済評論社，2002 年）

「農村女性の社会的活動と地域社会における公共圏の形成」（日本地域社会学会編『日本地域社会学会年報第 14 集』ハーベスト社，2002 年）．

イタリア社会的経済の地域展開

2004 年 10 月 1 日　第 1 刷発行

著　者　田　中　夏　子

発行者　栗　原　哲　也

発行所　株式会社 日本経済評論社

〒101-0051 東京都千代田区神田神保町 3-2

電話 03-3230-1661　FAX 03-3265-2993

振替 00130-3-157198

装丁・渡辺美知子　　中央印刷・協栄製本

イタリア社会的経済の地域展開
（オンデマンド版）

Digital Publishing

2005年4月5日　発行

著　者　　田中　夏子
発行者　　栗原　哲也
発行所　　株式会社　日本経済評論社
〒101-0051　東京都千代田区神田神保町3-2
電話　03-3230-1661　FAX　03-3265-2993
E-mail: nikkeihy@js7.so-net.ne.jp
URL: http://www.nikkeihyo.co.jp/

印刷・製本　　株式会社　デジタルパブリッシングサービス
URL: http://www.d-pub.co.jp/

AC611

乱丁落丁はお取替えいたします。

Printed in Japan
ISBN4-8188-1638-8